教育部高等学校机械类专业教学指导委员会规划教材

汽车服务企业管理

杨新桦　胡远志　徐哲　编著

清华大学出版社
北京

内 容 简 介

本书主要介绍汽车服务企业管理的一些基本知识,具体内容包括汽车服务企业的开业筹划、企业经营管理、质量与技术管理、人力资源管理、财务成本管理、汽车销售与售后服务管理,以及企业文化与公共关系管理。本书比较系统地涵盖了汽车服务企业管理的各个方面,可以作为本、专科汽车服务专业相关课程的教材及相关管理人员的参考书。

版权所有,侵权必究。举报:010-62782989,beiqinquan@tup.tsinghua.edu.cn。

图书在版编目(CIP)数据

汽车服务企业管理/杨新桦,胡远志,徐哲编著. —北京:清华大学出版社,2017(2023.10重印)
(教育部高等学校机械类专业教学指导委员会规划教材)
ISBN 978-7-302-48184-3

Ⅰ.①汽… Ⅱ.①杨… ②胡… ③徐… Ⅲ.①汽车企业—工业企业管理—高等学校—教材 Ⅳ.①F407.471.6

中国版本图书馆 CIP 数据核字(2017)第 208491 号

责任编辑:许 龙 赵从棉
封面设计:傅瑞学
责任校对:王淑云
责任印制:刘海龙

出版发行:清华大学出版社
网　　址:http://www.tup.com.cn,http://www.wqbook.com
地　　址:北京清华大学学研大厦 A 座　　　邮　编:100084
社 总 机:010-83470000　　　　　　　　　　邮　购:010-62786544
投稿与读者服务:010-62776969,c-service@tup.tsinghua.edu.cn
质量反馈:010-62772015,zhiliang@tup.tsinghua.edu.cn
印 装 者:涿州市般润文化传播有限公司
经　　销:全国新华书店
开　　本:185mm×260mm　　印　张:12.25　　字　数:304 千字
版　　次:2017 年 9 月第 1 版　　　　　　　印　次:2023年10月第3次印刷
定　　价:39.80 元

产品编号:076504-02

5.2.1　汽车服务企业的人力资源规划 …………………………………………… 90
　　　5.2.2　汽车服务企业的工作岗位分析 …………………………………………… 91
　　　5.2.3　汽车服务企业的员工配置 ………………………………………………… 91
　5.3　汽车服务企业人力资源的绩效考核 ……………………………………………… 92
　　　5.3.1　考核的功能及目的 ………………………………………………………… 93
　　　5.3.2　考核的原则 ………………………………………………………………… 93
　　　5.3.3　绩效考评的程序和方法 …………………………………………………… 94
　5.4　人力资源的薪酬与激励 …………………………………………………………… 96
　　　5.4.1　薪酬的含义、作用与意义 ………………………………………………… 96
　　　5.4.2　薪酬管理的目标、原则和内容 …………………………………………… 97
　　　5.4.3　汽车服务企业的薪酬机制 ………………………………………………… 98
　　　5.4.4　汽车服务企业的薪酬体系建立 …………………………………………… 99
　　　5.4.5　汽车服务业的薪酬体系设计过程中应该注意的问题 …………………… 100
　　　5.4.6　汽车服务的激励 …………………………………………………………… 101
　5.5　人才的招聘与解聘 ………………………………………………………………… 102
　　　5.5.1　汽车服务企业人力资源的招聘 …………………………………………… 102
　　　5.5.2　汽车服务企业人力资源的解聘 …………………………………………… 104
　5.6　人力资源的培训 …………………………………………………………………… 105
　　　5.6.1　汽车服务企业人力资源培训的目的和原则 ……………………………… 105
　　　5.6.2　汽车服务企业人力资源培训的内容 ……………………………………… 106
　复习思考题 ……………………………………………………………………………… 107

第6章　汽车服务企业财务成本管理 ……………………………………………… 108
　6.1　财务管理概述 ……………………………………………………………………… 108
　6.2　资金筹集 …………………………………………………………………………… 111
　6.3　资本成本的计算 …………………………………………………………………… 114
　6.4　财务杠杆 …………………………………………………………………………… 117
　6.5　汽车服务企业的投资管理 ………………………………………………………… 120
　　　6.5.1　概述 ………………………………………………………………………… 120
　　　6.5.2　货币的时间价值 …………………………………………………………… 121
　　　6.5.3　投资项目评价的基本方法 ………………………………………………… 121
　　　6.5.4　项目投资风险分析 ………………………………………………………… 124
　6.6　汽车服务企业目标成本管理 ……………………………………………………… 126
　　　6.6.1　汽车服务企业成本费用管理概述 ………………………………………… 126
　　　6.6.2　成本预测和成本计划 ……………………………………………………… 128
　　　6.6.3　成本控制 …………………………………………………………………… 131
　6.7　税务 ………………………………………………………………………………… 133
　　　6.7.1　税法概述 …………………………………………………………………… 133
　　　6.7.2　税收风险管理 ……………………………………………………………… 136

6.8 企业内部控制 ··· 136
复习思考题 ··· 138

第7章 汽车销售与售后服务管理 ··· 139

7.1 汽车销售管理 ·· 139
    7.1.1 汽车销售概述 ··· 139
    7.1.2 客户管理 ··· 145
    7.1.3 经销网络管理与销售资源保障 ····································· 167
7.2 汽车售后服务管理 ··· 168
    7.2.1 汽车售后服务概述 ·· 168
    7.2.2 配件供应管理与销售配件呆滞库存处理 ························ 169
    7.2.3 缺陷产品召回与售后特殊事件管理 ······························ 170
    7.2.4 市场调研项目管理 ·· 171
    7.2.5 服务单验证回访管理 ··· 171
    7.2.6 返工及返工物流管理 ··· 172
复习思考题 ··· 172

第8章 汽车服务企业文化和公共关系 ······································· 173

8.1 汽车服务企业文化 ··· 173
    8.1.1 企业文化的定义 ·· 173
    8.1.2 企业文化的意义 ·· 173
    8.1.3 企业文化的功能 ·· 174
    8.1.4 企业文化特征 ··· 175
    8.1.5 企业文化建设 ··· 175
    8.1.6 汽车服务企业文化 ·· 179
    8.1.7 汽车服务企业文化的体现 ·· 180
8.2 汽车服务企业的公共关系 ·· 181
    8.2.1 汽车服务企业形象塑造的意义 ···································· 181
    8.2.2 汽车服务企业形象的特点 ·· 181
    8.2.3 汽车服务企业形象塑造 ··· 183
    8.2.4 企业形象的宣传 ·· 184
    8.2.5 汽车服务企业其他公共关系 ······································· 185
复习思考题 ··· 187

参考文献 ··· 188

第 1 章

汽车服务企业管理概论

企业一般是指以盈利为目的,运用各种生产要素(土地、劳动力、资本、技术和企业家才能等),从事生产、流通、服务等经济活动,向市场提供商品或服务,实行自主经营、自负盈亏、独立核算,依法独立享有民事权利并承担民事责任的法人或其他社会经济组织,是社会经济的基本单位。按照我国产业标准,国民经济各行业划分为第一产业、第二产业和第三产业。农业及其相关企业归入第一产业,工业及其相关企业归入第二产业,而服务及其相关企业归入第三产业。

汽车服务企业就是为潜在的和现实的汽车使用者或消费者提供服务的企业,是指主要从事汽车经销,为汽车使用者或消费者提供备件、保养服务、维修服务,以及其他服务的企业,属于服务企业,因此属于第三产业。

随着社会发展与进步,汽车服务企业的外延发生了变化,已经延伸到对汽车生产企业的服务中。如服务于汽车生产企业的承接汽车开发和试验的相应企业,为整车及其供应商提供技术咨询、技术服务甚至是创新工程的解决方案和战略咨询服务的高新技术企业等也属于汽车服务企业。

根据管理的一般定义,企业管理是指人们为了实现企业目标而有效地利用人力、财力和物力等资源,发挥其组合优势的过程。在企业管理的实践中,随着时间推移和社会发展,已经形成了行之有效的企业管理理论和方法。

1.1 现代企业管理理论与方法

1.1.1 管理的定义

不同学派对管理的定义略有不同。

科学管理之父泰勒的"安排说"认为,管理就是管理者使所有资源(人、财、物、时间、信息等)各得其所,各尽其用,追求最大效益。管理分为管理主体和客体,以效益为目标。

诺贝尔经济学奖获得者赫伯特·西蒙的"决策说"认为,管理就是决策,管理者总是面临着两难境地和多种方案进行决策,如制定目标、选择方案、配备人员、构建组织、分配资源等都需要决策。决策中需要权衡利弊,承担风险。决策是管理者与被管理者之间的最大区别之所在。

而毕生从事企业管理的管理者——法国人亨利·法约尔的"组织说"认为,管理就是经由他人的努力和成就把事情办好。其重要意义在于,管理是一个组织他人的活动。要求管理者要认识人,使用人,调动人,组织人,即这种活动包含计划、组织、指挥、协调和控制等五项要素。当一个人在从事计划、组织、指挥、协调和控制工作时,即是在从事管理工作,因此把管理就等同于计划、组织、指挥、协调和控制。

孔茨的"协调说"认为,管理的核心在于协调,管理就是要认识、调节、处理好人与人、人与组织、部门与部门、局部目标与整体目标间的关系。协调不是一般的职能,而是贯穿整个管理过程。其逻辑起点是着眼于管理中的各种关系。

马克思·韦伯的"指挥说"以乐队的指挥为比喻,认为指挥是一种与整体有关的管理活动。指挥本人既不唱歌,又不演奏,但他从事的却是最重要的活动。

"目标说"认为,管理就是使所有的人趋向同一目标的活动。它强调目标在管理中的重要作用。在一定意义上,管理者和被管理者的目标总有矛盾,管理者关注整体长远目标,而被管理者关注的是局部眼前目标,如何使二者的目标统一起来,就是管理者的最重要的职责。

"有序说"认为,管就是使管的对象在合理结构中有序地运作。管理就是使组织从无序到有序,低序到高序的过程。这是注重了管理的动态的过程。

"控制说"认为,管理就是按系统的预定目标及数学模型进行有效控制的一种行为。即以控制论思想来概括管理,著名的有戴明环理论、目标管理理论等。

"整体说"即是从系统论的角度解释管理,认为管理是促使系统整体产生放大效应,实现整体优化的一个过程。该定义强调管理是有关整体的一种活动,活动本身是可以创造效益的。也可以说管理是可以增值的,"向管理要效益"的口号说明管理出效益,也就形成了管理是软科学的一种理论。

"责任说"从政治家的角度,把管理定义为一定的人对一定的事完全负责。该定义有极强的实用价值,强调管理中的权力和责任,用"责任"这样一个法律、道德可界定和约束的概念,把管事和管人这两个方面紧密地结合在一起。

以上10种对管理的定义,是以不同学派的理论为基础,从不同角度来透视管理,在不同程度上概括出管理的真谛,可以说哪一种都没有错,大家都在向真理逼近。

根据以上定义,结合美国商学院20世纪70年代使用频率很高的教材定义"管理就是由一个或更多的人来协调他人的活动,以便收到个人单独活动所收不到的效果而进行的各项活动",本书中定义:管理是对组织的有限资源进行有效配置,以达成组织既定目标与责任的动态创造性活动。因此,管理是以组织为载体,以相关资源为对象,通过协调,实现组织既定的目标。所以管理并不等于命令,也不等同于权利。计划、组织、指挥、协调、控制等管理职能是由于管理复杂化后进行的专业化分工的专业管理活动,是有效整合配置资源所必需的活动,但其每项活动仅仅是帮助有效整合配置资源的部分手段或方式,其本身并不等于管理,管理是所有职能的综合,管理的核心是有效配置现实资源。

1.1.2 现代企业管理的特性

现代企业管理,广义上即是针对市场环境的变化,按管理者的意志对企业系统的响应进行控制,即以市场为导向,服从于经济发展规律,同时具有科学性、系统性和预见性的一种企业行为管理。狭义上即是服务,是企业生产经营过程中各种服务手段的总称。

现代管理学理论指出,现代企业管理应具备以下主要特性。

1. 二重性——自然属性和社会属性

自然属性体现在两个方面:一是管理是社会劳动过程的一般要求。管理是社会化生产得以顺利进行的必要条件,它与生产关系、社会制度无直接联系,即管理具有客观属性。二是管理在社会劳动过程中具有特殊作用。管理能将生产过程中各种要素进行优化组合和高效配置,这也与生产关系、社会制度没有直接联系。管理的社会属性体现在管理是一种社会活动,它只能在一定的社会历史条件下和一定的社会关系中进行。管理具有维护和巩固现有的生产关系,实现特定生产目的的功能。管理的社会属性与生产关系、社会制度紧密相连。可见,企业管理将自然科学和社会科学融合为一体,不可分割,不能孤立,不能厚此薄彼。

2. 动态性

管理活动的动态性主要表现在,这类活动是在变动的环境与组织中进行,需要消除资源配置过程中各种不确定性。实际上,由于各组织所处的宏观环境不同,各组织所从事的行业不同,企业的目标不同,从而导致了资源配置的不同,因此,管理不存在一个标准的、处处成功的管理模式。

3. 科学性

管理的科学性是管理的自然属性的延伸。管理活动中存在一系列基本客观规律。现代企业管理必须遵守这些基本客观规律,实施科学管理。与传统管理相比,科学管理融合了心理学、社会学、统计学、人类学、人因工程、系统工程、计算机技术、行为科学等学科。科学管理体现管理方法的科学化、管理程序的标准化、管理行为的规范化、管理评价的数据化、管理活动的经常化等鲜明特点。

4. 艺术性

由于管理对象处于不同环境、不同行业,具有不同目标、不同资源等,这就导致了对每一具体管理对象的管理没有唯一的、有章可循的标准模式,特别对那些非程序性的、全新的管理对象更是如此。具体管理活动的成效与管理主体的管理技巧发挥的关联性很大,这些体现了管理主体设计和操作管理活动的艺术性。达成目标的有效资源配置与可供选择的管理方式、手段多种多样,选择一种适合的方式用于现实的管理实践中,具有艺术性。艺术性更多取决于人的天赋与直觉,因此,管理有时是一种非理性的活动。

管理既是一门科学,又是一种艺术。管理的科学性与艺术性在实际管理中相互补充,管理的艺术可以上升为科学理论,管理艺术又需要理论指导;而管理科学理论的运用也必须讲究艺术,管理是科学性和艺术性的有机统一。

5. 职能性

所谓职能性,就是专职的能力或司职的功能。企业管理的基本职能体现在二重性中,即科学地组织生产力,维护现存的生产关系,而其具体职能则体现于企业管理所具备的专职能力,即职能性。

企业管理的职能性主要由以下五方面组成:

(1) 计划职能。该职能以管理者的意志为出发点,以科学方法为手段,以科学决策的结果为依据,对企业的经营管理行为进行方向规划。计划职能一般按照预测、决策、执行、检查、信息反馈和改进的科学程序,将预见性、统一性、可行性、连续性和灵活性的行为准则有机结合起来形成一个完整体系,将企业经营管理的全过程和所有环节纳入有目标、有预见的连续性和均衡性的活动轨道。在现代市场经济体制下,计划职能的关键是决策。计划不是一成不变的,而是根据具体实际,进行一种动态计划。

(2) 组织职能。该职能是按照计划职能形成的规划愿景和计划目标,以对企业的各种影响因素和制约条件为准则,将企业组织的人力、财力和物力进行有效分配组合、合理分工,在时间和空间上建立相互有机衔接的企业生产经营的物质结构和人员结构,形成企业微观系统或者内部系统,以便对外部市场信息做出适时的、有组织的、协调一致的响应。现代管理学认为,人是企业管理必须注重的第一因素,因此,对组织职能进行评价和设计时,能否发挥人和人群的潜力,即成为衡量组织职能有效性的最重要的标准。

(3) 指挥职能。该职能强调整个企业必须按照管理者的意志,整个企业的行动必须统一一致,即企业管理系统在企业目标、组织结构已经确定的条件下,对市场信息做出响应,即所有行动必须是在统一的指令下实施。企业目标一般是在总目标下采用集中和分散相结合的有机管理手段,正确处理和协调各种矛盾,充分发挥企业人、财、物的作用,限制不利因素,最大程度发挥有利因素,以达到生产经营综合效果最优。显然,这一切必须按照管理者的意志进行指挥控制,避免随意性和粗放式。实现指挥职能必须正确处理好权威性、灵活性、连续性与规范性等方面的关系。

(4) 协调职能。该职能即为联结、联合和调和企业的各种活动与企业内部组织、人群的矛盾,正确处理生产经营时企业内外部的各种关系,达到企业行为与内部各单元少产生或不产生相互矛盾、相互重合、相互制约的现象。协调职能可以加快企业对市场变化的反应速度,减少内耗,以及保证所有生产经营活动正常进行。

(5) 控制职能。控制职能一方面是对生产经营活动的有利和不利因素进行控制,充分发挥有利因素,抑制不利因素;另一方面就是将企业生产经营全过程纳入预定轨道,使企业所有活动都遵循预定指令,并在特定的框架内运行。实现控制职能的关键是建立健全控制体系和制定控制目标,对企业系统的各种响应和行为进行实时监控,及时比较实际行动与目标,并消除之间的差异。实现控制职能的一般程序为在完善的监控体系下监控、发现问题、处理问题和反馈信息。

企业管理各职能之间随着管理实践的推动,已无明显界限,分工越来越不明确,具体职能间相互交叉和渗透,具体职能之间以及与基本职能已经形成有机整体,如图1-1所示。随着现代系统论、控制论和信息论的不断发展和完善,各管理职能的内涵和外延也在不断发展和完善。

6. 民主性

民主性表现在正确处理企业所有者、经营者、劳动者三者关系上,是科学性的必然体现,即科学性体现了民主性。对于企业所有者来说其有权参与决策,劳动者是决策的具体执行

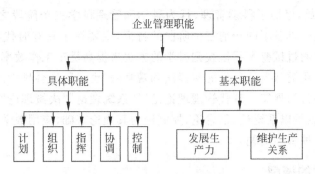

图 1-1　企业管理职能关系图

者,而经营者则是介于所有者与劳动者之间,是所有者意志的人格化体现。企业生产经营决策一般是由经营者做出,但经营者必须体现所有者的利益,并同时兼顾劳动者的利益。民主性就是三者之间关系正确和融洽的体现。民主性还体现在在基本职能上实行高度民主,在具体职能的执行上赋予经营者高度权威。即并不是事无巨细一律按民主程序办理,在经常性和事务性问题的处理上,应该充分体现经营者的指令,即指挥职能,但也应该通过正当的程序和流程使劳动者的权益得到保障。

因此,民主性应该是在基本职能基础上实行高度的民主性决策,在具体职能的执行上赋予经营者高度的权威。

7. 创造性

管理活动的动态性特点决定了管理具有创造性。因为管理活动是一种动态活动,对任何一个具体管理对象没有一种唯一的、有章可循的模式可以参照,因此,必须创造性地进行管理,才能达到组织既定的目标与责任。管理活动本身是一种创造性活动,其成功与失败不仅与管理本身有关,还与外界时空有关。管理的创造性寓于动态性之中,与科学性和艺术性密切相关。正是因为管理具有创造性特性,才使得管理创新成为企业管理的必然。

8. 经济性

企业是以盈利为目的的一种经济组织。为此,消耗最少资源来取得最大收益就会实现企业目标。如何优化配置资源和降低资源配置的成本,就体现出了管理的经济性特性。管理的经济性特性首先反映在资源配置的机会成本上。管理者选择一种资源配置方式就意味着放弃另外的资源配置方式,这里体现的是机会成本。其次经济性反映在管理方式、方法选择的成本比较中。不同的管理方式方法所费成本不同。第三,管理是有效整理资源的过程,选择不同资源供给和配比,成本大小不同。

现代企业管理的 8 大特性——二重性、动态性、科学性、艺术性、职能性、民主性、创造性、经济性之间相互关联,是管理性质 8 个不同方面的反映。把握和理解管理必须从整体上考虑和理解,不能相互割离。

1.1.3　现代企业管理理论

在企业管理中,管理理论引入与运用了科学技术,并随着企业管理的发展而发展。从

20世纪70年代开始,经历了科学管理、行为科学和管理科学三个阶段之后,形成了现代管理理论。该理论同时具备不同于前三个阶段的特征,主要在于具有时代特征和企业发展状况。科学管理强调通过试验等手段找到科学的方法来提高员工工作效率。现代管理科学中的行为科学则是运用类似自然科学的实验法和观察法,也运用社会科学的社会调查法,研究人在工作环境中的行为规律。现代管理理论是以"系统理论""决策理论""管理科学理论"等学派为代表,其特点是以系统论、信息论、控制论为其理论基础,应用数学模型和电子计算机手段来研究解决各种管理问题。

1. 管理科学的模型

管理科学认为管理就是用数学模型与程序来表示计划、组织、控制、决策等合乎逻辑的程序,求出最优的解答,以达到企业的目标。管理模型可以分为两类:描述性模型和规范性模型,其中各自又可分为确定性模型和随机性模型两种,如图1-2所示。

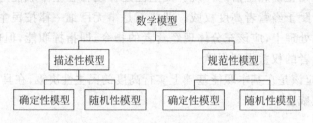

图1-2　管理科学的数学模型

现在流行的管理科学数学模型主要有以下几种:

(1) 决策理论模型。决策模型是为经营者辅助决策而建立的数学模型。决策模型种类很多,一般的如确定型、不确定型和风险型决策,还有多属性决策、多目标决策、群决策等。类似的模型如简单加权和、TOPSIS(Technique for Order Preference by Similarity to an Ideal Solution)、基于优势关系的决策模型(PROMETHEE、ELECTRE)、层次分析法、网络分析法等可以称为决策模型。该类模型的目标是要让决策过程减少艺术成分而增加科学成分。该模型是规范性的随机模型。

(2) 盈亏平衡点模型。该模型通过分析成本与收益的平衡关系,即确定一个公司任何产品的生产量与成本、售价三者之间的关系,确定盈亏平衡点,在这个临界值水平上没有盈亏。该模型属于描述性的确定模型。

(3) 库存模型。库存模型是指辅助企业管理人员确定计划期内企业生产所需物资的合理订货批量、订货点和订货间隔时间的模型。其目的是在保证正常生产和销售的条件下使库存总费用最少,即求出经济订货批量或经济订货期。该模型属于规范性的确定模型。

(4) 资源配置模型。资源配置(resource allocation)是指对相对稀缺的资源在各种不同用途上加以比较做出的选择。在给定边界约束下,应用线性规划配置自然资源和物质资源,考虑产出、利润最大,或者成本最低。该模型属于规范性的确定模型。

(5) 网络模型。企业管理中所指的网络模型是指以时间、费用、距离等为流量的网络模型。最典型的模型为计划评审技术和关键线路法。该类模型属于规范性随机模型。

(6) 排队模型。在企业的生产链中,任何地方的等待时间都会有成本,因此建立排队模型,以企业较少的资源试图解决顾客等待时间最短的问题。该模型属于描述性随机模型。

(7)模拟模型。模拟是指具有与某种事物相同的外表和形式,但并不是真实事物。由于真实事物具有复杂性,以及对其管理作用的不可重复性,为了得到预期效果,就有必要建立模拟模型,用模型去模拟复杂的真实事物,在模型上探讨最佳行动方案或政策。该类模型是描述性的随机模型。

另外,在企业管理中,针对不同管理对象还有很多理论与方法,将分别在其他章节中阐述。

2. 现代管理理论发展

1) 大生产的特点

随着经济社会的发展,现代企业也逐步得以形成与发展。其生产活动出现大生产特点:

(1) 生产规模庞大,产销全球化;
(2) 生产技术复杂化;
(3) 产品升级换代周期缩短,科技发展速度加快;
(4) 劳动生产率提高,由体力劳动向智力劳动转换;
(5) 生产社会化,生产协作关系复杂化;
(6) 企业与社会联系紧密化,企业社会责任日益加大。

2) 生产规模

生产规模也呈现出下列趋势:

(1) 采用现代企业制度的超大型现代企业;
(2) 大量"迷你型"企业出现。

这些特点决定了现代企业管理理论、管理内涵进一步拓展,首先企业组织结构呈现多样化;其次是企业的管理方法定量化趋势明显;第三,随着计算机技术和网络技术的普及,管理手段自动化;第四,管理实践日益丰富化。

3) 新的现代企业管理理论

新的现代企业管理理论随着社会大生产和生产规模的变化也逐步得到广泛应用。主要的新现代企业管理理论有:

(1) 业务流程再造理论。该理论的标志性著作为迈克尔·哈默(Michael Hammer)和詹姆斯·钱皮(James Champy)1994年出版的《公司再造》一书。公司再造是根据信息社会的要求,利用信息技术,抛开部门分工包袱,将原来生硬拆开的组织构架,按照自然跨部门的作业流程重新构架,目的是消除效率低下的功能组织。该理论包括组织管理理论的演进与业务流程再造;信息技术的发展与业务流程再造;来自顾客、竞争和变化等方面的挑战与业务流程再造等。

(2) 学习型组织理论。学习型组织这一概念主要来自于管理学者彼得·圣吉(Peter M. Senge)在《学习型组织的艺术与实践》一书中提出的学习型组织所需的五项修炼,即:

① 超越自我;
② 改善心智模式;
③ 建立共同愿景;
④ 团队学习;

⑤ 系统思考。

学习型组织是一个能熟练地创造、获取和传递知识的组织,同时也要善于修正自身的行为,以适应新的知识和见解。当今世界上所有的企业,不论遵循什么理论进行管理,主要有两种类型:一类是等级权力控制型,另一类是非等级权力控制型,即学习型企业。

(3) 知识管理理论。该理论认为企业管理是指对知识、知识创造过程和知识的应用进行规划和管理的活动。即,在组织中构建知识系统,让组织中的资讯与知识,通过获得、创造、分享、整合、记录、存取、更新、创新等过程,不断回馈到知识系统内,形成永不间断地将个人与组织的知识累积成为组织智慧的循环,在企业组织中成为管理与应用的智慧资本,有助于企业做出正确的决策,使知识在组织资源配置中能够创造出最大价值,以适应市场的变迁。

(4) 管理创新理论。该理论认为企业管理是指组织形成一创造性思想并将其转换为有用的产品、服务或作业方法的过程。富有创造力的组织能够不断地将创造性思想转变为某种有用的结果。它是企业把新的管理要素(如新的管理方法、新的管理手段、新的管理模式等)或要素组合引入企业管理系统以更有效地实现组织目标的活动。从不同的管理层次,创造一种新的更有效的资源整合范式。因此,管理创新在层次上,有决策层、执行层、操作层的管理创新;在资源整合范式上,包括新的有效整合以达到组织目标和责任的全过程管理,以及新的具体资源整合及目标制定的细节管理。

1.1.4　现代企业管理手段与方法

1. 现代企业管理基本手段

管理过程中存在如资源配置、组织职能、组织目标等很多不确定因素和障碍。为此,管理者在管理过程中就必须寻求一些行之有效的手段或行为来降低这些不利影响,使实际结果与预期目标相一致。现代企业管理的基本手段体现的具体职能是计划、组织、指挥、协调与控制。这些职能是解决各种不确定因素和障碍的基本手段。

2. 现代企业管理基本方法

现代企业管理方法是指在总结和利用人类发展的各种经验成果的基础上,运用现代科学技术手段,从根本上改变传统管理以主观意志和经验为主的落后状况的一个进程。

现代管理方法的理论基础是信息论、系统论和控制论等现代科学理论。现代企业管理基本方法也大多是这些理论知识与具体企业的管理实际相结合的产物。因此,学习和掌握这些现代科学理论,对于学好现代企业管理基本方法至关重要。

1.2　现代企业分类

我国企业主要是从法律的角度进行分类。法律对不同类别企业的具体需求,如设立的条件、设立的程序、内部组织机构等都有具体规定。

企业主要分类有：合资、独资、国有、私营、全民所有制、集体所有制、股份制、有限责任等。

1.2.1 企业分类依据

我国有关企业的法律法规，如《公司法》《合资企业法》《中外合作经营企业法》《中外合资企业法》《外资企业法》《个人独资企业法》等，对企业类别作了相关规定。

企业种类的确定一般有两个标准，即学理标准和法定标准。学理标准是研究企业和企业法的学者们根据企业的客观情况以及企业的法定标准对企业类型所做的理论上的解释与分类。这种分类没有法律上的约束力和强制性，但学理上的解释对企业法的制定与实施有着指导和参考作用。法定标准是根据企业法规定所确认和划分的企业类型。法定的企业种类具有法律的约束力和强制性。但因企业的类型不同，法律对不同种类企业规定的具体内容与程序上的要求也有很大区别。

企业法定分类的基本形态主要是独资企业、合伙企业和公司等。法律对这三种企业划分的基本内涵从企业的资本构成、企业的责任形式和企业的法律地位等方面作了概括。我国基本上是按所有制形式安排企业立法，划分企业类型。随着社会主义市场经济体制的逐步建立，企业改革的进一步深化，我国也将把独资企业、合伙企业和公司作为我国企业的基本法定分类。我国已颁布《公司法》《中华人民共和国合伙企业法》《中华人民共和国独资企业法》。我国法定分类主要有：独资企业、合伙企业、公司制企业。

1.2.2 企业分类

1. 按经济类型的企业分类

按经济类型对企业分类是我国对企业进行法定分类的基本做法。根据宪法和有关法律规定，我国目前有国有经济、集体所有制经济、私营经济、联营经济、股份制经济、涉外经济（包括外商投资、中外合资及港、澳、台投资经济）等经济类型，相应地，我国企业立法的模式也是按经济类型来安排，从而形成了按经济类型来确定企业法定种类的特殊情况。它们是：

1）国有企业

这是指企业的全部财产属于国家，由国家出资兴办的企业。国有企业的范围包括中央和地方各级国家机关、事业单位和社会团体使用国有资产投资所设立的企业，也包括实行企业化经营、国家不再核拨经费或核发部分经费的事业单位及从事生产经营性活动的社会团体，还包括上述企业、事业单位、社会团体使用国有资产投资所举办的企业。

2）集体所有制

这是指一定范围内的劳动群众出资设立的企业。它包括城乡劳动者使用集体资本投资兴办的企业，以及部分个人通过集资自愿放弃所有权并依法经工商行政管理机关认定为集体所有制的企业。

3）私营企业

这是指企业的资产属于私人所有，有法定数额以上的雇工的营利性经济组织，在我国这类企业由公民个人出资兴办并由其所有和支配,而且其生产经营方式是以雇佣劳动为基础,雇工数额应在8人以上。这类企业原以经营第三产业为主,现已涉足第一、第二产业,向科技型、生产型、外向型方向发展。

4）.股份制企业

这是指企业的财产由两个或两个以上的出资者共同出资,并以股份形式而构成的企业。我国的股份制企业主要是指股份有限公司和有限责任公司（包括国有独资公司）两种组织形式。某些国有、集体、私营等经济组织虽以股份制形式经营,但未按公司法有关既定改制规范的,未以股份有限责任公司或有限责任公司登记注册的,仍按原所有制经济性质划归其经济类型。

5）联营企业

这是指企业之间或者企业、事业单位之间联营,组成新的经济实体。具备法人条件的联营企业,独立承担民事责任；不具备法人条件的,由联营各方按照出资比例或者协议的约定,以各自所有的或者经营管理的财产承担民事责任。如果按照法律规定或者协议的约定负连带责任的,则要承担连带责任。

6）外商投资企业

这类企业包括中外合营者在中国境内经过中国政府批准成立的,中外合营者共同投资、共同经营、共享利润、共担风险的中外合资经营企业；也包括由外国企业、其他经济组织按照平等互利的原则,按我国法律以合作协议约定双方权利和义务,经中国有关机关批准而设立的中外合作经营企业；还包括依照中国法律在中国境内设立的,全部资本由外国企业、其他经济组织或个人单独投资、独立经营、自负盈亏的外资企业。

7）港、澳、台资企业

这是指港、澳、台投资者依照中华人民共和国有关涉外经济法律、法规的规定,以合资、合作或独资形式在大陆开办的企业。在法律适用上,均以中华人民共和国涉外经济法律、法规为依据,它不同于外商投资企业。

8）股份合作企业

这是指一种以资本联合和劳动联合相结合作为其成立、运作基础的经济组织,它把资本与劳动力这两个生产力的基本要素有效地结合起来,具有股份制企业与合作制企业优点的新兴的企业组织形式。

2. 按其他标准的企业分类

（1）按规模分,可将企业分为大型企业、中型企业、小型企业和微型企业。

工业和信息化部、国家统计局、国家发展改革委员会、财政部制定了《关于印发中小企业划型标准规定的通知》（工信部联企业〔2011〕300号）。该通知对中小企业的规范是根据不同行业,从营业收入、从业人员、资产总额等方面进行分类,目的是便于统计管理和税收管理等。

（2）按组织机构分,可将企业分为工厂、公司等。

（3）按经营领域分类,可以将企业分为生产型企业、流通型企业、服务型企业和金融型企业等。

对这类企业一般可以从企业名称上大概判断识别其主要经营范围和内容。如长安汽车股份有限公司就表明该公司是以汽车产品为对象的生产型企业。由于其规模大，因此延伸到其他相关领域，成为综合性特大型企业集团。

随着汽车产业的发展和我国经济体制的改革深化，以及服务汽车产业发展深度的加剧，各种类别、各类规模的汽车服务类企业都大量存在，既给汽车产业的服务带来勃勃生机，也为汽车服务企业管理带来复杂性。

1.3 汽车服务与汽车服务企业类别

1.3.1 汽车服务的内涵

汽车服务内涵有狭义和广义之分。狭义的汽车服务是指自新车出厂进入销售流通领域，直至其使用后回收报废各个环节所涉及的全部技术的和非技术的各类服务。广义的汽车服务则是指延伸至汽车生产领域的有关服务，如原材料供应、工厂保洁、产品外包设计、新产品测试、产品质量认证及新产品研发前的市场调研、技术支持、技术服务等，甚至延伸至汽车使用环节的其他特殊服务。因此，从事以上业务工作的企业都可归于汽车服务企业。

汽车服务从层次上可分为宏观服务和微观服务。宏观服务包括产业政策、技术法规、国际贸易环境服务等。汽车服务的内涵如图 1-3 所示。

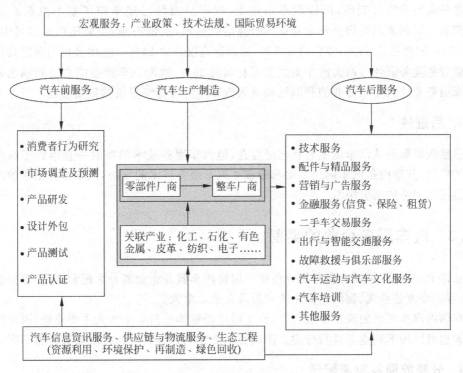

图 1-3　汽车服务内涵

如无特殊所指,这里对汽车服务企业的界定仅限于狭义概念,即从事汽车后服务的相应企业。

1.3.2 汽车服务的主要特征

1. 系统性

系统性是汽车服务的主要特点。汽车是一个复杂系统,以汽车为对象的服务环节包括原材料和配件供应、汽车金融、汽车保险、物流配送、售后服务、维修检测、美容装饰、智能交通和回收解体等所有业务都是相互关联的一个有机整体,即汽车服务的内容具有系统性。虽然各类汽车服务企业以其各自经营业务承担各类工作,但是,由于服务对象的一致性,使松散的、分散的处于服务链条中的各个企业形成了一个有机整体。

2. 广泛性

汽车服务及汽车服务企业的管理工作涉及的学科领域较广,学科知识领域具有广泛性,如行为科学、工程学、环境学、法律学、管理学和经济学等。从逻辑上涉及系统分析、系统综合、系统设计、系统优化和最优决策等方面;空间上,布局于汽车可能到达的所有区域;时间上,包括规划、拟定、分析和运筹,以及实施等阶段。

3. 经济性

各种资料和信息表明,国际汽车市场上,汽车后市场已经承担了整个汽车产业的近80%利润。国际著名咨询公司麦肯锡的研究结果显示,从销售额看,成熟汽车市场中,服务占比33%,配件占比39%,零售占比7%,而制造商仅占比21%。通用公司与福特公司的汽车金融服务业务赢利占两大汽车集团全部利润的36%,欧洲汽车产业的主要利润也是来自于汽车服务业。汽车服务业的利润已经成为汽车产业可持续发展的重要支柱。

4. 后进性

虽然汽车服务从汽车诞生起就已经存在,但汽车服务技术的发展一直落后于汽车制造技术的发展,其原因是汽车运用牵动和带领了汽车服务技术的发展,汽车服务工程的产生比汽车运用和制造的历史短暂。

1.3.3 汽车服务企业的类别

总体上,从经营领域的业务细分角度可以将汽车服务企业划分为配套企业、维护维修企业、美容装饰改装企业、物流仓储企业和保险企业5个大类。

在国内汽车市场的现在发展阶段,汽车后市场整体分析有十八大主要业务,因此汽车服务企业也可以按下列业务进行分类。不同类别企业的开办资质和行政监管内容不同。

1. 分销流通及物流配送

分销流通及物流配送指汽车厂商为了分销汽车产品而建立的区域性、全国性乃至全球性的产品销售网络及物流配送网络。物流本身属于工业工程内容,与汽车结合后也变成了汽车服务工程内容。从事相关分销流通及物流配送的企业即为汽车物流企业。

2. 汽车厂商的售后服务

汽车厂商的售后服务指汽车厂商为了让用户使用好汽车产品而提供的以产品质量保修为核心内容的服务。国内外售后服务发展的主流形式是 4S 模式,即整车销售(sale)、售后服务(service)、零件供应(spare part)、信息反馈(survey)四位一体的方式。目前国家出台了《汽车销售管理办法》,目的是打破 4S 模式对汽车售后服务的垄断。

3. 汽车的维修、检测、养护、美容与装饰服务

汽车的维修、检测、养护、美容与装饰服务指汽车厂商服务体系以外的社会上独立提供的汽车维修、检测、养护、美容与装饰等服务。该类服务企业是对汽车生产销售体系的售后服务的有益补充。

4. 汽车改装

该类企业主要从事汽车外观改装、汽车性能提高改装、赛车按标准改装三大类别服务。其中汽车外观改装主要有改装外观装饰、更换方向盘、增加个性贴纸、更换轮胎、更换轮毂、更换仪表等;汽车性能提高改装主要包括增加氙气灯、改装进气系统、改装排气系统、改装点火系统、改装供油系统等;赛车按标准改装主要有车内头盔、防滑架、赛车服饰、减振器、悬挂加强赛车安全带等。

5. 汽车配件经营与精品销售

汽车配件经营与精品销售指汽车厂商售后服务备件(配件)供应体系以外的汽车配件、汽车相关产品(如润滑油、脂及有关化工产品等)与汽车精品(如汽车养护用品、装饰装潢用品等)的销售服务,也是汽车厂商备件服务系统的有益补充。各地目前已经形成了一定规模的汽车配件城,极大地满足了汽车消费者的需求,并且对汽车厂商售后备件体系形成了竞争态势。

6. 智能交通服务

智能交通服务指向广大汽车驾驶者提供以交通导航为核心,旨在提高汽车用户(尤其城市用户)出行效率的服务,其服务主体是提供交通导航的服务机构和企业。基本服务内容有:介绍出行天气状况、提供地面交通信息、寻址服务、自动生成从用户出发地点至目的地的路线选择方案、诱导路面交通流量、紧急事故救援等,最终实现交通导航的目的。该类服务企业的出现,极大地方便了城市出行者。

7. 废旧汽车的回收解体服务

废旧汽车的回收解体服务指依据国家有关报废汽车管理之规定,对达到报废规定的废旧车辆,从用户手中回收,然后进行解体,并将拆卸下来的旧件进行分门别类处理的服务,属于环保绿色服务。其服务主体是从事该环节工作的服务机构或个人。

废旧汽车的回收解体,涉及的服务工作主要有:回收、兑现政策(按规定的回收标准向

用户支付回收费用)、拆卸、废旧零件分类、旧件重复利用(对于尚有使用价值的旧件)、废弃物资移送(对不能重复的废弃零部件及相关产品,分类送交炼钢厂或橡胶化工企业)及相关的保管物流服务等。我国为加强环境保护,减少废旧汽车对环境的影响,特制定了《报废汽车回收管理办法》。

8. 汽车金融服务

汽车金融服务指向广大汽车购买者提供金融支持的服务,其服务主体是向汽车买主提供金融服务的机构,包括银行机构和非银行机构(如提供购车消费贷款的汽车财务公司),它们通常在遵循国家关于汽车金融服务有关管理规定的前提下,依据汽车买主的信用或在一定的担保条件下,向汽车买主提供一次性或分期支付的贷款。

9. 汽车租赁服务

汽车租赁服务指向短期的或临时性的汽车用户提供使用车辆,并以计时或计程方式收取相应租金的服务,其服务主体是提供汽车租赁服务的各类机构。目前,汽车租赁在中国处于摇摆不定的一个发展阶段,市场有较大的需求,但国内目前缺乏切实有效的信用和担保制度,致使汽车租赁的风险较大,大型投资方不敢贸然介入。但随着社会进步和互联网的发展,目前已经出现的专门从事网络约车的相应公司给该领域引起不小震动。

10. 汽车保险服务

汽车保险服务指合理设计并向广大汽车用户销售汽车保险产品,为车主提供金融保险的服务,其服务主体是提供与汽车使用环节有关的各种保险的金融服务机构(保险公司)。汽车保险的服务类别,一是与车辆及其零部件有关的财产保险,如车辆盗窃险、挡风玻璃损坏险、车辆肇事险等;一是与车主、乘员和车外第三者人身相关的人身保险,如人身伤亡险等。

11. 汽车置换和二手车交易服务

它也称为旧车交易服务。系指向汽车车主及二手汽车需求者提供交易方便,以二手汽车交易为服务内容的各种服务,其服务主体是提供旧车交易服务的各类机构或个人。其通常是驻扎在旧车交易市场内外的具有经营主体资格的专业旧车交易服务商、汽车经销商,或者是不具有经营主体资格,但为旧车交易提供信息服务、撮合交易成功的服务经纪人。

旧车交易包括的服务内容:货源收购、旧车售卖、买卖代理、信息服务、交易中介、撮合交易、拟定合同、车辆评估、价值确定、代办手续、收缴税费,乃至车况检测和必要的维修(也可以委托社会维修企业进行维修检测)。

12. 汽车驾驶培训服务

汽车驾驶培训服务指向广大汽车爱好者提供车辆驾驶教学,帮助他们提高汽车驾驶技术并通过考试,领取汽车驾驶执照的服务,或者再培训服务(拥有驾照但缺乏驾驶经验的人),其服务主体是各类汽车驾驶学校或培训中心。

13. 汽车信息资讯服务

汽车信息资讯服务指向各类汽车服务商提供行业资讯的服务和向消费者个人提供汽车

导购的信息服务,其服务主体是提供各类汽车信息资讯的服务机构或个人。通常包括专业的市场调查公司、信息服务机构、研究机构和大专院校等。

14. 汽车市场与场地服务

汽车市场与场地服务指以场地、场所及其建筑物的有偿使用为核心经营内容,向汽车厂商、汽车服务商和汽车消费者个人提供使用场地或场所的服务,其服务主体是提供有偿使用场地、场所的服务机构。主要有汽车交易市场、配件交易市场(商城)、公共停车场、会馆及展览馆等。该类企业具有公益性和资源短缺性。

15. 汽车故障救援服务

汽车故障救援服务指向汽车驾驶者提供因突发的车辆故障而导致车辆不能正常行驶,从而需要紧急救助的服务。其服务主体是提供汽车救援服务的机构或个人,通常是汽车俱乐部或其他汽车服务商,救援服务只是其服务业务的一个项目。

16. 汽车广告与展会服务

汽车广告与展会服务指以产品和服务的市场推广为核心,培养忠诚客户,向汽车生产经营者提供广告类服务和产品展示类的服务。其服务主体是提供以上服务及相关服务的专门机构和个人,主要包括各种策划机构、广告代理商、广告创作人、广告制作人、大众传媒、会展服务商、展览馆等,其服务对象主要是汽车厂商、汽车经营者及各类汽车服务商。

17. 汽车文化服务

汽车文化服务指向广大汽车爱好者提供与汽车相关的以文化消费为主题的各类服务。其服务主体是提供汽车文化产品的各种机构或个人,包括汽车爱好者俱乐部、汽车传媒、各种专业的和非专业的汽车文化产品制作人、汽车文化产品及服务的经营者。

汽车文化产品包括静态文化产品和动态文化产品。静态文化产品:传播汽车文化的影视短片、挂历图片、邮票与明信片、服装服饰、汽车车模、汽车书籍、期刊报刊、摄影图册、人物传记等;动态文化产品:流动影院、汽车娱乐、汽车书屋、汽车旅游、汽车旅店、汽车体育、汽车餐馆、汽车酒吧、婚庆车队乃至汽车厕所等。

18. 汽车俱乐部服务

汽车俱乐部服务指以会员制形式,向加盟会员提供能够满足会员要求的与汽车相关的各类服务。其服务主体是提供会员服务的各类汽车俱乐部,它们通常是汽车厂商、汽车经营者、社会团体、汽车爱好者组织的,一般属于社团组织,具体形式多种多样,如品牌俱乐部、车迷俱乐部、越野俱乐部、维修俱乐部、救援俱乐部等。在目前国内车主俱乐部不太成熟的市场情况下,俱乐部的类型主要有:品牌俱乐部、车迷俱乐部、越野俱乐部、维修俱乐部、救援俱乐部等。车主俱乐部可以为车主提供以下服务:一是汽车类服务,如代办保险、验车、泊位、换领驾照、补领驾照、补领行驶证、管家提醒、代(补)交养路费、理赔、审证、贷款等;二是汽车体验与交流,如外驾车出游、试乘试驾、车友会、会员制等;三是汽车救援,如拖车服务、快速抢修、提供24小时救援等。

1.4　汽车服务企业管理的任务与内容

根据从事汽车服务业务的不同,汽车服务企业分为很多种类,但都具有共同的经营特点,其管理内容与管理目标具有一致性。

1.4.1　汽车服务企业的经营特点

尽管汽车服务企业的服务内容非常广泛,服务形式多种多样,其经营在表象上有很大差异,但仔细分析可以发现,其经营仍然具有许多共同特点。其共同特点如下:

1. 汽车服务企业经营以客户为中心

汽车服务企业的服务对象是潜在的和现实的汽车消费者,企业经营的所有活动都是以顾客为中心展开的。特别是随着汽车买方市场的形成,汽车市场同质化竞争越来越激烈,汽车消费者的选择余地增大。汽车服务企业必须从顾客需求出发来确定自身经营目标和管理理念,以满足顾客需求来最终实现企业利润最大化。又由于顾客参与汽车服务企业的生产经营程度较高,决定了考量企业经营管理优劣和水平高低的重要指标是顾客满意度。因此,汽车服务企业都必须以提高顾客满意度为其重要的经营管理任务。

2. 汽车服务企业经营的波动性

汽车是一种价格较高的耐用商品,其供求关系受国民经济波动的影响较大。消费人群、季节以及节假日也是重要的影响因素。因此,汽车服务企业的经营活动表现出较为明显的波动性。比如,汽车市场常称的"金九银十"指的就是每年的九至十月是汽车销售的黄金时段。这时,汽车销售服务企业进销存业务比较繁忙。同时,汽车金融保险服务企业的经营活动也相应达到高潮。节假日的汽车使用需求急剧增大,这时汽车租赁企业就会供不应求。私家车消费人群的工作特点导致汽车维修服务企业每逢周末维修服务量会急剧增大等。汽车服务企业经营的波动性对企业管理提出的挑战是如何合理设计企业的服务生产能力,如何有效管理需求,采取哪些措施使企业的服务能力与服务需求相适应。目前,国内许多汽车服务企业正在尝试使用客户关系管理工具、服务促销等方式,以及服务能力连锁方式进行需求管理。

3. 汽车服务企业经营的社会性

汽车既可以作为消费品,又可以作为生产资料,随着社会进步,其在社会经济生活中的地位越来越重要。汽车服务企业涉及的服务门类繁多,汽车服务产业规模大,实现的经济利润高,汽车服务企业提供的就业机会多,社会效益良好。汽车服务企业与经济社会的方方面面联系密切,在国民经济中具有举足轻重的地位和作用,同时也极易受到外部环境变动的影响。因此,其经济活动表现出很强的社会性。这就要求汽车服务企业密切关注社会环境、经济环境、技术环境、法律环境等宏观环境的变化,及时调整经营策略,完善与改进经营服务内容,以适应外部环境的变化。

1.4.2 汽车服务企业管理的任务

汽车服务企业管理的任务,就是按照汽车服务市场的客观规律,对企业的全部生产、销售、服务等经营活动进行计划、组织、指挥、协调和控制,使汽车服务各个环节相互衔接、密切配合,使人财物等各种资源得到合理配置,有效使用,以最小投入,取得最大产出,以完成企业任务,实现企业经营目标。

为实现汽车服务企业的经济效益,必须不断扩大汽车服务产品的市场的占有率,并且提高顾客满意度。市场占有率可用相对市场占有率和绝对市场占有率表示,它是反映企业市场地位的一个重要指标。绝对市场占有率是指一个企业某产品销售量(额)与同期该产品市场总销售量(额)的比值;相对市场占有率是指一个企业某产品销售量(额)与同期该产品最大竞争对手销售量(额)的比值。

不同汽车服务企业的销售量用不同的数据表示。例如,汽车销售企业主要是销售新车或二手车的数量或销售额,维修企业则表现为本企业维修汽车的台次或维修收入,汽车保险企业为保费收入,汽车俱乐部则是指会员的数量等。

在同质化竞争日趋明显的条件下,市场占有率的高低很大程度取决于顾客的满意度。顾客满意度是指顾客实际得到的服务与期望得到的服务之比。当实际得到的服务大于期望得到的服务,即需求被满足后,顾客会产生一种愉悦感并且感到满意,否则就会不满意。关于顾客满意度的管理请见 7.1 节。

综上,汽车服务企业管理的任务就是提高市场占有率和顾客满意度。

1.4.3 汽车服务企业的管理内容

根据汽车服务企业的生产经营特点可知,其管理内容包括以下几个方面。

1. 经营管理

经营管理是指为实现企业目标,使企业的内部生产技术经济等活动与企业外部环境达成动态平衡的一系列管理活动,它是一项战略性、决策性的管理。主要内容包括通过对外部经营环境的研究,确定适应外部环境的企业经营思想和方针,制定企业发展战略和目标,搞好企业经营决策、经营计划、市场营销、产品开发和技术创新等管理工作。

2. 服务管理

服务管理是指对服务的全过程进行管理。在服务竞争环境中,通过服务利润链分析,对服务产品进行生产管理、服务质量管理、设备管理、定额与成本管理、备件与原材料管理等,增加客户对服务的满意度,从而使企业取得成功。

3. 财务管理

财务管理是指企业再生产过程中的资金运作管理,是企业以价值形态表现出的全部活动,包括物资基础配置、产销经营过程、经营活动成果,以及最后处理全过程在账面上的正确反映和分析。现代财务管理的主要内容包括资金筹措、运用与管理,收入、成本和利润的管理与分配等。

4. 资源管理

企业资源包括人力资源、基础设施、工作环境、财务资源、供方与合作伙伴,以及知识信息与技术资源等。这里主要针对人力资源管理,是指在经济学与人本思想指导下,通过招聘、甄选、培训、报酬等管理形式对组织内外相关人力资源进行有效运用,满足组织当前及未来发展的需要,保证组织目标实现与成员发展的最大化的一系列活动的总称。就是预测组织人力资源需求并做出人力需求计划,招聘选择人员并进行有效组织,考核绩效支付报酬并进行有效激励,结合组织与个人需要进行有效开发以便实现最优组织绩效的全过程。一般包括六大模块:人力资源规划、招聘与配置、培训与开发、绩效管理、薪酬福利管理、劳动关系管理等。

5. 信息管理

信息管理是人类为了有效地开发和利用信息资源,以现代信息技术为手段,对信息资源进行计划、组织、领导和控制的社会活动。即,信息管理就是人对信息资源和信息活动的管理。信息管理是指在整个管理过程中,人们收集、加工和输入、输出的信息的总称。信息管理的过程包括信息收集、信息传输、信息加工和信息储存。汽车服务企业的信息主要包括产品质量信息与保修信息、客户信息和外部环境信息等。

复习思考题

1. 简述现代企业管理的主要特性。
2. 如何把现代企业管理的管理科学模型应用到实际的企业管理中?
3. 现代企业管理的手段和方法有哪些?
4. 简述汽车服务的内涵和主要特征。
5. 简述汽车服务企业的主要类别及其业务内容。
6. 说明汽车服务企业的经营特点、管理任务和内容。

第2章

汽车服务企业筹建与开业管理

筹建开办一个企业主要包括经营资格审批、厂址确定、基础设施建设、仪器设备采购及安装调试、员工招聘培训,以及内部基础管理等工作。各部分工作在筹建过程中互有交叉,互为条件。

筹建开办一个企业必须符合国家工商行政部门的相应管理规定。不同经营类型企业的创建条件不尽相同。总体来说,若企业经营项目包含有许可经营项目,或者有特殊资质要求,那么在经营范围内或者申请许可证时就必须提供相应材料。若只是一般性经营项目,则可以根据企业自身要求和经营方向填写经营内容并通过工商注册。注册公司需要办理营业执照、组织机构代码证、税务登记证,若经营范围有需要许可的项目,则需要办理相应的许可证。只有具备相关资质,办理了相关手续,才能正式进行营业。其基本流程如图2-1所示。

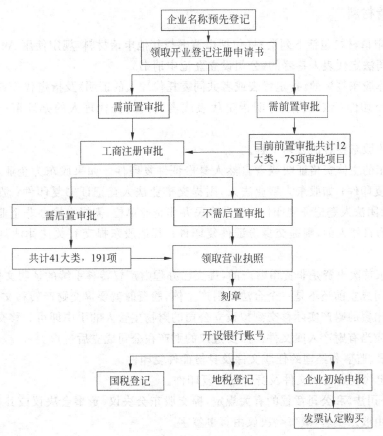

图2-1 开办企业工商注册流程图

2.1 营业执照的办理

营业执照是企业或组织合法经营权的凭证,由工商行政管理部门发放。营业执照的登记事项为:名称、地址、负责人、资金数额、经济成分、经营范围、经营方式、从业人数、经营期限等。营业执照不得伪造、涂改、出租、出借或转让。

营业执照分正本和副本,二者具有相同法律效力。正本应当置于公司住所或营业场所的醒目位置,否则可能会因未悬挂执照而受到工商行政管理部门的处罚;副本一般用于外出办理业务用,如办理银行开户许可证、企业组织机构代码证、税务登记证及签订合同等。

营业执照的办理程序大同小异,工商管理部门是依照《中华人民共和国公司法》《中华人民共和国公司登记管理条例》等相关规定,按照一定流程进行。这里以有限责任公司营业执照办理流程为例进行说明。

首先,开办企业应该提供相应材料,然后由工商行政管理部门按流程办理。为规范工商行政管理部门的行为,对资料、流程、办理期限以及收费等进行了规定。

1. 申请材料

提交的申请材料包括下列资料(包括申请书与其他申请材料,规定使用 A4 型纸)。

(1) 公司法定代表人签署的《公司设立登记申请书》。

(2) 全体股东签署的《指定代表或者共同委托代理人的证明》及指定代表或委托代理人的身份证件复印件;该证明应标明指定代表或者共同委托代理人的办理事项、权限、授权期限。

(3) 全体股东签署的公司章程。

(4) 股东的主体资格证明或者自然人身份证件复印件。如果股东为企业,则需提交营业执照副本复印件;如股东为事业法人,则提交事业法人登记证书复印件;股东为社团法人,需提交社团法人登记证复印件;股东为民办非企业单位,需提交民办非企业单位证书复印件;股东为自然人的,则提交身份证件复印件;其他股东提交有关法律法规规定的资格证明。

(5) 股东首次出资是非货币财产的,提交已办理财产权转移手续的证明文件。

由于公司成立前还不是一个合法的财产主体,验资时就要提交财产转移文件,因此只要出资人将其出资的财产实际移交到拟设立公司的财物主管人的手中即可。移交后拟设公司的财务账上应当有财产入库文件。需要过户的财产在公司成立后过户。

(6) 董事、监事和经理的任职文件及身份证件复印件。

(7) 法定代表人任职文件及身份证件复印件。

根据《公司法》和公司章程的有关规定,提交股东会决议、董事会决议或其他相关材料。股东会决议由股东签署,董事会决议由董事签字。

(8) 住所使用证明。自有房产提交房屋产权证复印件;租赁房屋提交租赁协议复印件以及出租方的房屋产权证复印件。有关房屋未取得房屋产权证的,属城镇房屋的,提交房地产管理部门的证明或者竣工验收证明、购房合同及房屋销售许可证复印件;属非城镇房屋的,提交当地政府规定的相关证明。出租方为宾馆、饭店的,提交宾馆、饭店的营业执照复印件。使用军队房产作为住所的,提交《军队房地产租赁许可证》复印件。

将住宅改变为经营性用房的,属城镇房屋的,还应提交《登记附表——住所(经营场所)登记表》及所在地居民委员会(或业主委员会)出具的有利害关系的业主同意将住宅改变为经营性用房的证明文件;属非城镇房屋的,提交当地政府规定的相关证明。

(9)《企业名称预先核准通知书》。由工商行政管理部门根据拟设立企业的申请发放。

拟设立企业需提供:①名称核准申请表;②股东的身份证和投资协议;③特殊名称的相关批文或材料(如申请名称冠以"中国""中华""国家""全国""国际"字词的,需提交国务院批准文件复印件)。如委托工商代办机构,还需要出具委托书。这些资料可以在"中国企业登记网"上下载和登记。

(10)法律、行政法规和国务院决定规定设立有限责任公司必须报经批准的(即需要其他管理部门前置审批的),提交有关的批准文件或者许可证书复印件。

(11)公司申请登记的经营范围中有食品生产项目,提交相关级别政府的质量监督管理机构核发《食品生产许可证》复印件。

以上各项材料未注明提交复印件的,应当提交原件;提交复印件的,应当注明"与原件一致"并由股东签署,或者由其指定的代表或委托的代理人加盖公章或签字。涉及股东签署的,自然人股东由本人签字;自然人以外的股东加盖公章。

工商管理部门根据法定条件和程序,需要对申请材料的实质内容进行核实。

2. 办理程序

具体办理程序为:申请—受理—审核—决定。

3. 办理期限及收费规定

对申请材料齐全,符合法定形式的,自收到《受理通知书》之日起三个工作日领取营业执照。

营业执照的办理一般免收费。

2.2 组织机构代码证的办理

组织机构代码证是社会经济活动中的通行证,由质量技术监督部门发放。代码是"组织机构代码"的简称。对于依法注册、依法登记的机关、企业、事业单位和群团组织,其代码标识在全国范围内是唯一始终不变的代码标识。

新设公司组织机构代码证办理流程包括材料准备、办理程序、税务登记和初始申报。

1. 材料准备

办理组织机构代码证时,需要准备如下资料:

(1) 法定代表人的身份证明证件原件和复印件。一般是身份证原件与复印件;如果法定代表人或负责人为港、澳、台人士或外国人,则提供回乡证、台胞证或护照的复印件1份(验原件)。

(2) 代办人身份证明原件与复印件。

(3) 新设立公司的营业执照正副本原件与副本复印件。

(4) 新设立公司的公章与法人章。

2. 办理程序

当资料准备完成之后,就应该向公司所在地的质量技术监督局提出申请,按下列程序办理组织机构代码证。

(1) 向设立公司所在地的质量技术监督局申领组织机构代码证基本信息登记表。

(2) 根据营业执照信息以及法人、经办人信息填写信息登记表格,严格按照表格填写规范进行填写,并在表头处加盖新设公司公章。

(3) 向质监局工作人员上交信息登记表格以及营业执照原件(交验)复印件、法人代表身份证原件(交验)复印件。

(4) 质监局工作人员进行信息验证,并进行证件打印。

3. 税务登记

在取得工商营业执照后,在30日内带上工商营业执照、经营场地证明(产权证或租赁协议)、公司章程、机构代码证、法人身份证、验资报告、会计上岗证等,即可分别去办理国税、地税的税务登记(联合办证的,只需要办一个证件即可)。

国税登记:带上工商营业执照、经营场地证明(产权证或租赁协议)、公司章程、机构代码证、法人身份证、验资报告、两个会计的会计上岗证和身份证,银行开户许可证,以及加盖有公司公章的复印件各一份,并带上公章。

地税登记:营业执照、法人身份证、办理人身份证(复印件各两份),带上公章。

4. 企业初始申报

企业初始申报是企业纳税申报的重要组成部分。税务机关为更好地加强地方税(费)的税源监控工作,将纳税申报工作提前至税务登记环节。为方便办理纳税事项、减少纳税环节,在办理税务登记时,一并向主管税务机关填报《初始申报及纳税核定表》《外国企业常驻代表机构营业税征免界定及计税方法核定表》《私人机动车车船使用税初始申报》和《固定资产投资方向调节税》等申报表。

1) 办理初始申报所需证件、资料

初始申报所需证件、资料(原件及复印件各一份;原件经审核后退纳税人带回,复印件留税务登记机关存档):

(1) 营业执照或工商登记证;

(2) 购买机动车的发票和机动车行驶证;

(3)《房屋所有权证》或《房屋共有权证》或租赁协议;

(4) 城市规划管理机关或土地管理机关核发的用地许可证件，如《国有土地使用证》等；
(5) 税务机关要求的其他证件、资料。

2) 办理初始申报有关税种

企业根据其经营情况，凡涉及地方税务机关管辖的税（费）种，均应办理初始申报。

3) 初始申报办理的期限

从事生产、经营的企（事）业单位、个体工商户自领取营业执照或者经有关部门批准成立之日起 30 日内，持有关证件向主管税务机关办理初始申报。

从事生产、经营施行非独立核算的分支机构和非从事生产、经营，但负有缴纳或代扣代缴地方税义务的纳税人及扣缴义务人自领取工商营业执照或经有关部门批准成立之日起 30 日之内，向主管税务机关办理初始申报。

4) 填报的有关表格

纳税人及扣缴义务人根据其实际情况按照《征管法》及有关税收法规和规章的规定如实填报有关情况，否则税务机关将依照《征管法》及有关法律法规的规定予以处罚。

2.3　汽车维修企业的开业要求

开办汽车服务类企业一般没有资质要求，也不需要前置许可，可根据实际情况直接注册一般公司。但从事汽车维修，则需要办理《汽车维修许可证》，根据交通运输部《道路运政管理工作规范》规定：一类汽车维修企业和汽车综合性能检测站由省级道路运政管理机构审批，二类汽车维修企业由地级道路运政管理机构审批，三类汽车维修业户由县级道路运政管理机构审批。国家标准《汽车维修业开业条件》(GB/T 16739.1~16739.2—2014)对汽车维修企业不同类别应具备的设备、设施、人员、质量管理、安全生产、环境保护及流动资金等资质条件作了明确规定。

1. 申办维修类企业的条件

申办维修类企业应符合下列条件：
(1) 符合国家和当地有关法规、规章、标准和相关行业发展规划；
(2) 符合国家及当地货运行业发展分类指导目录；
(3) 符合国家及当地的环境保护要求（空气污染、水污染等）；
(4) 签订《安全承诺书》；
(5) 有健全的安全管理制度；
(6) 符合交通运输部提出的《汽车维修业开业条件》(GB/T 16739.1~16739.2—2014)对相应类别企业的设施设备硬件和人员的要求，这些开业条件是道路运输管理机构实施行政许可和管理的依据。

GB/T 16739 第 1 部分列明了汽车整车维修企业的开业要求，第 2 部分是针对汽车综合小修及汽车专项维修业户提出的相应要求。

对整车维修企业开业在人员构成、组织管理、安全生产、环境保护、维修设施、维修设备等方面做了详细规定。

对人员的类别、资格、数量等的要求有：应具有维修企业负责人、维修技术负责人、维修质量检验员、维修业务员、维修价格结算员、机修人员、电器维修人员、钣金(车身修复)人员和涂漆(车身涂装)人员。从业人员资格条件应符合 GB/T 21338 的规定，并取得行业主管部门及相关部门颁发的从业资格证书，持证上岗。维修质量检验员数量应与其经营规模相适应，至少应配备 2 名维修质量检验员。机修人员、电器维修人员、钣金人员和涂漆人员，一类企业至少应各配备 2 人；二类企业应至少各配备 1 人。其他岗位从业人员，一类企业应至少各配备 1 人，不能兼职。二类企业允许一人二岗，可兼任一职。从事燃气汽车维修的企业，至少应配备 1 名熟悉燃料供给系统专业技术的专职作业、检验人员，并经培训合格，持证上岗。

从组织管理角度，提出了开办汽车维修企业应从基本条件、经营管理和质量管理等方面符合要求。即企业应建立健全组织管理机构，设置经营、技术、业务、质量、配件、检验、档案、设备、生产和安全环保等管理部门并落实责任人。应建立完善的质量管理体系。应有现行有效的与汽车维修有关的法律、法规、规章和标准等文件资料。经营管理方面，应具有规范的业务工作流程，公开业务受理程序、服务承诺和用户抱怨受理程序等，并明示经营许可证、标志牌、配件价格、工时定额和价格标准等。应建立并执行价格备案及公示、汽车维修合同、汽车维修费用结算清单、汽车维修记录、统计信息报送和安全生产管理等制度。维修过程、配件管理、费用结算和维修档案等应实现电子化管理。质量管理方面，应建立并执行汽车维修质量承诺，进出厂登记、检验、竣工出厂合格证管理、汽车维修档案管理，标准和计量管理、设备管理、配件管理，文件资料有效控制和人员培训等制度。汽车维修档案应包括维修合同，进厂、过程、竣工检验记录，竣工出厂合格证存根，维修结算清单、材料清单等。配件管理制度应规定配件采购、检查验收、库房管理、信息追溯、配件登记及台账、索赔等要求。应具有所维修车型的维修技术资料及工艺文件，确保完整有效并及时更新。

整车维修企业必须十分重视安全生产。应建立并实施与其维修作业内容相适应的安全管理制度和安全保护措施。应制定各类机电设备的安全操作规程，并明示在相应的工位或设备处。使用与存储有毒、易燃、易爆物品和粉尘、腐蚀剂、污染物、压力容器等，均应具备相应的安全防护措施和设施。安全防护设施应有明显的警示、禁令标志。生产厂房和停车场应符合安全生产、消防等各项要求，安全、消防设施的设置地点应明示管理要求和操作规程。应具有安全生产事故的应急预案。

整车维修企业必须达到环境保护条件。应具有废油、废液、废气、废水(即"四废")、废蓄电池、废轮胎、含石棉废料及有害垃圾等物质集中收集、有效处理和保持环境整洁的环境保护管理制度，并有效执行。有害物质存储区域应界定清楚，必要时应有隔离、控制措施。作业环境以及按生产工艺配置的处理"四废"及采光、通风、吸尘、净化、消声等设施，均应符合环境保护的有关规定。涂漆车间应设有专用的废水排放及处理设施，采用干打磨工艺的，应有粉尘收集装置和除尘设备，并应设有通风设备。调试车间或调试工位应设置汽车尾气收集净化装置。

设施要求上，整车维修企业应具有接待室(含客户休息室)、停车场、生产厂房与场地，并符合相应要求。具体要求见表 2-1。

表 2-1 整车维修企业设施要求

项目		面积/m²		备 注
		一类企业	二类企业	
接待室		80	20	要求整洁明亮,明示各类证、照、主修车型、作业项目、工时定额及单价等,有供客户休息的设施
停车场		200	150	合法;与承修车型、经营规模相适应;保证车辆行驶通畅;不占公共用地;如为租赁,有合同,租期不少于1年;地面应平整坚实,区域界定标志明显
厂房	总面积	800	200	满足表2-2~表2-5所列设备的工位布置、生产工艺和正常作业,并与其经营业务相适应。地面应平整坚实
	总成维修间	30	20	设置总成维修所需的工作台、拆装工具、计量器具等
	燃气汽车要求			专用厂房,永久性建筑,不得使用易燃建筑材料,面积应与生产规模相适应。厂房内通风良好,不得堆放可能危及安全的物品。厂房周围5m内不得有任何可能危及安全的设施。还应设有密封性检查、卸压操作的专用场地,可设在室外。应远离火源,应明示防明火、防静电的标志

整车维修企业应配备表2-2~表2-5要求的仪表工具、专用设备、检测设备和通用设备,其规格和数量应与其生产规模和生产工艺相适应。从事营运车辆二级维护的企业,应配置满足GB/T 18344规定的所有出厂检验项目的检测设备。各种设备应能满足加工、检测精度的要求和使用要求,并应符合相关国家标准和行业标准的要求。计量器具及表2-4所列检测设备应按规定检定合格。汽车举升机、喷烤漆房及设备等涉及安全的产品应通过交通产品认证。允许外协的设备,应具有合法的合同书,并能证明其技术状况符合要求。

表 2-2 整车维修企业仪表工具要求

序号	设备名称
1	万用表
2	汽缸压力表
3	燃油压力表
4	液压油压力表
5	真空表
6	空调检漏设备
7	轮胎气压表
8	外径千分尺
9	内径千分尺
10	量缸表
11	游标卡尺
12	扭力扳手
13	气体压力及流量检测仪(针对燃气汽车维修企业)
14	便携式气体检漏仪(针对燃气汽车维修企业)

表 2-3 整车维修企业专用设备要求

序号	设备名称	大中型客车	大型货车	小型车	附加说明
1	废油收集设备		√		
2	齿轮油加注设备		√		
3	液压油加注设备		√		
4	制动液更换加注器		√		
5	脂类加注器		√		
6	轮胎轮辋拆装设备		√		
7	轮胎螺母拆装机	√	√	—	
8	车轮动平衡机		√		
9	四轮定位仪	—	—	√	二类允许外协
10	四轮定位仪或转向轮定位仪	√	√		二类允许外协
11	制动鼓和制动盘维修设备	√	√	—	
12	汽车空调冷媒回收净化加注设备		√		大货车允许外协
13	总成吊装设备或变速箱等总成顶举设备		√		
14	汽车举升设备		√		一类应不少于5个,二类应不少于2个。汽车举升机或具有安全逃生通道的地沟
15	汽车故障电脑诊断仪		√		
16	冷媒鉴别仪		√		
17	蓄电池检查、充电设备				
18	无损探伤设备	√	√	—	
19	车身清洗设备		√		
20	打磨抛光设备	√	—	√	
21	除尘除垢设备	√	—	√	
22	车身整形设备		√		
23	车身校正设备	—	—	√	二类允许外协
24	车架校正设备	√	√	—	二类允许外协
25	悬架试验台			√	允许外协
26	喷烤漆房及设备	√		√	大中型客车允许外协
27	喷油泵试验设备(针对柴油车)		√		允许外协
28	喷油器试验设备		√		
29	调漆设备	√	—	√	允许外协
30	自动变速器维修设备		√		允许外协
31	氢气置换装置(针对燃气汽车维修企业)		√	√	
32	气瓶支架强度校验装置(针对燃气汽车维修企业)	√	—	√	允许外协

注:√——要求具备;———不要求具备。

表2-4 整车维修企业检测设备要求

序号	设备名称	附加说明
1	尾气分析仪或不透光烟度计	
2	汽车前照灯检测设备	可用手动灯光仪或投影板检测
3	侧滑试验台	可用单板侧滑台
4	制动性能检验设备	可用制动力、制动距离、制动减速度的检验设备之一

表2-5 整车维修企业通用设备要求

序号	设备名称
1	计算机
2	砂轮机
3	台钻(含台钳)
4	电焊设备(大中型客车、大型货车维修)
5	气体保护焊设备
6	压床
7	空气压缩机
8	抢修服务车

开业条件中对汽车综合小修及专项维修业户(三类)应具备的通用条件及其经营范围、人员、设施、设备等条件作了相应规定。

2. 申办维修类企业的材料

申办维修类企业,必须按下列要求准备相应材料,报送相应道路运政管理机构审批。

(1) 书面申请、开业申请表和安全承诺书;

(2) 经营场所证明及复印件,必要的停车场使用证明及复印件;

(3) 经营厂址方位示意图、厂房工艺布置图(比例1∶500或1∶200,单位:毫米,规格2♯标准图纸,并加盖单位公章);

(4) 工商登记证明材料及复印件(或企业法人工商营业执照或企业名称预先核准通知书);

(5) 企业法定代表人或负责人的基本情况(内容包括:姓名、职务、文化程度、工作简历、身份证明及身份证复印件);

(6) 工程技术人员的基本情况(内容包括:姓名、文化程度、职称、工作简历、身份证号及有效专业资格证书复印件);

(7) 主要专业技术人员明细表(内容包括:姓名、性别、年龄、职务、职称、工种、技术等级、文化程度),专业技术人员的专业资格证书和维修技工的有效技术等级证书复印件;

(8) 通用、专用、试验和检测设备的明细表(内容包括:名称、规格型号、数量和技术状况),外协设备协议书,试验和检测设备还应有质量技术监督部门的检测合格证明;

(9) 企业章程及管理制度;

(10) 健全的安全管理制度;

(11) 需环境保护部门批准的事项提供环保证明复印件;

(12) 消防证明;

(13)特约维修企业提供与汽车制造商签订的特约维修协议或意向书。

3. 办事程序

办事程序如下：

(1)申办人向所在区(县)运输管理部门全程办事代理机构提交申办材料。

(2)区(县)运输管理部门全程办事代理机构对申办人提交的有关材料进行核对,材料齐全的出具受理通知单通知申办人员；材料不齐的以材料补正通知书方式等及时通知申办人。

(3)区(县)运输管理部门在10日内进行现场勘验。

(4)区(县)运输管理全程办事代理机构依据勘验结果在5日内做出审批决定。对同意办理的,核发经营许可证件并通知申办人；对不同意办理的书面通知申办人。

(5)取得运输管理部门发放的经营许可证后,按2.1节和2.2节流程办理注册成立公司。

2.4 汽车服务企业营运场所选择与方法

根据企业开业要求,企业在进行申办前就应确定营运场所。企业选择营运场所的原则是实现高的营运效率,达到最高的投资回报,实现利润最大化。影响投资回报的最直接因素是企业服务半径内的现实和潜在客户群主体,以及市场的变化。汽车服务企业经营场所选择决策作为拟开办企业的一项重大、长期投资,关系到企业的长期可持续发展。因此,选址时要以销售量和收入等指标为重点,结合企业实际,应用SWOT分析,分析企业宏观和微观环境,兼顾长远发展需求,留有发展余地。

汽车服务企业与其他企业一样,选址一般会经历市场调研、确定企业位置类型,最后在多个备选方案中权衡确定厂址和企业规模,如图2-2所示。

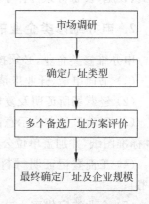

图2-2 汽车服务企业选址流程

2.4.1 市场调研的含义及意义

市场调研就是运用科学的方法,有目的、有计划地搜集、整理和分析有关供求双方的各种情报、信息和资料,以及当地法规和税收政策等,把握供求现状和发展趋势与企业生存环境,为企业销售计划的制定和企业决策提供正确依据的信息管理活动。

在汽车服务行业蓬勃发展的今天,只有根据市场形势的不断变化制定企业的发展道路,才能做到正确有效。而要了解和掌握这些企业的外部情况,就必须以市场调研为手段,获取市场信息资料,通过研究分析市场信息资料,预测市场发展趋势。通过市场调研,可以了解市场总的需求情况、市场大小和未来发展趋势,以便确定企业的运营模式和发展方向。市场调研对于汽车服务企业的经营管理有着重要意义。

(1) 分析把握消费者。通过市场调研，进行消费者分析，分析消费者的年龄、性别、民族、生活习惯、区域、国家、家庭收入，购买量与购买频率，购买时间与地点，购买动机，品牌转换情况与品牌忠诚度等方面的内容，可以了解消费者的集中程度、对价格的敏感程度、对各类产品的喜好程度，以及企业产品对消费者的影响程度等，准确掌握消费者信息；可以为新开办企业确定服务产品和服务方向。

(2) 观察了解竞争对手。通过市场调研，对竞争对手进行观察分析是确定本企业在行业中战略地位的重要方法，可以做到知己知彼，百战不殆。通过从市场和行业两方面分析识别企业的竞争者及其策略，判断竞争者的目标，评估竞争者的优势和劣势，确定竞争者的战略，判断竞争者的反应模式等，目的是为了准确判断竞争对手的战略定位和发展方向，并在此基础上预测竞争对手未来的战略，准确评价竞争对手对本企业的战略行为的反应，估计竞争对手在实现可持续竞争优势方面的能力等。

(3) 明确企业发展方向。通过市场调研，应用 SWOT 方法分析，即根据企业自身的既定的内在条件，找出企业的优势、劣势、机会与挑战，以及核心竞争力之所在。可以了解汽车各类市场的现状和趋势，了解供求关系。然后企业结合自身情况，确立竞争类型和特点，明确或调整企业发展方向，形成鲜明特色。

(4) 企业产品精准定位。产品定位是在产品设计之初或在产品市场推广的过程中，通过广告宣传或其他营销手段使得本产品在消费者心中确立一个具体形象的过程，简而言之就是给消费者选择产品时制造一个决策捷径。通过市场调查，了解市场对产品及产品质量的需求动态，做到与竞争对手有所差异，才能让消费者有所偏爱，即"人无我有，人有我优"。对于汽车服务企业来说，涉及服务质量、服务态度、工期长短、服务价格等几个方面。当然，通过市场调研，了解消费者需求，也将促进新的服务产品的开发，开拓新的利润增长点。例如，由于我国不同区域的能源结构不同，对汽车产品改装的需求存在差异，不同地区的新能源政策的差异也给不同企业带来机会。因此，研究不同地区的不同产品需求，可以带来新的机会。

2.4.2 市场调研方法

市场调研方法按调查和分析的对象分类，可分为间接调查和直接调查。

1. 间接调查

间接调查也称室内调研。在项目运作的前期，安排文案研究，是对原有的数据或可获得的二手资料进行研究，从中挖掘有价值信息，以加强对项目的理解并为后续调查研究打好基础。

2. 直接调查

直接调查也称为实地调研。就是直接面对调查对象进行的各类调查，主要有询问调查法、观察调查法、抽样调查法、试验调查法等。各类市场调研方法的关系如图 2-3 所示。

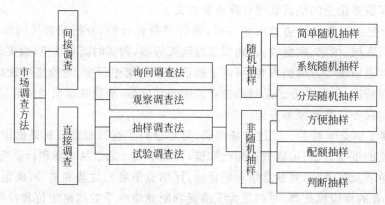

图 2-3 市场调研方法

1) 询问调查法

询问调查法是通过对调查对象的深度访问和小组座谈会等形式,利用调查人员与调查对象间的交流来直接搜集信息的方法。其特点是调查人员将事先准备好的调查事项以不同方式向调查对象提问,将获得的调查对象的反应收集起来作为分析信息。该方法在研究中大量使用,尤其重视对专业人士和领袖人物意见的深度访问及现实消费者需求的探测。

2) 观察调查法

观察调查法是调研人员通过直接观察和记录调查对象的行为、态度和情感,来搜集信息并整理编辑证据资料,而不是通过提问或者交流而系统地记录调查对象的行为。其特点是调查人员与调查对象直接接触,可以观察了解调查对象的真实反应;但无法获取调查对象的心理活动及其他一些可以用询问法获取的信息,如收入、购买需求、爱好等,也可能由于调查人员的判断错误而导致信息的准确性产生偏移。在"神秘顾客"监测中大量应用观察法进行研究。如要了解某品牌汽车在某地区的销售情况,可以通过观察汽车交通管理部门的新车上牌情况而得到准确信息。

3) 抽样调查法

抽样调查法是指从全部研究对象中抽取一部分进行考察和分析,并用这部分对象的数量特征去推断总体的数量特征的一种调查方法。其中,被研究对象的全体称为"总体";从总体中抽取出来,实际进行调查研究的那部分对象所构成的群体称为"样本"。在抽样调查中,样本数的确定和如何抽取样本是一个关键问题。抽样的特点是总体中含量大的部分被抽中的概率也大,可以提高样本的代表性。抽样的主要优点有:①可以减少调查的工作量,调查内容可以求多、求全或求专,可以保证调查对象的完整性;②可以从数量上以部分推算总体,利用概率论和数理统计原理,以一定的概率保证推算结果的可靠程度,起到全面调查认识总体的功能,可以保证调查的精度;③因为抽样调查是针对总体中的一部分单位进行的,可以大大减少调查费用,提高调查效率;④收集、整理数据及综合样本的速度快,可保证调查的时效性。

抽样按方法可分为随机抽样和非随机抽样。其中又包含各式各样的方法,如图 2-3 所示,其具体含义可参看有关统计学书籍。抽样方式可以为入户访问、街头拦截访问、中心定点访问、电话访问、预约面访、邮寄访问等形式。

4) 试验调查法

试验调查法是试验者按照一定试验假设,通过改变某些试验环境的时间活动来认识试验对象的本质及其发展规律的调查。试验调查法的基本要素包括试验者、试验对象、试验环境、试验活动和试验检测（检查或测定）。如销售活动中，改变某些影响因素，观察此类因素变化后对因变量（如销售量、市场份额等）的影响。

试验调查法的一般程序是：以试验假设为起点设计试验方案—选择试验对象和试验环境—对试验对象的前检测—通过试验激发改变试验对象所处的社会环境—对试验对象的后检测—通过对前检测和后检测的对比对试验效果做出评价。由于该方法研究成本投入大，且在目前国内市场条件下，试验法难以模拟出准确真实的市场现象，故一般不建议客户使用。

市场调查方法多，使用条件各不相同，对调查结果影响极大。因此选择调查方法和实施调查时要注意如下因素。

(1) 收集信息的能力。不同调查方法的收集信息的能力存在差异。要求收集信息要尽可能全面、可靠，避免以偏概全，使调查结果失真。一般来讲，试验调查法与观察调查法受费用及范围限制，收集信息的能力相对较弱，询问调查法具有较强的信息收集能力，资料质量也较好。

(2) 调查研究的成本。调研成本是制约选择调查方法的重要因素之一。形式单一、方法简单的调查方法虽然可以节约费用，但调查质量将大打折扣。单就调研成本而言，文案调查、电话调查等费用低，而访员访问、试验调查等方法的费用成本较高。

(3) 调研的时间成本。时间也是企业的重要成本指标之一。调查时间长，不能及时反映市场的时间变化，可能会得出错误结论。一般来说，时间较紧时，可选电话访谈调查，时间适中时可选问卷调查和观察调查等，而时间允许且市场变化不快时可采用访员访问和试验调查。

(4) 样本的控制程度影响调查效果。对样本的控制程度高，往往能及时快速地获取所需信息，而且有利于调查人员灵活、有效地调整进度，取得较好调查结果。访员访问、试验调查等方法能较好地控制样本，而文案调查、问卷调查等方法则明显不足。

(5) 人为因素的控制能力。选择调查方法时考虑调查人员对样本及调查结果所产生的影响，应将调查人员的人为因素控制在最小范围，防止调查结果失真。

实践中，通常是初选多个符合调查项目要求的调查方法，随后对各种方法进行对比、综合评价，最后做出选择。

2.4.3 市场调查的各阶段和要求

市场调查一般可分为三个阶段，即准备阶段、实施阶段和总结阶段。各阶段的主要工作内容与要求如下：

1. 准备阶段

(1) 成立调查小组。为保证调查工作的有条不紊，必须成立调查小组，由懂行、熟悉业务、有组织能力的人任组长，组成精干高效的调研队伍。

(2) 确定调查问题。确定问题就是市场调查人员必须首先弄清调查什么，目前有哪些问题不清楚等，如进行企业选址调查，那么就必须调查商圈，以及确定商圈调查的内容等。

(3) 进行室内初步调查。即通过收集和研究资料获取既有的信息资源,包括企业内部资料、政府统计数据、咨询公司的相关调查报告,以及学术研究成果等,对这些进行初步调查后确定调查目的和调查主题。

(4) 得出调查目的,确定调查主题。对室内调查的初步结果进行内部人员座谈,征询部分专家和用户意见,将调查范围进一步缩小,最后确定调查主题。

2. 实施阶段

(1) 选择资料搜集方式和调查方法。要紧紧围绕调查主题搜集资料,选择调查方法和方式时要兼顾资料的系统性、准确性、时间性和经济性。

(2) 设计调查表格。原则是让被调查者负担小;问题应具体,语言应准确;被选答案应完备,问题不应具有诱导性,问题应简明,逻辑关系明确;方便应用现代信息处理工具。

(3) 抽样设计。实施抽样调查前要确定对象、具体的抽样方法以及样本的大小等。

(4) 现场实地调查。

3. 总结阶段

(1) 整理分析资料。首先检查和评定所搜集资料的系统性、准确性、时间性等,然后对其进行科学分析,得出结论,并提出建议。具体包括编辑整理资料、分析编号和统计分析等工作。进行统计分析时尽量应用成熟的商业分析软件。

(2) 撰写调查报告并进行追踪。调查报告是调查的最终输出成果,包括调查过程简介、调查目标、调查结论、调查建议等。要求调查报告内容简明扼要,重点突出,分析客观具体,便于追踪检查,以便进一步积累经验,改进方法,提高调查质量。

2.4.4 汽车服务企业营运场所选址调查

汽车服务企业需要进行的市场调查内容十分广泛。一般包括以下内容:首先是市场需求调查,其次是竞争情况调查,再次是企业相关经营政策执行情况调查。对于新开办企业来说主要是前两项内容。即通过商圈的内容及商圈分析的内容进行调查研究,科学合理地选择企业位置。

1. 商圈的内容

商圈是商业企业吸引顾客的空间范围,是指以企业厂址为中心向外延伸一定距离而形成的方圆范围,是店铺吸引顾客的地理区域。它由核心商圈、次级商圈和边缘商圈构成。主要从消费者人群、有效经营者、有效的商业管理、商业发展前景(商圈未来形象、概念等)、商业形象(消费环境、特色等),以及商圈功能(传统商圈、主题商圈、概念商圈等)等维度分析商圈属于核心、次级还是边缘商圈,或者混合体。

2. 商圈分析的内容

其内容主要包括人口规模及特征、劳动力保障、供货来源、促销情况、经济情况、竞争情况、法规情况,以及其他如租金、投资限额、交通等。

人口特征主要分析商圈内人口规模(人口总量、密度)、家庭数目、收入分配、教育水平、年龄分布等,显然这些因素影响着该商圈人们的消费习惯、消费水平和能力。这些信息可以从政府的人口普查、购买力调查、年度统计等资料中获取。

竞争情况分析时必须考虑现有企业数量、规模、分布,新店开张率,所有企业的优劣势、长短期变动情况,以及饱和情况等。一个商圈处于企业过少、过多和饱和中的任一状态时,进入者采取的措施会完全不同。

分析商圈经济,了解商圈内的经济发展状况、人们的收入水平、汽车的保有量等,可以预示商圈的经济发展趋势和对服务企业产品的消费水平。如商圈经济很好,居民收入稳步增长,汽车保有量逐年增多,汽车服务消费逐渐增强,就可以表明在该商圈建立企业的成功率会越高。

3. 汽车服务企业厂址选择

汽车服务企业的厂址类型可以简单分为三类:市郊孤立区域、半饱和区域、汽车城或汽车服务中心。

市郊孤立区域是指汽车服务企业位于城市郊区公路旁,内部汽车服务企业较少的区域。其优点是竞争压力较小,厂址租金相对便宜,地点选择和场地规划相对自由。但缺点也很明显,如难以吸引顾客、宣传成本较高、零配件运送费用较高、营运业务需求比较全面等。随着互联网的发展,某些如难以吸引顾客、宣传成本高等缺点也正在减弱。

半饱和区域是指该区域内的汽车服务企业处于半饱和状态。其优点是该类区域内客流量较大,各企业间营业业务可以互补;缺点是同业竞争激烈、租地成本高、仓储难、交通紧张、停车配套设施缺乏统一规划等。

汽车城或汽车服务中心,是指经过统一规划而建设在一起的汽车经营区域。其优点是其管理相对集中,配套设施比较齐全,公共成本较低,宣传力度广度较大,客流量大且多为车主,各汽车服务企业的互补性相对充分;缺点是统一规划导致了强企业缺乏经营灵活性,企业间竞争更加剧烈。

2.4.5 厂址确定和厂区规划

1. 厂址的确定

经过市场调查、企业厂址类型分析和选择后,对候选厂址方案进行仔细评估,主要从经营区域人口状况与消费购买力、房租和投资成本、交通进出的便捷性和周围充足的停车位情况、竞争情况和竞争者厂址、地势可视性、区域政府规划和限制等方面予以充分考虑。

2. 厂区规划

一个企业的工作区域规划受企业经营规模的影响。企业的规模大小不同,其在经营厂区的规划上则有很大不同。企业厂区规划作为给客户留下的第一印象,直接影响企业的品牌形象,因此规划厂区时必须周密规划,整体布局。厂区设施的功能规划应以方便顾客、方便工作,营造舒适的经营环境为目标,设施功能一般应包括业务办理、维修实施、顾客休息休闲、办公、配件存放、停车等功能。良好的环境氛围则体现着一个企业的优秀管理和品牌优势,因此,为营造体现企业价值观和文化特征的企业经营环境,这些功能布局应与企业理念文化相结合。一般来说,很多汽车厂商有严格的环境布置要求。环境布置原则一般是企业形象(CI)、LOGO 标志规格统一,清晰醒目;场所设施整洁,照明充足,通风良好,绿化优美;道路设施标识完备,人车分流,各功能区标识清晰,工作区与非工作区分开。员工着装统一,言行规范。

业务办理大厅是顾客进入企业的第一站,是服务顾客的直接场所,是顾客透视企业文化内涵的最佳载体,因此,业务大厅整体布局感觉需要亲切、友好、舒适。业务大厅内应设立跟踪服务台、救援服务热线、保险服务、专职专位收银柜台等功能,根据企业规模大小可以分开设置或综合设置,全部工作人员要求统一着装佩戴胸卡。还需要设立宽敞舒适的顾客休息室,休息室内的娱乐设施要保持完好有效,互联网要保持畅通,提供高速免费 WiFi,报纸杂志需定期更新,服务人员应提供饮料,洗手间容易找到,可进行可视化设计,方便顾客观看车间情况,使车主在业务大厅等候的同时得到身心休息和放松。既能让很好的维修质量和速度给顾客留下很好印象,利于顾客宣传,吸引更多客户,又能让服务人员严格要求自己,规范维修行为。服务大厅可悬挂企业服务宗旨、零件宣传资料、维修流程和常用维修配件的工时价格等。

维修设施一般指维修车间,是汽车服务企业的生产部门,是工人生产的第一线。在维修车间,要求硬件设备齐备,员工充足,维修工作高效。根据国家相关标准要求,不同大小的企业具备相应设备,设立相应工位,并应具备相应安全条件和设施,确保维修工作安全。

办公功能区是企业的主要办公场所,由大小不一的各类办公室和相应办公设备组成。办公室的工作对象是企业员工和来访者。办公室设计布置应满足三个目标:第一是经济实用,满足日常工作需要,以较少费用,追求更高功能费用比;第二是美观大方,能够满足相应人员的生理和心理需要,创造一个轻松良好的工作环境;第三是独具品位,努力承载和体现企业的物质文化和精神文化,反映企业的特色与形象。办公室布局时需要方便沟通,更要便于监督。

配件存放设施是指配件库房,布局原则是要根据仓库作业程序、货物分类要求,方便工作,提高效率等。配件仓库应有足够的仓储面积,保证进出货物通畅,在进口处和出口处均需预留一定面积作为卸货和出货的处理区域;库房内必须单独设立危险品放置区,并要有明显的警示标志和安全设施设备;仓库内货物应分类存放;仓库地面的承载能力必须满足要求,以免破坏建筑结构;由于仓库堆放货物众多,更需要做好通风、防潮、防火、防盗等工作。

停车功能区是指为顾客提供车辆停放的区域,不包含新车整车停放区。为方便顾客,停车区需合理布局,停车位需用油漆画出,并标明客户停车区、接待区域、维修区域等,整个停车区域要保持清洁、整齐、有序。

另外,厂区内道路应符合一般市政道路要求,设立限速牌等交通标识,方便安全出入。

2.5 汽车服务企业管理评审

汽车服务企业管理评审主要是指国家要求的年检或年度报告公示。

企业年度检验是指工商行政管理机关依法按年度对企业进行检查,确认企业继续经营资格的法定程序,凡领取《中华人民共和国企业法人营业执照》《中华人民共和国营业执照》《企业法人营业执照》《营业执照》的有限责任公司、股份有限公司、非公司企业法人和其他经营单位,均须参加年检。当年设立登记的企业,自下一年起参加年检。2014年国家工商总局根据国务院出台的《注册资本登记制度改革方案》,将企业年度检验制度改为企业年度报告公示制度;改革个体工商户验照制度,建立符合个体工商户特点的年度报告制度;探索实施农民专业合作社年度报告制度。因此,国家工商总局通知,自2014年3月1日起正式停止企业年度检验工作,年检改为年度报告公示制度。

企业年检虽然在2014年以后改为年度报告公示,但习惯还是称为企业年检。企业年检的主要目的是审核已登记的企业是否合法经营,是否具有继续经营的能力。其中对注册资本的年检是一个相当重要的内容,因为,是否有足够的资本是考核企业是否具有持续经营能力的一个重要标志。实质上,注册资本的工商年检是对公司注册资本的一种定期审核,这可在一定程度上防止公司在验资通过后抽逃资金,远比对公司资金的时点验资要可靠得多,这也是进行工商年检的目的之一。下面对企业年检的基本程序、申报流程、年检准备工作、检验方法与相关费用进行说明。

1. 年审基本程序

年审的基本程序如下:
(1) 企业申领、报送年检报告书和其他有关材料;
(2) 登记主管机关受理审核年检材料;
(3) 企业交纳年检费;
(4) 登记主管机关加贴年检标识和加盖年检戳记;
(5) 登记主管机关发还企业营业执照。

2. 年审申报流程

申报年检的流程分为网上申报和手工申报两种,如图2-4所示。具备上网条件的企业,采取网上申报年检的方式,流程如图2-4(a)所示;不具备上网条件的企业采取手工申报年检的方式,流程如图2-4(b)所示。

3. 年检准备工作

企业工商年检是各企业需要认真准备的重要事情,工商年检中重点审查的内容有:两年内有无不良行为记录;营业执照期限是否届满;是否上年度未参加验照;是否经营场所查无;是否未取得专项许可(审批)或许可(审批)失效;是否多次被消费者投诉(举报);是否案件未办结;以及是否改变其他登记事项未办理变更登记。为此,企业应该认真准备下

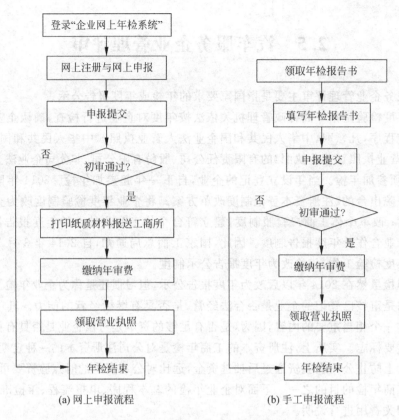

图 2-4 企业年检申报流程图

列资料：

（1）年检报告书；

（2）企业指定的代表或者委托代理人的证明；

（3）营业执照副本；

（4）经营范围中有属于企业登记前置行政许可经营项目的，加盖企业印章的相关许可证件、批准文件的复印件；

（5）国家工商行政管理总局规定要求提交的其他材料；

（6）企业法人应当提交年度资产负债表和损益表；

（7）公司应当提交由会计师事务所出具的审计报告；

（8）企业有非法人分支机构的，还应当提交分支机构的营业执照副本复印件；

（9）已进入清算的企业只提交年检报告书；

（10）企业非法人分支机构、其他经营单位申报年检除提交年检报告书外，非法人分支机构还应当提交隶属企业上一年度已年检的营业执照副本复印件，其他经营单位还应当提交隶属机构的主体资格证明复印件。

需要加盖公章并注明"此复印件与原件一致"的复印件有：营业执照副本复印件（加盖公章），法定代表人身份证复印件（加盖公章），开户银行许可证复印件（加盖公章），开业至今的银行对账单复印件（加盖公章），验资报告复印件（加盖公章以及骑缝章），公司章程复印件（加盖公章以及骑缝章），以公司名义租房的协议复印件（加盖公章以及骑缝章），所租房屋房产证复印件(加盖公章以及骑缝章)。准备的证照原件以及复印件要求有：由委托代理年检的，需要代理人持被代理企业授权委托书和法人身份证复印件，营业执照副本原件，财务章，合同章，公章等。公司其他资料包括：年检费(具体数目根据当年政策规定)，年检申请报告书(在工商官网生成后打印即可)，上一年度负债表(财务提交)，以及上一年度损益表(财务提交)等。

4. 年审相关费用

根据《中华人民共和国公司登记管理条例》的规定，企业应当向公司登记机关缴纳年度检验费50元。但企业在申请年检时需要提交具有审计资质的审计公司开具的财务审计报告。财务审计所需花费与公司注册资本大小有关，注册资本越高，财务审计费用也越高。具体收费没有统一标准。

5. 年检的年度报告公示制度改革

年检改为年报制度，一方面方便企业按时公示年度报告，增强企业披露信息的主动性；另一方面，可以充分发挥社会的监督力量，促进企业自律和社会的共治。年度报告公示制度按《企业法人登记管理条例》规定，要求企业法人于每年1月1日至6月30日，通过企业信用信息公示系统向登记主管机关报送上一年度的年度报告，并向社会公示。《企业信息公示暂行条例》规定：企业应当于每年1月1日至6月30日，通过企业信用信息公示系统向工商行政管理部门报送上一年度年度报告，并向社会公示。当年设立登记的企业，自下一年起报送并公示年度报告。《企业经营异常名录管理暂行办法》规定：企业未依照《企业信息公示暂行条例》规定通过企业信用信息公示系统报送上一年度年度报告并向社会公示的，工商行政管理部门应当在当年年度报告公示结束之日起10个工作日内做出将其列入经营异常名录的决定，并予以公示。《合伙企业登记管理办法》规定：合伙企业应当按照企业登记机关的要求，在规定的时间内提交年度检验报告书等文件，接受年度检验。《企业公示信息抽查暂行办法》规定：工商行政管理部门在检查中发现企业未按照《企业信息公示暂行条例》规定的期限公示年度报告，或者未按照工商行政管理部门责令的期限公示有关企业信息，或者公示信息隐瞒真实情况、弄虚作假的，依照《企业经营异常名录管理暂行办法》的规定进行处理。

复习思考题

1. 什么是企业营业执照？如何办理营业执照？
2. 组织机构代码证的用途有哪些？
3. 汽车维修企业开业为什么需要资质？需要哪些资质？
4. 选择汽车服务企业营运场所需要考虑哪些因素？
5. 简述市场调研及其作用。
6. 简述汽车服务企业年审的一般要求。

第3章

汽车服务企业经营管理

汽车服务企业管理就是按照汽车服务市场的客观规律,运用管理学的理论与方法,对企业的汽车销售、维修等汽车服务经营活动进行计划、组织、指挥、协调、控制和激励等工作的总称,也是汽车服务企业管理者的基本职责。汽车服务企业管理是企业管理的一个分支。

汽车服务企业管理的任务和目标是通过正确的管理,使各汽车服务环节互相衔接,密切配合,人、财、物各因素得到合理组织、充分利用,以最小的投入,取得满意的产出,完成企业的任务,实现企业的经营目标。汽车服务企业经营管理主要由汽车销售、维修、美容等经营部门具体负责。本章依次介绍汽车服务企业经营计划、汽车服务企业经营流程管理、汽车服务企业经营评价与控制。

3.1 汽车服务企业经营计划

汽车服务企业经营计划是针对本企业的整车销售、配件销售、车辆维修、汽车美容、汽车租赁等汽车服务经营项目制订的计划。它是汽车服务企业服务经营的纲领性文件,是企业发展可行性的综合性计划。

1. 汽车服务企业经营计划的特点

汽车服务企业经营计划是一种纲领性、决策性计划。企业要按照国家有关政策,采用科学的方法,进行市场调研、市场预测,从长远目标出发,进行科学的市场分析,做出科学的决策及实施方案。经营计划在企业管理中有着纲领性、决策性的职能,包含企业战略目标的具体实现。

汽车服务企业经营计划是管理性计划。企业的经营计划是全企业性的,贯穿于企业各个方面,企业的一切生产经营活动都纳入经营计划管理中,包括整车销售、配件销售、车辆维修等。企业各个职能部门等都应有自己的经营目标和经济责任;计划的贯彻实施是落实到企业的全体员工,企业经营计划的目标要分解到企业每个基层单位,落实到每个员工,并要明确考核目标,讲究经济效益。

汽车服务企业经营计划是一种开发性计划。企业根据汽车服务行业特点,从满足市场需求、取得好的经济效益出发,使企业在市场经济下持续稳定地发展,在市场竞争中立于不败之地,不断地开发市场、开发新产品、扩大服务领域或范围。因此,汽车服务企业经营计划不但要考虑当前生产的进展,还必须有新市场、新产品(服务)的开发及与其相适应的技术革新、技术培训、设备更新等方面的内容。

汽车服务企业经营计划是一种业务沟通、协调运作计划。汽车服务企业的经营计划除了作为企业内部目标管理的工具外，同时它也是与供应商进行业务沟通、协调运作的基础性文件，供应商据此安排其相应的生产与物流计划，协调整体性的市场运作，在一定场合，经双方确认的经营计划还是一份双方合作的法律文件，作为汽车厂商向汽车销售服务企业提供返利和财务支持的依据。

汽车服务企业经营计划的实施是全过程的，从确定生产经营方针开始，通过编制经营计划，下达计划目标参数，逐级逐项分解落实完成措施，检查与控制计划完成过程，反馈执行信息，考核、评价经济活动，到下期计划的经济预测与资料汇集等各个阶段，形成闭环控制，使计划贯穿于服务经营的全过程。

2. 经营计划的作用

(1) 经营计划能使汽车服务经营有备无患。

市场总是不断变化的，汽车服务企业的任何经营活动都必须适应市场的变化，只要制订了经营计划，一旦遇到市场变化，企业就可按照应及计划的安排做出及时调整，克服市场变化和不确定性因素带来的经营困难，做到有备无患，最终达到汽车服务经营目标。

(2) 经营计划能达到汽车服务经营上的经济合理。

计划工作能以明确的目标替代不协调的分散活动，以和谐的汽车服务项目、工作流程组织汽车服务，以深思熟虑的决策替代仓促、草率的判断。这样，能使汽车服务企业各个环节的经营管理和谐一致，提高汽车服务效率，降低消耗，实现汽车服务经营上的经济合理。

(3) 经营计划能将注意力集中在汽车服务经营目标上。

市场总是充满着诱惑，各种机会不断出现，没有一个经营计划的指导，汽车服务企业的经营活动很容易受到外界的影响而偏离目标。反之，在一个企业整体经营计划指导下，可使各层次、各部门的工作能够围绕计划目标展开，避免工作的盲目性，保证汽车服务企业整体经营目标的完成。

(4) 经营计划便于进行汽车服务经营控制工作。

有了经营计划，就便于制订分项经营目标和标准，使汽车服务工作落实到人，同时，管理者也有了管理目标和检查依据，并以此对照检查汽车服务工作进行的情况，及时发现问题并加以纠正，便于经营控制。

3. 汽车服务企业经营计划的分类

汽车服务企业经营计划的分类方法很多，从不同的角度可以把经营计划分为以下几种。

1) 按汽车服务经营的内容分类

可分为整车销售计划、配件销售计划、维修服务计划、美容服务计划、汽车俱乐部服务计划等。

2) 按计划包含内容的数量分类

可分为汽车服务单项计划和综合计划。把各个汽车服务单项计划有机地联结在一起就构成了汽车服务综合计划。

3) 按计划的用途分类

可分为汽车服务战略性计划(长期经营计划)和汽车服务战术性计划。汽车服务长期计划一般为战略性计划。

4) 按计划的期限分类

可以分为汽车服务长期计划、中期计划和短期计划。一般视 5 年以上的计划为长期计划，3 年左右的计划为中期计划，年度计划为短期计划。

汽车服务长期计划与短期计划是相互联系的，长期计划是年度计划编制的依据，年度计划是编制一些季度、月计划的依据；年度计划、月计划又是长期计划的补充。

究竟需要制订什么计划，每个汽车服务企业的经营规律、经营项目和汽车服务环境不同，做出的选择也会不同。

4. 汽车服务企业经营计划的内容

汽车服务企业的经营计划作为未来一个经营周期中进行管理和绩效考核的纲领性文件，主要有汽车服务计划、汽车销售计划、汽车服务项目市场推广计划、汽车维修服务计划、汽车服务项目投资计划、汽车服务项目开发计划、汽车服务技术改造计划和汽车服务经营财务计划。

1) 汽车服务计划

汽车服务计划中包含根据预测的未来年度市场情况和自身的销售计划，计算来年内辖区汽车服务企业代理品牌车辆的保有数量，根据该品牌车辆以往在维修保养方面的经验数据，计算出来年的汽车服务总台次、工时和汽车配件消耗的总数量。汽车服务计划示例见表 3-1。

表 3-1 汽车服务计划

序号	项目	实际			预测	
		2014 年	2015 年	2016 年	2017 年	2018 年
1	当前城市轿车总保有量					
2	销售责任区轿车保有量					
3	当前城市同档轿车总保有量					
4	销售责任区同档轿车保有量					
5	当地城市本品牌轿车总保有量					
6	销售责任区本品牌轿车总保有量					
7	本品牌维修用户档案数					
8	本品牌维修档案数市场份额/%					
9	本品牌年维修台次					
10	本品牌年机修车间维修台次					
11	本品牌年维修总产值/元					
12	本品牌年钣金油漆维修总产值/元					
13	本品牌年实际累加维修时间/h					
14	本品牌年实际累加工时总收入/元					
15	本品牌年配件收入/元					
16	单台本品牌车年配件消耗/元					
17	本品牌配件对外年销售收入/元					

2) 汽车销售计划

汽车销售计划主要是根据近几年本地汽车市场上本品牌车辆的销售情况和市场发展预

期,在考虑竞争对手商务政策与市场举措的条件下合理确定未来一段时期内(通常是一年)企业整车、汽车美容等延伸产品的销售状况,并做出按月和按车型的详细分布计划,包括汽车销售数量、销售额、交货期限以及销售收入等。销售计划表示例见表 3-2。

表 3-2 汽车销售计划

品种计划及执行比例(月份)	1		2		3		4		5		6		7		8		9		10		11		12		比例	平衡	合计
	计划	比例	计划	比例	计划	比例	计划	比例	计划	比例	计划	比例	计划	比例	计划	比例	计划	比例	计划	比例	计划	比例	计划	比例			
车型一																											
车型二																											
⋮																											
月计划																											

3) 汽车服务项目市场推广计划

汽车服务企业为了扩大市场影响,挖掘潜在客户,提高已有客户对企业的认知,提高汽车销售与汽车服务市场份额,需要开展系统、多样的汽车服务项目市场推广活动。

汽车销售服务企业为销售车辆可以选择的市场推广活动有平面广告(报纸、杂志)、电视广告、广播广告、户外路牌广告、宣传品制作、车展活动、客户活动、新车型推介活动、服务活动、直邮、网络售车、试乘试驾等。汽车服务项目的市场推广计划见表 3-3。

表 3-3 汽车服务项目的市场推广计划

活动时间(月份)	1	2	3	4	5	6	7	8	9	10	11	12	备注
平面广告(报纸)													
电视广告													
广播广告													
户外路牌广告													
车展													
平面制作、宣传品													
开业活动													
赞助													
客户活动													
媒体活动													
新车型推荐活动													
公关稿件													
服务活动													
网络/在线活动													
其他													
合计													

4) 汽车维修服务计划

该计划主要是根据销售计划,计算下一年在本企业服务范围内的各品牌汽车的保有量,以及以往这些汽车维修的统计数据,确定汽车服务(维修等)总台次、工时和配件消耗等计划。汽车维修服务计划见表3-4。

表3-4 汽车维修服务计划

序号	项目	实际			预测	
		2014年	2015年	2016年	2017年	2018年
1	整个城市汽车总保有量					
2	企业服务范围区汽车保有量					
3	整个城市某品牌汽车总保有量					
4	企业服务范围区某品牌汽车保有量					
5	某品牌汽车维修用户档案数					
6	某品牌汽车维修服务市场份额/%					
7	某品牌汽车年维修台次					
8	某品牌汽车维修总产值/元					
9	某品牌汽车年钣金维修总产值/元					
10	某品牌汽车年实际维修时间/h					
11	某品牌汽车年累计工时总收入/元					
12	单台某品牌汽车年配件消耗/元					

5) 汽车服务项目投资计划

这一部分包括未来年度内的新增汽车服务项目的投资、新增设备的投资、新增流动资金及其他新增资金如新增人员工资成本等。如果有新增项目投资的,还需要制订出汽车服务项目进度计划。新增汽车服务项目的投资是指新增加或开发的汽车服务项目的投资,包括场地装修、汽车服务启动资金等。新增设备的投资是根据汽车服务企业自己的业务发展规划,先确定设备是否能满足正常运作的需要,再考虑增加设备,并增加设备投资。新增流动资金是根据业务发展规划和现金流量图,估算出需新增的流动资金,一般含增加销量、库存、备件所需资金。汽车服务项目年度投资计划见表3-5。

表3-5 汽车服务项目年度投资计划

投资项目名称	投资原因	投资金额	预计收益	备注
汽车服务项目一				
汽车服务项目二				
……				
合计				
填表人		审核人		审核日期

6) 汽车服务项目开发计划

汽车服务项目开发计划就是对老的汽车服务项目升级换代、增加新的汽车服务项目等做出的安排。如增加发动机电控冷却系统、双离合器、全主动控制悬架的维修服务项目计划。汽车服务项目开发是汽车服务企业生存与发展的重要环节。

7) 汽车服务技术改造计划

汽车服务技术改造计划包括汽车服务技改目的、技改重点、技改措施和技改资金等多方面的内容,目的是要增强汽车服务企业的环境适应能力、提高汽车服务能力和质量。

8) 汽车服务经营财务计划

它是汽车服务企业所有业务收入与费用开支的汇总。收入包括新车销售收入、二手车业务收入、汽车维修收入、汽车配件收入、延伸业务收入及其他收入等。开支包括人工费用、营销费用、办公费用及其他维持业务正常运作的开支费用。据此估算出汽车服务企业来年的销售收入及资金支出情况,分析利润率、投资收益率,确定细节计划及其可行性,并根据现金流量做好资金的合理利用,取得资金的最大收益。

5. 汽车服务企业经营计划的编制

1) 编制汽车服务企业经营计划应遵循的原则

由于汽车服务企业经营计划的重要性和复杂性,制订时必须坚持正确的指导思想,在进行这一智慧活动中,应注意以下原则。

(1) 关键性原则

关键性原则是经营目标要明确,突出经营重点和重点解决关键性经营问题,要有汽车服务亮点和特色,包括汽车服务重点项目及相关的人员、资金、设备和场地等配套,不能只注重全面、主次不分、力量分散,造成关键问题得不到很好的解决,企业的资源不能有效地利用,达不到好的生产经营效果。

(2) 强制性与灵活性原则

强制性与灵活性原则是指制订出的汽车服务企业经营计划必须强制严格执行,不允许轻易改变或废除,但发现计划与现实发生偏差而影响经济效益时,就必须及时调整和修订。

(3) 系统性原则

系统性原则是指经营计划由多种不同形式的计划组成,而分计划的编制所依据的条件和影响因素又不同,因而多种计划之间有可能产生矛盾和不协调,这就要求汽车服务企业要分解整体目标,使各项计划之间相互协调、相互配合、相互促进,形成一个有机整体。

(4) 现实性和鼓励性原则

现实性和鼓励性原则是指以平均先进定额为依据,实事求是、量力而行、留有余地,所制订的汽车服务企业经营计划必须能够保证经过主观努力是可以达到的和按期完成的。另外,要有更高经营目标,通过更高经营目标,调动和激发职工积极性。计划必须与职工的物质利益紧密结合,让职工受益,使人人关心汽车服务企业经营计划的实现,把实现企业的汽车服务成果、创造最佳经济效益,变成为激发职工创造性劳动的强大动力。

(5) 连续性原则

连续性原则是指汽车服务企业的经营活动是连续不断地进行的,前期计划的执行情况及其分析是编制当期计划的依据,近期计划的编制要考虑到为未来计划提供条件,短期计划的编制要成为实现长期计划目标的组成部分。任何分割过去、现在和未来的联系,提出不切实际的指标,或者是急功近利而不顾长远利益的经营计划都是不可取的,计划指标增幅要切合实际。

(6) 经济利益原则

经济利益原则是指提高汽车服务企业经济利益,处理好国家、企业、个人三者经营中的经济关系,结合推行汽车服务企业内经济责任制,明确责、权、利,将汽车服务经营活动与职工收入紧密结合。

2) 汽车服务企业经营计划的编制

(1) 制订汽车服务企业经营计划的准备阶段

这一阶段的主要工作就是全面调查汽车服务企业内外的情况,做好编制汽车服务企业经营计划的准备。在准备阶段,应注意收集企业的外部条件、内部条件和汽车服务行业发展趋势等方面的资料,包括:

① 国家的政治经济形势及各项政策和经济法令。

② 行业或汽车生产厂商下达的年度指令性或指导性计划,以及根据计划指标签订的长、短期汽车服务合同。

③ 汽车服务市场需求情况,包括汽车服务企业的服务产品在市场占有情况的调查、同类汽车服务企业的分布、竞争能力、潜在汽车服务市场、配件供应、用户对企业提供的汽车服务的反馈等。

④ 车辆及汽车配件的资源条件,包括车辆及汽车配件生产企业的生产能力和生产条件、供应能力、质量等。

⑤ 汽车服务企业中长期发展规划及实施进度。汽车服务企业的战略、年度计划应保证中长期发展规划的实现,要注意很好地衔接和平衡。

⑥ 汽车服务企业内部情况掌握,包括企业内部人、设备等资源条件的变化,汽车服务组织,服务项目,上一年度实际达到的汽车服务水平和能力等。

⑦ 汽车服务市场预测。汽车服务企业经营计划的制订,关键在于对未来整车和汽车配件销售、维修等汽车服务市场进行预测和经营项目的可行性分析。

(2) 统筹安排,确立汽车服务企业经营目标

这一阶段的主要工作是依据准备阶段提供的各类调查资料,结合汽车服务企业的各项有关汽车服务能力、经济定额,确定汽车服务企业经营目标水平,计算经济效益,再确立汽车服务企业经营目标,所定目标应先进合理、积极可靠并有余地。

(3) 拟订汽车服务企业经营计划方案

汽车服务企业的经营计划是由一系列密切联系、互为依据的专业计划所组成。例如,汽车服务企业的利润计划决定汽车销售计划,汽车销售计划决定汽车维修服务计划,汽车维修服务计划决定汽车配件供应计划、劳动工资计划和成本计划,最终又决定利润计划。因此,经营计划中各项专业计划的编制不能单独、孤立地进行,而要按照编制汽车服务企业经营计划的统一部署和计划编制程序,搞好计划资料的衔接关系,搞好计划指标上下左右的衔接,搞好各项计划之间的综合平衡工作。拟订汽车服务企业经营计划的程序一般有:

① 由下而上地编制。先编制各部门的汽车服务企业经营计划,然后再平衡汇编汽车服务企业经营计划。

② 由上而下地编制。先编制汽车服务企业的经营计划纲要,然后再编制各部门的汽车服务企业经营计划。

③ 上下结合进行编制。企业与各部门的汽车服务经营计划同步进行。

这 3 种做法各有利弊,对计划管理基础工作较好的企业宜采用第 3 种方法。这种上下结合、纵横交叉的做法有利于充分了解和搜集各种信息资料,调动多方面的积极性,有利于计划的综合平衡,有利于缩短计划编制周期,提高计划编制的工作质量。

汽车服务企业经营计划的编制过程实际上是综合平衡的过程。综合平衡是汽车服务企业进行汽车服务企业经营计划编制的一项重要手段,也是管理计划的基本方法。对于一个汽车 4S 企业来说,在编制计划过程中,除了各专业计划要做到项目、进度、资金、工作量和指标之间的平衡和上下左右的相互衔接外,企业领导和综合计划部门重点要做好以下平衡:确保以企业经济效益为中心,搞好利润计划、整车销售计划与汽车维修计划、汽车配件供应计划、辅助汽车服务企业经营计划之间的平衡;确保以增收节支为中心,搞好汽车服务费用计划、成本计划和资金计划的平衡。

汽车服务企业经营计划的平衡是一项复杂的工作,不但要贯穿编制计划的全过程,而且在执行过程中还要根据汽车服务经营活动的不断变化,在动态中寻求新的平衡,确保汽车服务企业经营目标的全面实现和取得良好的经济效益。

在编制汽车服务企业经营计划的初期,要组织汽车服务企业全体职工,特别是有一定管理经验的职工,集思广益,多方征集意见,通过筛选比较,集中精力研究后,提出计划方案。经初步评价后,选出最接近汽车服务企业条件,又符合汽车服务企业经营目标要求的方案,以进行汽车服务企业经营计划的最终评价和决策。

(4)汽车服务企业经营计划的评价与决策

针对初步拟订的汽车服务企业经营计划进行全面的评价,征求各部门经理、员工代表等意见,最终决定企业和各部门的汽车服务企业经营计划。

6. 汽车服务企业经营计划的实施和控制

1)汽车服务企业经营计划的实施

(1)根据汽车服务年度经营计划,编制落实汽车服务季度经营计划和月份作业计划。短期计划的编制要考虑环境和条件的变化,及计划的执行情况,采用滚动计划的方法,将前后计划联系,既坚持计划的严肃性,又要坚持计划的灵活性。

(2)运用汽车服务企业内部经济责任制和经济核算制等经济办法,落实好汽车服务企业经营计划中的各项计划指标和工作任务。把每个部门、每个汽车服务单位和每个职工所担负的经济责任和自己的经济利益联系起来,促进汽车服务企业经营计划目标的实现。

(3)开展多种形式的劳动竞赛、合理化建议和汽车服务技术革新活动,激发企业职工熟练汽车服务技能、培养汽车服务创新意识和精神、增强竞争意识和主人翁责任感,并以此作为完成和超额完成汽车服务企业经营计划的强大精神动力,提高执行汽车服务企业经营计划的主动性。

2)汽车服务企业经营计划的控制

汽车服务企业经营计划的执行过程同时也是控制过程。所谓计划的控制,就是企业所属各基层单位和部门,对照计划指标等与实际执行结果进行检查、对比和分析,发现偏差应查明原因,并采取措施,加以纠正。

汽车服务企业经营计划控制的形式有:日常检查、定期检查和专题检查等。

汽车服务企业经营计划的执行和控制一般采用企业内部经济责任制与经营目标控制相

结合的方法进行。企业内部经济责任制是经济目标分配到部门、班组,直至员工。经营目标控制就是在经营目标实施的过程中进行严格监督、检查,及时掌握经营目标实际完成情况,并采取措施,解决存在的问题,保证经营目标的实现。汽车服务经营目标控制的程序如下:

(1) 制定汽车服务经营目标控制标准。汽车服务经营目标控制标准大体可分为汽车服务数量控制标准、汽车服务质量控制标准、汽车服务程序控制标准、汽车服务进度控制标准和汽车服务原材料消耗控制标准等。

(2) 搜集、整理有关汽车服务经营目标实施情况的数据。为了取得这些数据,企业要建立健全各种定额和原始数据记录制度,经过整理后的数据要及时向各有关方面传递,并及时反馈信息。

(3) 定期检查和评价。检查可采取多种形式,按检查的内容可分为自检、专项定期检查、重点检查和对某一单位的全面检查等,并做出相应的评价。

(4) 采取措施解决汽车服务经营目标实施中的问题,保证汽车服务经营目标的实施。

(5) 采用汽车服务经营日报、经营月报、统计公报、经营简报等多种形式,在一定的范围内公布和通报。定期召开汽车服务经营活动的评价和分析会议,对目标实施情况进行评审,并让汽车服务企业经营计划的执行人知道评审意见,如有必要,反馈执行人对评审意见的看法,其评审结果作为经济责任制考核和奖励的依据。

3.2 汽车服务企业经营流程管理

汽车服务经营流程是汽车服务企业经营管理的一个重要部分,它使汽车服务按规定的服务程序开展,并有良好的汽车服务效果,忙而不乱。汽车服务企业的经营流程管理主要是经营流程的规范化,包括制定、学习和贯彻汽车服务经营流程规范,检查汽车服务经营流程规范的实施及效果。不同的汽车服务项目有不同的汽车服务经营流程。汽车服务企业经营流程管理包含汽车服务经营过程的管理。

3.2.1 整车销售业务流程管理

1. 接待

接待环节最重要的是主动与礼貌。汽车销售人员在看到有客户来访时,应立刻面带微笑,主动上前问好。如果还有其他客户随行时,应用目光与随行客户交流。目光交流的同时,汽车销售人员应作简单的自我介绍,并礼节性的与客户分别握手,之后再询问客户需要提供什么帮助。语气尽量热情诚恳。

2. 需求咨询

需求咨询的目的是为了收集客户需求的信息。汽车销售人员需要尽可能多地收集来自客户的所有信息,以便充分挖掘和理解客户购车的准确需求。汽车销售人员的询问必须耐心并友好,这一阶段很重要的一点是适度与信任。

汽车销售人员在回答客户的咨询时对服务的适度性要有很好的把握,既不要服务不足,更不要服务过度。这一阶段应让客户随意发表意见,并认真倾听,以了解客户的需求和愿望,从而在后续阶段做到更有效地销售。并且汽车销售人员应在接待开始便拿上相应的宣传资料,供客户查阅。

3. 车辆介绍

在车辆介绍阶段最重要的是有针对性和专业性。汽车销售人员应具备所销售车辆的专业知识,同时亦需要充分了解竞争车型的情况,以便在对自己车辆进行介绍的过程中,不断进行比较,以突出自己车辆的卖点和优势,从而提高客户对自己车辆的认同度。

4. 试乘试驾

在试车过程中,应让客户集中精神对车进行体验,避免多说话,让客户集中精神获得对车辆的第一体验和感受。

5. 报价协商

通常就是价格协商,汽车销售人员应注意在价格协商开始之前保证客户对于价格、产品、优惠、服务等各方面的信息已充分了解。

6. 签约成交

在成交阶段不应有任何催促的倾向,而应让客户有更充分的时间考虑和做出决定,但汽车销售人员应巧妙地加强客户对于所购产品的信心。在办理相关文件时,汽车销售人员应努力营造轻松的签约气氛。签约后,顾客交所购车辆的预付款,汽车销售人员向车辆生产企业订车,告知预计取车日期,或去车库取车,至此,汽车销售成交。

7. 交车

在交车前汽车销售员要对车进行清洗,车身要保持干净,确保车辆毫发无损。交车时填写交车清单,并得到用户认可和签字。要向用户交代用车注意事项、后续车辆保险等工作。

8. 售后跟踪

一旦汽车出售以后,要经常回访一下顾客,及时了解顾客对自己汽车的评价及其使用状况,提醒顾客做汽车保养等。

3.2.2 汽车维修业务流程管理

与汽车销售业务一样,汽车服务企业为了控制维修服务质量,提高顾客满意程度,往往也制定有严格的汽车服务流程,并针对流程中的每一个环节给予详细的岗位描述和作业标准,以确保维修服务质量,见图3-1。

1. 预约维修

汽车预约维修是客户在维修车辆前,预先约定汽车维修服务的内容和时间等。在预约

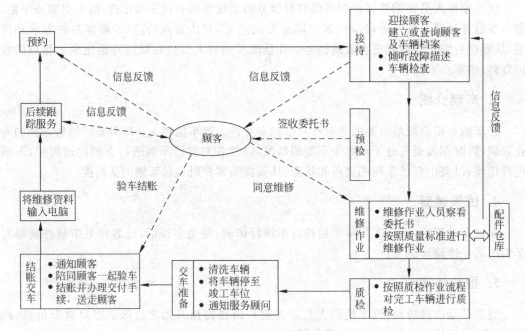

图 3-1 汽车维修业务流程

维修中,企业要了解客户需要何种维修、维修的时间,并指导客户根据自己的车辆维修需要,选择企业服务项目和商定服务时间,另一方面,客户也需要了解企业的维修状况和收费情况。如汽车维修车间是否可以安排工位、维修工人,专用工具、资料是否齐全可用,相应的汽车配件是否有现货或何时到货,是否原厂汽车配件,相应汽车维修项目的工时费和材料费等。如果预约人员对以上两方面情况很清楚,那么同用户做预约就会得心应手,也显得非常专业,同用户的沟通交流也就很方便。如果预约人员当时不清楚情况,就需要及时了解清楚之后再同用户进行确认。切不可在不清楚情况下就盲目预约,以免到时无法践约,给用户造成时间损失,引起用户抱怨,影响企业信誉。另外,预约人员代表着汽车服务企业的形象,需要专门的培训,并有相应的预约制度。电话预约维修是常用的预约维修方法,电话沟通交流技巧是一门艺术,要制定电话预约接待规范。

预约人员同用户做好预约之后,应当及时做好记录汇总,以便有据可查,可印制预约汽车维修单,其中包括客户姓名、电话、维修车辆品牌、维修内容和时间等信息。

汽车维修企业为了更好地推广预约工作,在预约维修推广开始时,除了大力宣传预约给用户带来的利益外,还可以对能够准时践约的用户在维修费用上给予适当的优惠或赠送纪念品进行鼓励。在进行预约工作时,汽车服务企业必须履行自己的承诺,所有预约内容必须到位,诚信为本,否则会打击用户对预约的积极性,导致推广预约维修困难。

2. 预约准备工作

为了在客户到来后能够很快地如约开展车辆维修,预约人员同用户做好预约之后应及时通知业务接待(预约人员也可能就是业务接待),以便在用户到来之前做好必要的准备工作。对停车位、车间工位、维修人员、技术资料、专用工具、配件、辅料等都应该准备齐全,以免到时影响汽车维修工作效率和质量。准备工作属于流程中的内部环节,与用户并无直接的接触。业务接待需及时通知维修车间与配件部门做好相应准备工作,维修车间、配件部门也应对业务接待的工作给予积极支持配合,如果这些工作不能够在用户到来之前做好,比如维修所需汽车配件不能够采购到,那么应及时通知用户取消这次预约并希望用户谅解。这一切工作都应当在客户到来之前完成。如果可能,业务接待还应提前准备好任务委托书(或维修合同)。

3. 接车制单

接车处理属于服务流程中与客户接触环节,业务接待将与用户进行沟通交流,因此业务接待应当注重形象与礼仪并善于与用户进行有效的沟通,体现出对用户的关注与尊重,体现出高水平的业务素质。用户如约来修车,发现一切工作准备就绪,业务接待在等待着他的光临,这样用户肯定会有一个比较好的心情,而这些恰恰是用户又一次对维修企业建立信任的良好开端。在接车处理环节中最主要的两项工作是同用户签订维修合同和填写接车检查单。

1) 维修合同

汽车维修合同是用户委托维修企业进行车辆维修的合同文本。维修合同的主要内容有用户信息、车辆信息、维修企业信息、维修作业任务信息、附加信息和用户签字。用户信息包括用户名称、联系方式等;车辆信息包括牌照号、车型、颜色、底盘号、发动机号、上牌日期、行驶里程等;维修企业信息包括企业名称、电话,以便用户联系;维修作业信息包括进厂时间、预计完工时间、维修项目、工时费、预计配件材料费;附加信息是指用户是否自带配件、用户是否带走旧件等,这些都需要同用户作一个准确的约定;用户签字意味着对维修项目、有关费用、时间的认可。

汽车维修合同一般至少两联,其中的一联交付用户,可作为用户提车时的凭证,以证明用户曾经将该车交付维修企业维修,用户结算提车时收回。另一联维修企业内部使用,也可兼作维修车间内部派工以及维修人员领取配件材料的依据。

进厂车辆如果只是进行一般的维护,可以直接同用户签订维修合同。进厂车辆如果要进行故障修理,业务接待应对用户车辆进行技术性检查和初步故障诊断,验证故障现象是否同预约中描述的那样,必要时和用户一起试车亲自验证。根据故障现象判定故障原因,必要时还要请技术人员用仪器检测和会诊,拟订维修方案,估算修理工时费和材料费,预计完工时间,打印好维修合同,请用户签字认可。

业务接待同用户签订汽车维修合同,同时应当向用户解释清楚汽车维修合同的内容,特别是维修项目、估算修理工时费、材料费和预计完工时间。

2) 填写接车检查单

用户将车辆交给业务接待去安排维修,要离开车辆一段时间,为避免提车时产生不必要的误会或纠纷,业务接待应与用户共同对车辆进行检查验证,填写接车检查单。检查验证的内容主要有:车辆外观是否有划痕,内饰是否有脏污,随车工具、附件是否齐全,车内是否有贵重物品等。

4. 维修作业

当业务接待同用户签订好任务委托书后,所承修的车辆也从用户手中接过来了,车辆维修的派工也由此开始。业务接待传递给维修车间的作业指令是通过维修合同或派工单来实现的。比较简化的方式是维修接待将维修合同随同承修车辆直接交由自己所带领的维修团队进行维修,一般称为团队式生产管理模式;比较精细化的方式是业务接待将维修合同随同承修车辆直接交由车间主任或车间调度员,再由车间主任或车间调度员依据维修合同的内容开具维修作业派工单,将派工单随同承修车辆交由维修人员进行维修。这两种生产管理模式各有其特点。至于维修企业采用哪种模式,可根据企业实际情况自定。

为保证维修的效率和质量,应注意以下几方面工作。

(1) 维修人员接到维修合同或派工单后,应当及时、全面、准确地完成维修项目,不应超范围进行维修作业。如发现维修内容与车辆的实际情况不完全相符,需要增加、减少或调整维修项目时,应及时通知业务接待,由业务接待估算相关维修费用、完工时间,取得用户同意后方可更改维修内容,并办理签字手续。

(2) 由于新车型、新技术不断出现,对维修人员的综合技术素质要求越来越高,维修人员应当具备比较丰富的汽车理论知识与实践经验,受过专业培训并取得维修资格后方可上岗。在常规维护检查作业时,维修人员应当严格按照维护检查技术规范进行,更换、添加、检查、紧固等有关项目应做到仔细全面、准确到位,最后填写维护检查单。在故障修理作业中应当按照维修手册以及有关操作程序进行检修,并使用相关监测仪器和专用工具,不能只凭老经验、土办法、走捷径违规作业。

(3) 维修人员在作业中应当爱惜用户的车辆,注意车辆的防护与清洁卫生。如果有可能则需要给车辆加上翼子板护垫、座椅护套、转向盘护套、脚垫等防护用具。

(4) 维修作业时应当注意文明生产、文明维修。做到零件、工具、油水"三不落地",随时保持维修现场的整洁,保护作业环境,保持维修企业的良好形象。

(5) 维修作业时应当注意维修施工的合作,这样才能提高总的汽车维修进度和质量。

5. 质量检验

汽车维修作业结束后,为将车辆交付给用户,有必要做一系列准备工作。这些准备工作包括质量检验、车辆清洁、准备旧件、完工审查、通知客户取车等。

(1) 质量检验。虽然汽车的维修质量是维修出来的而不是检验出来的,但是质量检验有助于发现维修过程中的失误和验证维修的效果。质量检验也是对维修人员考核的基础依据。质量检验是维修服务流程中的关键环节。维修人员将车辆维修完毕后,需由持证上岗的质检员进行检验并填写质量检验记录。对涉及转向系统、制动系统、传动系统、悬架系统等行车安全的维修项目必须交由试车员进行试车并填写试车记录。必要时,还要上汽车综合性能检测线检测,确保维修质量。

(2) 车辆清洁。用户的车辆维修完毕之后,应该进行必要的车内外清洁,以保证车辆交付给用户时是一辆维修完好、内外清洁、符合用户要求的车辆。

(3) 准备旧件。如果维修合同中显示用户需要将旧件带走,维修人员则应将旧件擦拭干净,包装好,放在车上或放在用户指定的位置,并通知业务接待。

(4) 完工审查。承修车辆的所有维修项目结束并经过检验合格之后,业务接待就可以进行完工审查了。完工审查的主要工作是核对维修项目、工时费、配件材料数量,材料费是否与估算的相符,完工时间是否与预计相符,故障是否完全排除,车辆是否清洁,旧件是否准备好；如果一切准备就绪，就可以通知用户来取车了。

6. 结算、交车

结算、交车环节是服务流程中与用户接触环节，由业务接待来完成。用户到来之后，不应让用户长时间的等待，应及时打印出结算单。

结算单是用户结算修理费用的依据，结算单中包括以下内容：用户信息、车辆信息、维修企业信息、维修项目及费用信息、附加信息、用户签字等。用户信息包括用户名称、联系方式等；车辆信息包括牌照号、车型、底盘号、发动机号、上牌日期、行驶里程等；维修企业信息包括企业名称、地址、邮编、开户银行、账号、税号、电话等信息，以便用户联系；维修项目及费用信息包括进厂时间、结算时间、维修项目及工时费、使用配件材料的配件号、名称、数量、单价、总价等。用户签字意味着用户对维修项目以及费用的认可。

结算单一般一式两联，用户将一联带走，另一联由维修企业的财务部门留存。财务人员负责办理收款、开发票、开出门证等手续。结算应该准确高效，避免耽搁用户的时间过长。

在业务接待同用户办理结算交车手续时应做到两项解释，即结算单内容解释和维修过程解释，以尊重用户的知情权，消除用户的疑虑，让用户明白消费，提高用户满意度。

（1）结算单解释。业务接待应主动向用户解释清楚结算单上的有关内容，特别是维修项目工时费用和配件材料费用，让用户放心。如果实际费用与估算的费用有差异，那就应该有一个令人满意的解释。

（2）维修过程解释。若是常规维护，业务接待应给用户一份维护周期单，告诉用户下次维护的时间或里程，同时在车辆维护手册上做好记录。如果是故障维修，业务接待应告诉用户故障原因、维修过程和有关注意事项。在完成车辆维修的相关手续后，业务接待应亲自将用户送出门外，并提醒用户下次维护时间和车辆下次应维修的内容。

7. 跟踪回访

当用户提车离厂后，汽车维修企业或部门应在一周之内进行跟踪回访。其目的不但在于体现对用户的关心，让顾客知道企业有人监督维修工作，重视维修质量和声誉，更重要的是了解对维修质量、用户接待、收费情况、维修的时效性等方面的反馈意见，以利于维修企业发现不足、改进工作。

跟踪回访是汽车维修服务流程中的最后一道环节，属于与用户接触沟通交流环节，一般通过电话访问的方式进行。在较大的维修企业由专职的回访人员来做这项工作，小型维修企业可由用户顾问兼职来做。

回访人员应做好回访记录，作为质量分析和用户满意度分析的依据。回访中如果发现用户有强烈抱怨，应及时向服务经理汇报，在1天内研究对策以平息用户抱怨，使用户满意。随着汽车维修市场规模的不断发展，汽车维修企业的不断增多，市场竞争越来越激烈。许多维修企业为了争取用户，提高用户满意度，向用户提供各种便利性服务，如预约服务、24小时救援服务、免费洗车服务、上门修车服务、替换车服务、代办车辆年检服务和保险服务等。但是维修质量的保证仍然是汽车服务企业管理的主要内容。

汽车维修车间可以说是汽车维修企业核心的组成部分，维修企业的核心服务内容是通过在维修车间里的维修作业来实现的；业务接待对用户作的各种承诺都是通过维修车间来实现的；用户的满意度、汽车的维修质量、汽车维修企业的效益都是在车间里产生的，因此在维修生产管理中应当遵循以用户满意、维修质量和企业效益为导向的原则。

一般来说，用户对维修有下列期望：

（1）维修车间要全面准确地实现业务接待对用户的承诺；等待的时间尽量短，能很快地进入工位维修；维修速度要快，效率要高。

（2）维修人员的工作质量要尽善尽美，达到零缺陷；车辆维修之后要安全可靠，不再返工，让人放心；车辆在维护时全面仔细检查，能得到必要的提醒；车辆的故障能够一次性地彻底排除根治。

（3）维修费用要与预算的费用基本一致，不要有太大出入。

（4）服务态度要好，要主动、热情、友好，不要弄脏车辆，要主动爱护车辆等。

当用户得到的现实结果与期望不一样时就会失望、不满意，甚至抱怨投诉，全体员工应该时刻了解用户的这些期望，树立让用户满意、确保维修质量的思想观念，并贯彻落实到具体的维修管理工作中去。

汽车维修质量是企业经营中的重要内容。根据汽车维修企业的特点，企业的技术性与服务性贯穿于维修服务流程的始终，因而汽车维修企业的质量既包含产品质量又包含服务质量。而汽车维修企业向用户提供的产品又是一种技术性的支持与服务，因此，汽车维修质量与服务质量密不可分，相辅相成。全面、系统、持续地追求维修产品质量至关重要，维修车间管理工作的出发点之一就是保证向用户提供合格的汽车维修服务产品，并且不断改进、提高维修质量水平。

汽车维修企业不但要追求用户的满意和社会效益，更重要的一方面是要追求企业经济利益的最大化。这也正是企业的发展要求。汽车维修企业的经济效益与业务接待有直接关系，而整个工作是在维修车间实现的，维修车间的管理工作也必然以经济效益为导向。这就要求生产管理工作注重维修效率，注重合理的派工调度，避免窝工现象，注重各工种、各工序的合理衔接，注重工位的充分利用。

3.2.3　车辆美容业务流程管理

1. 美容预约

一家正规专业、服务优质的汽车美容店应具有预约流程，为顾客留下好的第一印象，以吸引并留住顾客。

预约美容步骤如下：

（1）顾客来电时，留下客人联系方式及姓名。

（2）初步了解客人需要，准确地告知客人营业时间。

（3）约定来店洽谈时应避开店内顾客峰值时间，以便有更多接待时间与顾客接触，充分了解顾客的需求。当然预约的时间也可以方便顾客，为车主提供方便。

（4）预约结束后一定发短信告知客人汽车美容地址、店面标志。

（5）及时告知店内当天、当时、当班的汽车美容业务员做好充分的准备。

2. 接车美容

接车美容步骤如下:

(1) 顾客来到汽车美容店之后,负责接待要主动迎接、热情服务,切忌车主到店无人理、无人问的情况出现。

(2) 了解顾客的实际需求,并及时转至相关人员,直至顾客满意,这是整个汽车美容服务流程中重要的步骤之一。汽车美容店的员工通过热情、诚挚地传达其服务意愿,有助于消除车主的疑虑和不安,并能让车主更清晰、坦率地描述其车辆所需要的服务。

(3) 对于盲目不确定的顾客提供至少两套优质汽车美容服务方案,以供顾客参考。

(4) 对于详细询问的客人,要一一耐心解答汽车美容服务项目及其优点。

(5) 向顾客确认汽车美容服务项目金额。

3. 美容作业

美容作业步骤如下:

(1) 按照客户需求,准确地填写派工单,让客户检查并确认。确认后,向汽车美容技师分派工作。

(2) 接到派工单后,汽车美容技师应严格按照顾客需求列出操作步骤,并告知施工方法。汽车美容过程中,按照汽车美容操作技术标准和工艺流程进行操作。

(3) 汽车美容完成后,应经过汽车美容店专门负责质量检验的员工的检验,确认符合汽车美容标准后,才能向车主交车。

(4) 汽车美容店员工应确保交付到车主手中的车车况良好,并确认车主对交车过程和本店的汽车美容服务流程是否感到满意。

(5) 向车主说明费用明细,还应询问车主是否需要了解其他情况。尽量争取车主的满意,让他成为回头客。

4. 美容服务跟踪

做好汽车美容服务的跟踪,可保证双方关系的发展,只要汽车美容店反应迅速,即使顾客有某些抱怨或担忧,也可以及时地处理问题和化解矛盾。

汽车美容服务中,要着眼于本店与消费者的持续发展,对店面的稳健经营至关重要,这关系到车主是否愿意再来本店消费,以及是否愿意介绍新顾客。

3.2.4 车辆租赁业务流程管理

1. 接待客户

电话接待客户时,应向客户问好,并告知汽车租赁公司名称,要认真、准确、翔实地解答客户询问。为保证业务电话畅通,公司内部事物应使用传真电话沟通。

来访接待时,应先于客户说"您好",主动打招呼,要待客温和、亲切。

2. 调配车辆

依客户需求,提供待租车辆。公司副总负责审批车辆调配事宜,并指定专人在计算机系统内记录车辆的调配信息。

3. 租车资料

1) 团体客户

提交信息资料包括:客户名称、电话、办公地址、联系人等。提交证件包括:营业执照(或社会团体法人登记证书)副本原件;组织机构代码证书原件;法定代表人居民身份证复印件;公章或合同章;经办人居民身份证、机动车驾驶证复印件。

2) 自然人客户

提交信息资料包括:真实姓名、电话、经常居住地等信息。提交证件包括:居民户口簿,或暂住证,或外国人居留证原件;居民身份证或护照原件;机动车驾驶证原件;外国人工作证明,含外国人就业证、租房协议等。客户无承租资格时,应提供担保人。

3) 担保人

担保人为自然人的应提交下列资料和证件:担保人名称、电话、办公地址、联系人;法人营业执照或社会团体法人登记证书副本原件;组织机构代码证书原件;法定代表人居民身份证原件和授权经办书或介绍信。

4. 资料审核

1) 法人客户

审核内容有:法人营业执照是否真实存在、是否年检;营业执照法定代表人与其居民身份证是否相符;企业法人代码证书与营业执照名称是否相符;《外国(地区)企业常驻代表机构登记证》是否合法;注册地址是否与现办公地址相符,不符的需实地核实;公章或合同章与营业执照名称是否相符。承办人应当登录市公安交通管理局网站审核驾驶员资质:机动车驾驶证是否有效,身份信息是否相符;年内有无重大违章;违章积分是否低于12分;联系方式是否可靠、有效等。

2) 自然人客户

审核内容有:居民身份证与户口簿是否相符;居民身份证与驾驶证是否相符,应登录公安交通管理局网站核实与其证件是否相符、年内重大违章情况、违章积分情况;单位、家庭电话等联系方式是否可靠、有效。

3) 担保人

审核内容有:担保人为自然人的其居民身份证与户口簿是否相符;联系方式是否可靠、有效,联系方式包括单位、家庭的电话等。担保人为法人的应登录工商行政管理局网站核实法人营业执照是否真实存在、是否年检;法人营业执照法定代表人与其居民身份证是否相符;企业法人代码证书与营业执照名称是否相符;外国(地区)企业常驻代表机构登记证是否合法;注册地址是否与现办公地址相符,不符的需实地核实;公章或合同章与法人营业执照是否相符;联系方式是否可靠、有效。

5. 建立客户档案

将新客户信息经核实无误后录入系统。老客户信息须定期重新核实,并在计算机系统内更新。

6. 签订合同

1) 汽车租赁合同文本资料

包括:《汽车租赁合同》《租赁车辆租用告知书》《特别约定》《车辆交接单》,定向购车的客户还须签订《定车协议》。

2) 汽车租赁合同签订流程

审核客户租车手续,录入系统;制作《汽车租赁合同登记表》;签订合同。

7. 收取租金

收取租金时,先录入计算机系统,生成《汽车租赁付款单》,再收取保证金、租金,交客户签字确认,开具正式发票和保证金收据。

租金标准严格执行公司统一的价格标准,避免出现价格差异。公司经理统一折扣底线,长租有折扣,短租价格无折扣。

收取费用低于汽车租赁合同标准的,须填报《业务备案申请》审批,例如,保证金低于汽车租赁合同标准的50%以下的,违约金低于汽车租赁合同标准的等情况,须审批。

8. 发车

租金以支票支付,到账后方可发车,租期从发车时间开始计算;以现金付款,可当时发车。业务人员要按《车辆交接单》载明的事项和以下要求进行交接车辆。

(1) 向承租方交接并点验车辆钥匙、机动车行驶证、车辆服务卡、交通事故快速处理单、随车工具、备胎、灭火器和故障警示牌。

(2) 应主动将车辆外观的所有瑕疵(如划痕、凹痕和掉漆等)指示给承租方,经双方确认后,在《车辆交接单》中的车辆图上进行相应标注。外观缺陷标注图例表示为:划痕"—"、凹痕"○"、掉漆"///"、破损"U",应准确标注在《车辆交接单》上。

(3) 应主动向承租方讲解车辆性能,演示车辆安全操作事项。

(4) 提供不少于10L的燃料。

(5) 业务人员应当逐项填写《车辆交接单》,填写内容要准确、齐全,《车辆交接单》须经汽车租赁双方核对确认并签字。

9. 车辆收回

正常收回:按《车辆交接单——发车记录》各项内容检查车辆外观、内饰、机械性能、随车工具的完好性,收回车辆钥匙和车辆行驶证,填写《车辆交接单——交回记录》,双方确认签字。在系统中完成"还车"流程操作。

受损车辆收回:收车时,遇车辆损坏,分公司业务人员应负责收集保险材料并指导承租方报险。将出险车辆送到指定汽车修理厂,将保险材料移交给租后服务部,在保险公司定损后,分公司业务人员按合同理赔比例,收取客户车损费用。如车辆伤情较轻、涉及赔偿金额较小,可在与租后服务部咨询价格、与客户协商后,酌情收取客户车损费用,将车辆送指定汽车修理厂修理,在系统中完成"还车"操作。

10. 结算

结算流程:业务人员编制退款计划,业务主管复核退款计划,业务人员预约退款,财务部审核、配款,财务部退款,业务人员结算合同,结算合同粘贴印花税,结算合同加盖合同终止章,已结算合同档案交至办公室保管。

3.2.5 二手车交易业务流程管理

1. 车辆合法性确认

二手车交易前,要进行车辆合法性确认,其主要内容有:

(1) 检查车辆识别码、发动机号是否与车辆行车执照记载吻合,厂牌、型号、发动机功率、出厂日期是否与行车执照一致。

(2) 检查车辆有无机动车登记证书;有无行车证,行车证是否按规定已经进行年检;有无车辆原始购车发票,有无购置附加税证、养路费交纳凭证等。

(3) 单位车辆,须出具单位介绍信;个人车辆,须出具个人身份证。

(4) 检查车辆保险单及保险到期时间。

(5) 检查是否有环保标志。

(6) 查询车辆是否有违章记录。

2. 车辆评估

1) 识伪

包括:看被评估的车辆是否是走私、盗抢、改拼装车辆;是否为国家行政机关罚、没收车辆,是否在抵押状态。

2) 车况的检查

检查车辆的外观、内装、发动机、底盘、电气及附属装置,判断有无事故发生,车辆的部件磨损程度。外观的检查包括:车辆是否发生碰撞受损、车门是否平整、油漆脱落情况和车辆的金属锈蚀程度;轮胎、玻璃的磨损程度及更换状况。内饰的检查包括:座位的新旧程度、座椅是否下凹、座椅能否正常调节;车窗玻璃升降是否灵活;仪表是否原装;踏板是否有弹性。发动机的检查包括:观察发动机的外部状况,看汽缸外有无油迹;检查发动机油量,抽出机油尺查看机油是否混浊不堪或起水泡;查看风扇皮带是否松紧合理等。底盘的检查包括:车辆前后桥、车架、钢板弹簧、传动轴中间轴承等是否损坏,检查车底部漏水、漏油情况。电气及附属装置的检查包括:检查灯光、空调、反光镜、收音机、CD机、随车工具等。

3) 价格评估参考

价格评估是以评估报告的方式,由两名有二手车评估师资质的人签字(其中至少要有一名高级评估师),还要有评估机构的资质说明。

3. 车辆交易

（1）在车辆过户时实行经营公司代理制，过户窗口不直接对消费者办理。客户将车开到旧机动车市场，由旧机动车经营公司为其代理完成过户程序：评估、验车、打票。

（2）二手车经工商部门备案后才能办理车辆的过户或转籍手续，买卖双方需签订由工商部门监制的《旧机动车买卖合同》，合同一式三份，买卖双方各持一份，工商部门保留一份。

（3）等评估报告出来后，开始办理过户手续。办理好的过户凭证由买方保留，卖方最好也保留一份复印件，以备日后不时之需。

（4）有下列情况之一的不予办理过户：

① 申请车主印章与原登记车主印章不相符的。

② 未经批准擅自改装、改型或变更载质量、乘员人数的。

③ 违章、肇事未处理结案的或公安机关对车辆有质疑的。

④ 达到报废年限的；对已达到报废使用年限，但车辆技术状况较好，使用性质为自用的汽车，经特殊检验合格后，在达到报废使用年限后两年内，准予申办过户登记，但不准转籍。

⑤ 未参加定期检验或检验不合格的。

⑥ 新车入户不足三个月的（进口汽车初次登记后不满二年的，但法院判决的除外）。

⑦ 人民法院通知冻结或抵押期未满的车辆。

⑧ 属控购车辆无申报牌照证明章的。

⑨ 进口汽车属海关监管期内，未解除监管的。

3.3 汽车服务企业经营评价与控制

3.3.1 汽车服务企业的经营评价

1. 汽车服务企业经营评价的内容

汽车服务企业经营评价的主要内容如下：

1）经营绩效评价

汽车服务企业经营绩效是指一定经营期间的企业经营效益和经营者业绩。汽车服务企业经营效益水平主要表现在企业的盈利能力、资产运营水平、偿债能力和后续发展能力等方面。经营者业绩主要通过经营者在经营管理企业的过程中对企业经营、成长、发展所取得的成果和所做出的贡献来体现。

2）顾客满意度评价

评价汽车服务经营中老顾客的存在量，新顾客的增加量，顾客的满意、较满意量及其比例，顾客的投诉量及其比例，重大汽车服务事件的顾客投诉，等等。

汽车服务经营评价，要考虑汽车服务企业能否持续经营，不能只评价目前经营状况，要考虑经营给企业带来发展、稳定，还是倒闭、破产；要考虑汽车服务总体经营评价和各项目的经营评价,在某些汽车服务经营项目上不盈利,不代表该经营项目对经营利润获取不起作用。如汽车销售、维修后的免费洗车服务,虽然汽车服务企业没有直接从洗车服务项目中获利,但洗车服务后,顾客得到干净的车辆,可提高顾客的满意度,支持了汽车销售、维修,或者说,洗车服务的利润和成本已计入汽车销售和维修费中;又如,汽车及美容产品销售人员向客户介绍车辆性能及美容产品是不收费的,顾客免费看新车的影视片,这些费用记入汽车及美容产品销售总服务费中,实际上由购车和购买美容产品的客户承担。

2. 汽车服务企业经营评价的方法

1) 对比分析法

将目前的汽车服务经营与过去的汽车服务经营对比,将本企业的汽车服务经营与同城市、同行企业的汽车服务经营对比,与不同城市、同行企业的汽车服务经营对比,得到评价结论。

2) 统计分析法

用数理统计的方法,进行汽车服务经营分析,对目前汽车服务经营状况做出评价,预测未来汽车服务经营成果。

3. 汽车服务企业经营评价的程序

首先确立汽车服务经营评价项目和指标,获取汽车服务经营信息,选用合适的汽车服务经营评价方法进行评价,在此基础上,给出汽车服务经营评价结果,必要时,预测未来汽车服务经营成果。可进行自我经营评价,也可成立经营评价小组,或请企业外的专家作经营评价。

3.3.2 汽车服务企业的经营控制

1. 汽车服务企业经营控制的内容

汽车服务企业的战略确定以后,应根据企业的战略确定经营目标,制订经营计划,开展汽车服务经营的工作,实施相应的经营控制。汽车服务企业的经营控制是一项综合且具体的管理工作,涉及经营战略、利润和成本、资金等,其主要内容如下:

(1) 控制经营方向,防止经营战略上出现失误。

每个汽车服务企业在发展过程中,或多或少都有自己的战略目标,无不重视战略。企业成功与否,取决于战略的成功与否。正确的汽车服务企业经营战略,会促使企业发展,而错误的汽车服务企业经营战略则很有可能导致企业的失败。因此,汽车服务企业经营的战略非常重要。企业经营,要根据企业的战略,控制经营方向,防止经营战略上出现失误。

汽车服务企业在经营战略上主要应防止出现以下失误:①防止企业经营盲目多元化;②防止企业经营太单一化;③防止企业扩张过快,致使其他各方面跟不上企业的快速扩张需要。

(2) 控制经营利润和成本,防止长期亏本经营。

汽车服务企业经营有利润,才能生存,经营获利是企业经营的目的。降低成本,是提高利润的主要措施。企业长期亏本经营,将难以弥补企业的资金缺口。因此,汽车服务企业要控制经营利润和成本,力争利润最大化,成本最小化,防止长期亏本经营,不干长期亏本的汽车服务项目。

(3) 控制经营资金,防止资金出现危机。

企业出现资金危机,将难以生存。资金是企业危机的主要因素。汽车服务企业在发展过程中,一定要防止资金出现危机。此外,要勤俭节约,不铺张浪费,事先做好储蓄,以应不测。

(4) 控制服务质量和时间,防止粗糙服务、超时服务。

服务质量和时间是赢得顾客、可持续经营的重要因素,汽车服务企业在经营中,要控制服务质量和时间,通过提高服务质量,降低服务时间,吸引顾客,倡导高质量和速度经营,防止粗糙服务、超时服务,以免引起顾客量下降和汽车服务量下降。

(5) 控制竞争力度,防止恶性竞争。

汽车服务企业之间的经营竞争是正常的,不可避免的,但竞争一定要战胜对手是错误的。汽车服务企业通过竞争,实现赢利和企业发展的双赢,才是企业制胜的法宝。如果一定要拼个你死我活,那样只会造成恶性竞争,大伤企业元气,人、财、物都将受到严重挫伤。因此,为了企业生存和有力发展,要控制竞争力度,必要时可降低竞争力度,防止恶性竞争,不可两败俱伤。

(6) 控制顾客满意度,防止只顾企业利益,不顾顾客利益。

有顾客,才有经营。经营中,让顾客满意是为了留住顾客。因此,要控制顾客满意度,防止只顾企业利益,或只顾企业赚钱,不顾顾客的利益。汽车服务企业是通过汽车服务项目及其优质服务获利,而只有自己的利益,没有顾客的利益,则不是汽车服务企业可持续发展之计。

汽车服务企业在经营控制中,要注意不直接从事经营活动的其他部门也与经营相关,要防止企业文化、人才、技术、信息、设备、配件供应跟不上而影响企业的经营发展,还要防止企业在经营过程中不愿改变现状而阻碍经营发展。

(7) 控制企业内部运作,防止经营失控。

企业做大之后,经营部门的人数将大大增加,经营将更加复杂,各种各样的经营问题也将产生,在这种情况下,更要做好汽车服务企业内部管理工作,控制企业内部运作,有序开展汽车服务工作,及时解决经营中的问题,以防止经营失控。

2. 汽车服务企业经营控制的方法

1) 按汽车服务企业经营控制的具体职能分

(1) 状态控制

状态控制就是计划执行中的控制。它是通过调节与控制手段,消除实际状态与要求状态(即计划或标准等)的偏差而进行的一种控制。例如在汽车服务过程中,生产调度员按服务作业计划所进行的各种调度工作就属于此种控制范畴。

(2) 补偿控制

补偿控制就是为防止经营系统脱离所要求的状态或为排除经营系统脱离所需状态的外围因素影响而进行的一种控制。例如企业及时贷款,以满足及时补偿汽车服务资金周转的需要，就属于此种控制范畴。

(3) 适应控制

适应控制就是为了适应新的外部环境或条件而进行的一种控制。例如为适应汽车新技术发展和顾客对汽车服务新的要求，而学习新的汽车服务技术，增加汽车服务经营设备和项目就属于此种控制范畴。

2) 按汽车服务企业经营控制的阶段分

(1) 经营计划制订控制

经营计划制订控制是控制汽车服务企业经营计划的制订。搞好经营控制的首要任务就是编制好汽车服务企业经营计划，经营计划制订控制也是事前控制或预先控制。

(2) 经营过程控制

汽车服务经营过程控制是在经营过程中，有赖于计划执行者与计划执行监测者的实际观察或检查而实施的一种控制，其目的在于保证经营行为按经营计划实现。经营过程控制也是事中控制。

(3) 经营结果控制

汽车服务经营结果控制是计划执行终了，通过考核，将实际经营情况与经营计划（或标准）进行比较的一种控制。经营结果控制也是事后控制。事后控制的方法往往造成经营损失，但可亡羊补牢。

上述三种控制是相互联系和互为前提的。在汽车服务经营中，主要采用经营计划制订控制和经营过程控制的方法，经营控制以预防为主，从经营计划制订控制开始，预先控制的内容和措施写入经营计划，并在经营过程中实施和督察，及时纠正经营错误。

3) 按汽车服务企业经营控制的流程分

(1) 串行控制

串行控制是先经营计划控制，再经营过程控制，最后经营结果控制。这种控制的缺点是经营计划者不可能全面了解各部门在经营中的运作，难以全面考虑所有部门在经营中的问题而提前预防，往往是在经营中解决问题，或发现问题后再补救，易造成经营损失。串行控制也是与汽车服务经营有关的各部门事中和事后控制。

(2) 并行控制

并行控制是在经营计划的一开始及过程中的第一步，与汽车服务经营有关的人事、财务、物资等部门参与控制工作，直至经营项目结束，由经营部门负责，共同制订经营计划，共同控制经营活动，经营结果向各部门通报。这样与经营有关的部门成为一个整体，能提前发现经营中的问题而采取预防措施，经营损失小。并行控制也是与经营有关的各部门共同事前控制。汽车服务企业的管理与人事、财务、物资等各部门有关，在汽车服务企业经营控制中，应倡导并行控制。

复习思考题

1. 汽车服务企业经营计划的特点和作用是什么？
2. 汽车服务企业经营计划的分类和主要任务是什么？

3. 汽车服务企业经营计划的内容有哪些？
4. 编制汽车服务企业经营计划应遵循什么原则？
5. 编制汽车服务企业经营计划的程序是什么？
6. 简述整车销售业务流程管理。
7. 简述汽车维修业务流程管理。
8. 简述汽车服务企业经营评价的主要内容。
9. 简述汽车服务企业经营控制的内容。

第 4 章

汽车服务企业质量与技术管理

　　汽车服务企业质量与技术管理是在汽车服务质量和技术方面的管理活动。汽车服务质量是企业的生命,是汽车服务及创品牌汽车服务的基础,是创造顾客满意和忠诚的重要因素之一,直接关系着企业的持续盈利能力和可持续发展,因此,汽车服务企业质量管理是汽车服务企业日常经营管理中不容忽视的一项重要内容,放在汽车服务经营活动的首位,即汽车服务质量第一。汽车服务企业技术是开展汽车维修、美容等汽车服务经营活动并取得高质量汽车服务的基础。本章依次介绍汽车服务质量的概念、质量管理的方法、质量管理体系和技术管理。

4.1 汽车服务质量概述

4.1.1 汽车服务质量

1. 汽车服务质量的概念

　　汽车服务质量是顾客对汽车服务要求(汽车的动力性能、舒适性、可靠性、安全性、经济性、时间性、文明性和美学等)的满足程度。

　　汽车服务质量是建立在差异理论的基础上,通过顾客对期望的汽车服务和感知的汽车服务相比较而形成的主观结果,期望值与感知之间的差距是汽车服务质量的量度。如果顾客对汽车服务的感知水平符合或高于其预期水平,则顾客获得最高的满意度,从而认为汽车服务企业具有较高的汽车服务质量;反之,则会认为汽车服务企业的汽车服务质量较低。从这个角度看,汽车服务质量是顾客的预期汽车服务质量同感知汽车服务质量的比较,是由顾客对汽车服务的感知而决定。在汽车维修服务中,车辆维修和检测标准及数据是汽车服务质量的衡量依据。

2. 汽车服务质量的构成

　　汽车服务质量包括技术质量和功能质量。技术质量常用合格与不合格、质量高或低来评价,功能质量常用差、好或优秀等来评价。

　　技术质量是汽车服务的技术性能,也是顾客在汽车服务过程结束后的"所得",又称为结果质量。例如顾客到汽车维修企业排除了车辆的故障,对车辆进行了保养并达到规定的保养技术要求,传动轴和车轮动平衡后达到规定的平衡精度,发动机维修后达到规定的功率和油耗要求等。由于技术质量涉及的是技术方面的有形内容,有很多标准或规范,发动机功率、汽车制动力的检测设备可客观评价,故顾客容易感知质量,且质量评价比较客观。

功能质量是汽车服务的消费感受,涉及汽车服务人员的仪表仪态、汽车服务态度、汽车服务方法、汽车服务程序、汽车服务效率、汽车服务行为方式等。相比之下,功能质量更具有无形的特点,一般是不能用客观标准来衡量的,因此难以做出客观的评价,顾客的主观感受在功能质量评价中占据主导地位。

与汽车服务技术质量有关的国家标准和规范主要有：《汽车动力性台架试验方法和评价指标》(GB/T 18276—2000),《汽车发动机性能试验方法》(GB/T 18297—2001),《商用车辆和挂车制动系统技术要求及试验方法》(GB 12676—2014),《汽车修理质量检查评定方法》(GB/T 15746—2011),《汽车维护、检测、诊断技术规范》(GB/T 18344—2001),《汽车维护工艺规范》(DB35/T 164—2013),《压缩天然气汽车维护技术规范》(JT/T 512—2011),等等。

汽车服务企业可根据汽车服务的内容和要求,从技术质量和功能质量两个方面制定本企业的汽车服务质量规范,并执行相关的国家标准和规范。

4.1.2 汽车服务质量的特性

汽车服务质量的特性主要有可感知性、可靠性、时间性和技术保证性,顾客主要通过这4个方面的特性衡量汽车服务质量,形成自己对汽车服务质量的判断。

1. 汽车服务质量的可感知性

汽车服务质量的可感知性有时也称为有形证据或有形展示,主要指汽车服务企业的"有形部分"。汽车服务是无形的,但店址、企业标识、售车大厅、维修厂房、汽车服务设施、汽车服务设备、汽车服务人员着装要求、汽车服务态度、汽车服务文明举止、环境的整洁明亮、环境美观和有秩序、尾气和废旧润滑油的处理、顾客量、市场沟通资料、价目表、汽车技术性能要求、汽车服务流程等工作制度、质量制度、安全措施和设备、计算机和网络等信息系统等却是有形的。汽车服务企业的所有有形事物和人都为无形的汽车服务提供证据,顾客可以感知这些有形事物和人,并通过这些有形事物和人来推测汽车服务质量。

2. 汽车服务质量的可靠性

汽车服务质量的可靠性是指汽车服务企业可靠、准确无误地完成所承诺的汽车服务的能力。顾客要求可靠的汽车服务,不可靠的汽车服务绝对是劣质的汽车服务。如果汽车服务企业不重视汽车服务细节,汽车服务工作经常出错,就必然会失去顾客的信任,损害自己可靠汽车服务的市场形象。汽车服务可靠性要求汽车服务企业"在准确的时间、准确的地点,用正确的方式为顾客提供完善的汽车服务"。任何一个汽车服务环节的工做出现差错,都会使提供给顾客的汽车服务可靠性降低。实现对顾客汽车服务的承诺,是可靠汽车服务的重要内容。

3. 汽车服务质量的时间性

汽车服务质量的时间性是指为顾客提供及时、准时和省时的汽车服务，在时间上满足顾客的要求。及时是当顾客需要某种汽车服务时，能够及时地提供；准时是要求某些汽车服务的提供在时间上是准确的；省时是要求顾客为了得到所需的汽车服务所耗费的时间能够缩短。及时、准时和省时三者是相关的、互补的。尽可能地缩短顾客等候时间，让顾客等待时间太长，或无合理的理由、无原因的等待，会对汽车服务质量带来不良影响。当出现汽车服务差错时，迅速解决问题，会给汽车服务质量感知带来积极影响。

4. 汽车服务质量的技术保证性

汽车服务质量的技术保证性是指汽车服务人员的专业知识、技术职称、汽车服务设备、汽车服务技能和礼节能使顾客产生信任和安全感。对顾客来说，汽车服务人员的友好态度和胜任能力二者缺一不可。汽车服务人员缺乏友善的态度自然会使顾客感到不快，而如果他们对专业知识懂得太少也会令顾客失望和无汽车服务质量可靠保证。在汽车服务设备中，计算机、网络等信息系统提供现代信息的汽车服务保证，轮胎和传动轴动平衡设备提供轮胎和传动轴高动力学平衡性能的汽车服务保证，故障解码器提供快速、准确判别汽车故障的汽车服务保证，发动机试验台、转鼓试验台、悬架振动试验台、平顺性测试仪提供鉴别汽车性能的汽车服务保证。

5. 相对性

汽车服务质量的相对性是指企业的顾客和其他相关方可能对同一汽车服务的功能提不同的需求，也可能对同一汽车服务的同一功能提出不同的需求。顾客不同，需求不同，质量观不同，质量要求也就不同，只有满足需求的汽车服务才会被认为是质量好的汽车服务。此外，随着顾客使用汽车、顾客对汽车及汽车服务认知的提高及时代发展和技术进步，顾客的需求会提高，因此，在一定时期内高质量的汽车服务，过了一定时间，可能变成一般质量的汽车服务，也有可能是不合格的汽车服务。如汽车排放标准提高，汽车及汽车服务的要求随之提高，不符合排放标准的汽车及汽车服务将被淘汰。

4.1.3 汽车服务质量差距

由于汽车服务质量存在感知性，因此，对同一汽车服务，存在质量评价差距。在汽车服务中，存在以下五种汽车服务质量差距。

1. 差距1——汽车服务企业管理层感知差距

汽车服务企业管理层感知差距，是指管理者不能准确地感知顾客对汽车服务质量的评价而产生的质量评价差距。产生这个差距的主要原因有：①管理层从汽车服务市场调研和需求分析中所获得的信息不准确；②管理层从汽车服务市场调研和需求分析中获得的信息准确，但理解有偏差；③本企业没有做过汽车服务市场需求分析工作；④与顾客接触的一线员工向管理层报告的信息不准确，或根本没报告；⑤企业内部机构重叠，妨碍或改变了与顾客接触的一线员工向上级报告汽车服务市场需求信息。

2. 差距2——汽车服务质量标准差距

汽车服务质量标准差距,是汽车服务企业所制定的具体质量标准与管理层对顾客的质量预期的认识之间出现的差距。这种差距产生的原因有:①企业制定的质量标准中存在失误,或者未制定有关的质量标准;②管理层对制定质量标准重视不够,对制定汽车服务质量的工作支持不够,组织不好;③整个企业没有明确的汽车服务目标,造成没有质量标准。

3. 差距3——汽车服务传递差距

汽车服务传递差距,是指汽车服务产生与传递过程没有按照汽车服务企业所设定的汽车服务标准来进行。造成这种差距的主要原因有:①汽车服务标准定得太复杂、太僵硬;②一线员工没有认可这些具体的汽车服务质量标准,例如,在提高汽车服务质量中,必须要求员工改变自己的汽车服务习惯的情况下,员工就可能极不愿意认可这样的汽车服务质量标准;③新的汽车服务质量标准违背了现行的企业文化;④汽车服务运营管理水平低下,有汽车服务质量标准,不执行,缺乏监督和检查;⑤缺乏汽车服务质量标准的培训学习和贯彻;⑥企业的技术设备和管理体制无助于一线员工按具体的汽车服务质量标准进行汽车服务,本企业的汽车服务水平不能达到标准。

4. 差距4——汽车服务市场沟通差距

汽车服务市场沟通差距是指市场宣传中所做出的承诺与汽车服务企业实际提供的汽车服务不一致。造成这种差距的原因有:①企业没能将汽车服务市场营销传播计划与汽车服务运营活动相结合;②企业没能协调好传统的汽车服务市场营销和汽车服务运营的关系;③企业通过信息传播宣传介绍了汽车服务质量标准细则,但实际的汽车服务产生滞后,或达不到这些汽车服务质量标准,让顾客认为是虚假汽车服务营销;④企业存在着力图夸大自己的汽车服务质量的冲动。

5. 差距5——汽车服务质量感知差距

汽车服务质量感知差距是指顾客体验和感觉到的汽车服务质量与自己预期到的汽车服务质量不一致。这种差距出现的原因有:①顾客实际体验到的汽车服务质量低于其预期的汽车服务质量或者存在汽车服务质量问题;②口碑较差;③企业形象差;④汽车服务失败。

汽车服务质量差距可用汽车服务质量差距模型表示。汽车服务质量差距模型见图4-1,该模型说明了汽车服务质量的形成过程,其上半部与顾客有关,而下半部则与汽车服务提供者有关。

顾客所期望的汽车服务质量是顾客过去的汽车服务体验、个人需要和口碑沟通、汽车服务宣传的结合。管理层对顾客的汽车服务预期的感知决定了组织将要执行的汽车服务标准,然后汽车服务人员根据汽车服务标准为顾客进行汽车服务,在此过程中,向顾客传递汽车服务。而顾客则根据自身的汽车服务体验来感知企业传递来的汽车服务质量。

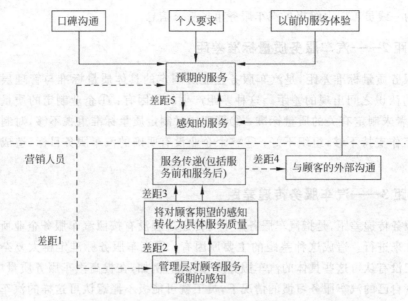

图 4-1 汽车服务质量差距模型

4.1.4 汽车服务质量与企业竞争优势的关系

汽车服务质量视为企业成功的关键,汽车服务企业的竞争优势建立在汽车服务质量和价值基础之上。从汽车服务角度来看,汽车服务质量可能是竞争优势建立的前提。

技术质量常常被作为汽车服务质量的决定性要素来看待,如果汽车服务企业具有其他企业无法比拟的技术优势,那么这种说法是成立的。技术质量良好是汽车服务质量中理所当然的内容,它必须处于顾客可以接受的水平。这里所说的可接受水平取决于两个要素:一是汽车服务企业的经营战略;二是顾客的需要和期望。如果技术质量下降了,整个感知汽车服务质量也会下滑。创建技术质量优势对汽车服务企业来说是有难度的,但这是企业要努力做好的工作。

提高功能质量可为顾客提供更好的汽车服务,并使企业能够赢得竞争。汽车服务企业应在保证一定功能质量的基础上,努力提高技术质量。

4.2 汽车服务企业质量管理的方法

汽车服务企业质量管理的方法有汽车服务质量规划、标杆管理、汽车服务蓝图化与过程管理、质量差距管理、全面质量管理等,在汽车服务质量管理中,可综合运用这些管理方法,此外,这些管理方法也适合汽车服务企业经营管理。

4.2.1 汽车服务质量规划

汽车服务质量规划是汽车服务质量管理中一个重要内容,它能帮助管理者采用恰当的质量策略以应付激烈的竞争。

1. 汽车服务任务

质量管理人员应首先确定汽车服务企业的汽车服务任务,明确本企业应为哪些细分市场汽车服务,应解决顾客的哪些问题。然后,汽车服务管理人员根据汽车服务任务,为汽车服务工作确定一系列具体的汽车服务质量指导原则。

2. 顾客期望的汽车服务质量

顾客期望的汽车服务质量是指顾客所期望的汽车服务质量。优质的汽车服务是指顾客感觉中的汽车服务实绩符合或超过他们的期望。汽车服务企业可从本企业及同类汽车服务企业的汽车服务中获取顾客期望的汽车服务质量。

3. 汽车服务过程和汽车服务结果的质量规划

汽车服务过程和汽车服务结果的质量规划是指对汽车服务流程、各流程汽车服务质量要求、汽车服务结果及跟踪汽车服务做出质量要求和检查。

面对面汽车服务是汽车服务人员和顾客相互接触、相互交往、相互影响的过程,顾客感觉中的汽车服务质量不仅与汽车服务结果有关,而且与汽车服务过程有关。管理人员不仅应研究本企业应为顾客提供什么汽车服务,更应研究本企业如何为顾客提供高质量汽车服务。在汽车服务行业中,相互竞争的企业都可使用类似的技术,为顾客提供相同的汽车服务,但汽车服务的质量结果不一定相同。因此,要取得竞争优势,管理人员必须研究企业汽车服务过程和结果,并在此基础上,规划本企业的汽车服务过程和汽车服务结果。

4. 汽车服务人员质量培养规划

在大多数情况下,顾客感觉中的汽车服务质量是由汽车服务人员和顾客相互交往的过程决定的。如果汽车服务人员不能为顾客提供优质的汽车服务,就没有企业的优质汽车服务。管理人员可通过对全体员工长期、有针对性、有计划的汽车服务质量培养,形成以合适的高质量的汽车服务文化为核心的汽车服务企业文化,激励全体员工主动做好汽车服务工作。

5. 汽车服务环境和设备质量保证规划

管理人员必须根据优质汽车服务的需要,确定汽车服务工作中应使用的设备、技术和汽车服务操作体系,并通过培训工作,使汽车服务人员通过使用必要的设备,达到汽车服务质量要求的技能,通过环境和设备的规划和建设、汽车服务人员培训,确保汽车服务质量达标。

6. 顾客参与汽车服务过程规划

汽车服务质量不仅与汽车服务人员有关,而且与顾客的行为和态度有关,可以说顾客是"兼职汽车服务人员"。要获得优质的汽车服务,必须规划顾客参与汽车服务过程,通过一系列鼓励措施(例如较低的汽车售价、汽车美容项目),激励顾客积极参与汽车服务活动,通过顾客问卷答题、与顾客对话等活动,使顾客参与汽车服务过程规划。

4.2.2 汽车服务标杆管理

1. 汽车服务标杆管理的内涵

汽车服务标杆管理的定义为:"一个将汽车服务与最强大的竞争对手或汽车服务行业领导者相比较的持续过程。"

汽车服务标杆管理的基本环节是以最强的竞争企业或汽车服务行业中领先和最有名望的企业在汽车服务方面的绩效及实践措施为基准,树立学习和追赶的目标,或将本地区最优秀的汽车服务企业视为学习榜样的标杆企业,通过资料收集、比较分析、跟踪学习、重新设计并付诸实施等一系列规范化的程序,将本企业的实际状况与这些基准进行定量化评价和比较,找出自己的不足,从而提高自身汽车服务水平和汽车服务质量,改善经营管理水平,增强企业竞争力。

2. 汽车服务标杆管理的作用

汽车服务标杆管理最大的作用是为汽车服务企业提供了一个清楚地认识自我的工具,便于发现解决问题的途径,从而缩小自己与领先者的距离。

首先,有助于汽车服务企业正确认识到与行业领先者相比,自己究竟做得怎么样,有何差距,从而正确为自己定位,为企业进行质量管理设立了管理基准,提供比较的参照系。通过实施标杆管理,汽车服务企业可以确实地知道企业的绩效和质量水准应当达到而且可以达到什么水平,同时也明确了企业目前的汽车服务水平与应该并且可以达到的最佳结果之间,为什么会存在如此之大的差距。

其次,有助于汽车服务企业看清自己的优势与劣势。在与基准标杆进行比较时,可以帮助企业发现自身的缺点和不足,有助于企业扬长避短。

再次,标杆汽车服务企业为本企业提供了各种已经被实践所证明的、正确的行动计划和方案,有助于本企业博采他人之长为自己所用,缩短摸索经验的时间。随着经济全球化的发展以及科学技术的进步,谁也没有足够的时间和资源,谁也没有必要亲身经受各种失败和错误,于是,通过标杆管理,借鉴他人的优点来弥补自身的不足,学习他人的长处来求得生存,便成为一种十分有效的生存之道。

最后,有助于汽车服务企业明确排定各种质量改进活动的先后顺序与轻重缓急。在与标杆企业进行比较的过程中,能够帮助本企业发现质量管理与提升的关键因素,以及哪个汽车服务实践活动是最先进行的、哪个汽车服务实践活动最适合企业的发展。

3. 汽车服务标杆管理的类型

根据标杆伙伴选择的不同,通常可将汽车服务标杆管理分为内部标杆管理、竞争性标杆管理、职能标杆管理和流程标杆管理四类。

1) 汽车服务企业内部标杆管理

汽车服务企业内部的标杆是企业内部的单位或部门,如汽车维修部门的机电 1 组是榜样班组。汽车服务企业内部标杆管理的方法是确立内部标杆及管理的主要目标,然后推广到企业的其他部门。在企业内部树立标杆的优点在于：由于不涉及汽车服务秘密的泄露和其他利益冲突等问题，容易取得标杆伙伴的配合，数据采集等过程困难比较小，因此简单易行，成本较低，时间较短，是所有标杆管理类型中最快、成本最低的一类。其缺点在于视野狭隘，范围在企业内，不易找到最佳汽车服务实践，很难实现创新性汽车服务突破。除非用做外部标杆管理的基准，单独执行内部标杆管理的企业往往持有内向视野，容易产生封闭思维。因此在实践中，汽车服务企业内部标杆管理应该与外部标杆管理结合起来使用。

2）汽车服务行业竞争性标杆管理

汽车服务行业竞争性标杆管理的标杆伙伴是行业内部的直接竞争对手。竞争标杆管理的目标是与有着相同市场的汽车服务企业在汽车服务和工作流程等方面的绩效与实践进行比较，直接面对竞争者。竞争标杆管理是从总体上关注本企业如何竞争发展，明确和改进本企业战略，提高本企业战略运作水平。竞争性标杆分析需要收集各竞争者的财务、市场状况等有关信息进行相关分析，提出自己的最佳战略。其优点在于：由于同行业竞争者之间的汽车服务项目和汽车服务流程相似，面临的市场机会相当，竞争对手的举措一般会直接影响本企业的目标市场，因此竞争对手的信息对于本企业在进行策略分析及市场定位上有很大的帮助，收集的资料具有高度的相关性和可比性，有助于本企业系统地分析竞争对手与汽车服务环境。最佳汽车服务实践的转移也比较简单，不需要经过大的调整就可以直接应用于本企业。其缺点在于：正因为标杆伙伴是直接竞争对手，信息具有高度商业敏感性，难以取得竞争对手的积极配合，获得真正有用或是准确的资料，从而极有可能使标杆管理流于形式或者失败。另外，拘泥于同行范围之内寻求最佳实践，视野仍狭窄，而且由于同一行业的汽车服务企业会倾向于以同样的方式来做同样的工作，导致产业内容易出现"近亲繁殖"的问题，难以突破和创新，难以标新立异。

3）引进不同行业先进职能标杆管理

这是以非汽车服务的某行业领先者或某些企业的优秀职能操作为基准，找出达到同行最好的运作方法，引进汽车服务企业，而进行的标杆管理。其理论基础是任何行业均存在一些相同或相似的功能或流程，如物流、人力资源管理、营销手段等，这类标杆管理的合作者常常能相互分享一些技术和市场信息。其优点在于由于不是直接的竞争者，没有直接的利害冲突，因此合作者往往较愿意提供和分享技术与市场信息；另外，跳出汽车服务行业的框框约束，视野开阔，容易创新和寻求真正的最佳实践，随时掌握最新经营方式。其缺点在于投入较大，信息相关性较差，最佳实践需要较为复杂的调整转换过程，实施较为困难。

4）引进不同汽车服务流程标杆管理

引进不同汽车服务流程的标杆管理是以最佳汽车服务工作流程为基准进行的标杆管理，从具有类似流程的汽车服务企业中发掘最有效的操作程序，使企业通过改进汽车服务流程提高业绩。这类标杆管理可以跨不同类型、不同汽车服务项目的汽车服务企业进行，一般要求对标杆企业整个工作流程和操作有很详细的了解。

在标杆管理中，汽车服务企业最好的选择就是根据需要实施综合标杆管理，即根据企业自身条件和标杆管理项目的要求，将各种标杆管理方式相结合，取长补短，以取得高效的标杆管理。

4. 汽车服务标杆管理的程序

汽车服务标杆管理作为一种科学系统的管理方法,其成功实施依赖于一整套特定的步骤和程序。标杆管理最重要的两个步骤就是"学习"和"实施"。具体来说,一个完整的内外部综合的标杆管理的程序通常分五步。

1) 计划

计划阶段有以下主要工作:①组建汽车服务标杆管理项目小组,该小组担当发起和管理整个标杆管理流程的责任;②明确汽车服务标杆管理的目标;③通过对汽车服务项目的衡量评估,确定标杆项目;④选择标杆伙伴;⑤制订数据收集计划,如调查问卷,安排参观访问,充分了解标杆伙伴并及时沟通;⑥开发测评方案,为标杆管理项目赋值,以便于衡量比较。

2) 汽车服务企业内部数据收集与分析

这一阶段包括以下工作:①收集并分析汽车服务企业内部公开发表的信息,遴选内部标杆管理合作伙伴;②通过汽车服务企业内部访谈和调查,收集汽车服务企业内部一手研究资料;③根据需要,组建汽车服务企业内部标杆管理委员会来实施内部标杆管理;④通过汽车服务企业内部标杆管理,为进一步收集汽车服务企业外部标杆管理数据打下基础。

3) 汽车服务企业外部数据收集与分析

这一阶段包括以下工作:①利用各种资料收集外部企业公开发表的信息;②通过调查问卷和实地访问收集外部一手研究资料;③分析收集的有关最佳实践的数据,与自身绩效计量相比较,识别推动取得更好绩效的因素,提出最终标杆管理报告。标杆管理报告要揭示标杆管理过程的关键收获,以及对标杆管理的调整、转换、创新的见解和建议。

4) 调整

根据已实施标杆管理的报告,确认正确的纠正性行动方案,制订详细实施计划,再组织内部实施最佳实践,并不断对实施结果进行监控和评估,及时做出调整,最终达到增强汽车服务企业竞争优势的目的。

5) 持续改进

汽车服务标杆管理是持续的管理过程,不是一次性行为,因此,为便于以后继续实施标杆管理,汽车服务企业应维护好标杆管理数据库,制订和实施持续的绩效改进计划,以不断学习和提高。

5. 汽车服务标杆管理的实施

在汽车服务标杆管理的实施过程中,需要具体考虑汽车服务企业规模和经营状况,因地制宜地制订出一套切实可行的标杆管理解决方案,特别需要关注以下几个方面的问题:

首先要重视信息管理。信息管理在标杆管理法中起着基础性的作用。汽车服务企业信息的科学管理与系统管理,有助于及时准确地获得内部的各种财务数据及绩效数据;标杆企业的选择需要依据所收集来的优秀企业的详细业绩数据和产生业绩的过程信息,并进行科学的对比分析,这样才能找准标杆,学到其先进的经验。

其次要模仿与创新并举。标杆管理中最容易出现的偏差是不顾主客观条件,盲目进行模仿。标杆管理方法的根本点,就是模仿与创新并举的循环往复过程。仅模仿标杆管理而远离创新,不会从根本上提高企业的核心竞争力。

另外还要特别注意发挥员工的主观能动性。标杆管理法的最终实践者是一线员工,因此汽车服务企业必须要让一线员工认识到实施标杆管理法的重要性和必要性。只有让员工理解并认同了标杆管理的重要性和必要性,标杆管理在实施过程中才会更好地发挥作用,才能提高汽车服务质量。

4.2.3 汽车服务蓝图化与过程管理

20世纪80年代初,美国学者提出在服务业使用服务蓝图技术来描绘服务体系,分析评价服务质量,并在美国服务业中得到实际应用,该技术通过对服务流程、顾客行为、服务企业员工行为以及服务接触、服务证据等方面的描述,将复杂、抽象的服务过程用框图简单化、具体化。服务蓝图技术可用于汽车服务企业的质量和经营等管理,并形成相应的管理模式。

1. 汽车服务蓝图的内涵

把汽车服务过程的每个部分按步骤画出流程图来,这个流程图就是汽车服务蓝图。

汽车服务蓝图借助于流程图,通过分解汽车服务组织系统和结构,鉴别用户与员工以及体系内部的汽车服务接触点,在汽车服务流程分析基础上研究汽车服务传递的各个方面,将汽车服务过程、员工的角色和汽车服务、顾客的角色和作用等有形证据直观地展示出来。

经过汽车服务蓝图的描述,汽车服务被合理地分解成汽车服务的步骤、任务和方法,使汽车服务过程中所涉及的人都能客观地理解和处理它,并能有机结合;更为重要的是,顾客同企业及汽车服务人员的接触点被识别,从而可以从这些接触点出发,来改进汽车服务质量,提高顾客满意度,并可持续进行汽车服务。

2. 汽车服务蓝图的组成

整个汽车服务蓝图被3条线分成4个部分,自上而下分别是顾客行为、前台接触员工行为、后台接触员工行为以及支持过程,见图4-2。

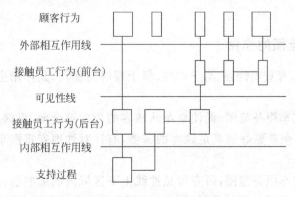

图4-2 汽车服务蓝图的组成

1) 顾客行为

汽车服务蓝图最上面的一部分是顾客行为,这一部分紧紧围绕着顾客在购车、维修和评价汽车服务过程中所采取的一系列步骤、所做的一系列选择、所表现的一系列行为以及它们之间的相互作用来展开。

2) 前台汽车服务员工行为

接下来是前台汽车服务员工行为,指直接向用户提供汽车服务并可以被用户看得见的员工行为,如汽车销售人员、配件销售人员、维修接车员、车辆保险员,这部分紧紧围绕前台员工与顾客的相互关系展开。

3) 后台员工行为

再接下来是后台员工行为,它围绕支持前台员工的活动展开,发生在汽车服务体系的后台,主要为前台汽车服务员工提供技术、知识等保障汽车服务,必要时也为用户直接提供汽车服务,如车辆维修人员、车辆美容人员、信息管理人员。

4) 汽车服务的支持过程

这一部分覆盖了在传递汽车服务过程中所发生的支持接触员工的各种内部汽车服务及其步骤和它们之间的相互作用,覆盖了所有保障汽车服务体系正常运行的辅助工作,主要是指那些与提供汽车服务相关,但属于汽车服务体系本身不可控的外部相关部门的行为。

隔开4个关键行动领域的3条水平线,最上面的一条线是"外部相互作用线",它代表了顾客和汽车服务企业之间的直接的相互作用,一旦有垂直线和它相交叉,汽车服务遭遇(顾客和企业之间的直接接触)就发生了;中间的一条水平线是"可见性线",它把所有顾客看得见的汽车服务活动与看不见的分隔开来,通过分析有多少汽车服务发生在"可见性线"以上及以下,一眼就可明了为顾客提供汽车服务的情况,并区分哪些活动是前台接触员工行为,哪些活动是台后接触员工行为。第三条线是"内部相互作用线",它把接触员工的活动同对它的汽车服务支持活动分隔开来,是"内部顾客"和"内部汽车服务人员"之间的相互作用线,如有垂直线和它相交叉则意味着发生了内部汽车服务遭遇。

另外,在某些汽车服务蓝图的最上部有有关汽车服务证据方面的内容,它表示顾客在整个汽车服务体验过程中所看到的或所接受到的汽车服务的有形证据,如汽车服务企业标志、销售大厅、销售车辆、员工的制服、员工的仪表和汽车服务动作、购车合同、发票等。而在有的汽车服务蓝图中,又通过职能分界线,进一步把内部支持活动划分成管理职能的活动和执行职能的活动。

3. 汽车服务蓝图的作用

汽车服务蓝图具有直观性强、易于沟通、易于理解的优点,其作用主要表现在以下几个方面。

(1) 通过建立汽车服务蓝图,促使企业从顾客的角度更全面、更深入、更准确地了解所提供的汽车服务,使企业更好地满足顾客的需要,有针对性地安排汽车服务和汽车服务过程,提高顾客满意度。

(2) 通过建立汽车服务蓝图,研究可见性线上下区域内的那些前、后台接触员工行为,掌握各类员工为顾客提供的各种接触信息。这有助于企业建立完善的汽车服务操作程序,有助于明确职责、落实岗位责任制,有助于明确培训工作的重点,有针对性地提高员工汽车服务技能和报务质量等。

(3) 汽车服务蓝图揭示了组成汽车服务的各要素和提供汽车服务的步骤,这样有助于明确各部门的职责和协调运作,有助于理解内部支持过程和非接触员工在汽车服务提供过程中的角色和作用,激发他们的积极性和主动性,从而为前台接触员工提供高质量汽车服务创造条件。

(4)汽车服务蓝图中的外部相互作用线指出了顾客的角色以及在哪些地方顾客能感受到服务质量,这不但有利于汽车服务企业有效地引导顾客参与汽车服务过程并发挥积极作用,而且有利于汽车服务企业通过设置有利的汽车服务环境与氛围来影响顾客满意度。而可见性线则促使汽车服务企业谨慎确定哪些员工将和顾客相接触,是谁向顾客提供汽车服务证据,哪些东西可以成为汽车服务证据,从而促进合理的汽车服务设计,明确质量控制活动的重点。

(5)汽车服务蓝图有助于质量改进。例如,从汽车服务蓝图可以判断过程是否合理、充分、有效率,还有哪些地方需要调整和改变,所进行的这些改变将如何影响顾客、直接与顾客接触的员工、不直接与顾客接触的员工以及汽车服务过程,这些考虑有助于识别失败点和汽车服务活动链的薄弱环节,从而为质量改进指明方向。

(6)汽车服务蓝图为内、外部营销建立了合理的基础。例如,汽车服务蓝图为营销部门和广告部门有针对性地选择必要的交流信息、做好汽车服务市场调查及用户满意度调查工作,或是寻找顾客特别感兴趣的卖点提供方便。

4. 汽车服务蓝图的制订

建立汽车服务蓝图的步骤如下:

第1步:识别欲建立汽车服务蓝图的汽车服务过程,明确对象、建立蓝图的目的和质量管理目标。

第2步:从顾客的角度用流程图的形式来表示汽车服务过程。在这一步,首先要明确顾客是谁,明确顾客的汽车服务需求,这一点非常重要。然后用图表列出顾客在购车、维修等汽车服务和评价汽车服务的过程中所采取的或所经历的选择或行动。

第3步:图示前、后台接触员工行为。首先画外部相互作用线和可见性线,然后图示从一线员工的角度所理解的汽车服务过程,区分前台(可见)员工行为和后台(不可见)员工行为。建立蓝图的人员必须了解一线员工的所作所为以及哪些活动是完全暴露在顾客面前的,而哪些活动是顾客所看不见的。前、后台员工的行为均要重视,尤其是前台员工的行为代表着企业的形象。

第4步:图示内部支持活动。画出内部相互作用线,这样可以识别接触人员活动和内部支持活动之间的联系。这一步还使内部支持活动对顾客的直接与间接影响变得清晰易见。从与顾客的联系的角度看,某些内部汽车服务过程可能具有重要意义,而有些则没有明显的联系,应予以去除。

第5步:在每一个顾客行动步骤中加入汽车服务证据。最后一步,可以在汽车服务蓝图中,加入表示顾客在整个汽车服务体验过程的各步骤所看到的或所接受到的汽车服务的有形证据。

4.2.4 汽车服务质量差距管理

汽车服务质量差距模型除了为分析汽车服务质量的形成和汽车服务质量问题产生的原

因提供了分析工具外,还为汽车服务质量管理提供了直接思路。

汽车服务质量差距管理是质量管理者在差距分析的基础上,有针对性地提出了管理和改进措施以提高汽车服务质量。

1. 汽车服务企业管理层感知差距(差距1)的改进

针对汽车服务企业管理层感知差距(差距1),如果问题产生的原因是管理不善,就必须提高管理水平或者让管理者更深刻地理解汽车服务和竞争的特性。在很多情况下,后一种情况更具有适用性,因为感知差距产生的原因并不一定是缺乏竞争力,而是管理者缺乏对汽车服务竞争的深刻认识。任何解决方法都离不开更好地开展市场调研活动,唯有如此才能更好地了解顾客的需求和期望。从汽车服务市场和与顾客的接触中获取信息是远远不够的,汽车服务企业还必须提高内部信息的管理质量。

2. 汽车服务质量标准差距(差距2)的改进

汽车服务企业应在深入分析顾客需求的基础上对企业发展的问题重新排列。同时,应该邀请具体的汽车服务提供者参与标准的制定,管理者在制订计划时必须将这一点考虑进去,即不能将与顾客接触的员工从计划制订流程中剔除出去。最理想的方法是计划制订者、管理者和与顾客接触的员工相互协商,共同制定有关的汽车服务质量标准。而且要注意,质量标准不能制定得过于缺乏弹性,否则员工在执行标准时就会缺少灵活性,而且风险也会加大。员工与管理层经过充分沟通与协商后制定的汽车服务标准,比那些僵硬的目标设置和计划程序要有效得多,更易切合汽车服务实际。

3. 汽车服务传递差距(差距3)的改进

可能导致汽车服务传递差距的原因主要是管理与监督不力、员工对顾客需要或期望感知有误和缺乏技术、经营方面的支持。

减小汽车服务传递差距要依赖于科学的汽车服务质量标准,同时,对员工进行有效的培训,执行汽车服务质量标准,使员工认识到汽车服务水平必须达到汽车服务质量标准,必须与企业长远的战略或盈利目标相适应。另外,管理者可对所有员工的工作进行适当分类,使其各司其职,避免繁杂的管理工作影响汽车服务质量。最后,如果技术或经营系统(包括决策和其他管理系统)与员工之间不能相互适应,这可能是由于员工本身的原因,但也有可能是经营、技术或管理系统的问题,比如小规模服务企业的技术或管理系统对质量改进行为的支撑力度不够,或者这些系统难以使员工达到汽车服务质量标准。在这种情况下,要么改变这些系统,以使其能够对质量改进起到坚强有力的支撑作用,要么从另外一个角度入手,提高内部营销和员工培训的水平,使其能适应技术或管理系统的特性。

4. 汽车服务市场沟通差距(差距4)的改进

这类差距的解决途径是建立汽车服务经营与传递和外部市场沟通计划和执行的协调机制。例如,每一次市场推广活动的推出必须考虑到汽车服务的产生和传递,而不是各行其是。通过这种机制的建立,至少可以达到两个目的:第一,市场推广中的承诺和宣传可以更加现实、准确;第二,外部沟通中所做的承诺可以顺利实现,而且可以承诺得相对多一些,因为双方相互合作,承诺的实现就有了坚实的基础。在此基础上,时刻注意要利用更科学的计划手段来改善市场沟通的质量。当然,管理监督系统的合理运用对此也会有所帮助。

5. 汽车服务质量感知差距(差距5)的改进

汽车服务质量感知差距是顾客所感知的或实际体验的汽车服务质量与其所预期的不一致。这种情况的出现原因比较复杂,但主要是因为汽车服务企业在与顾客的沟通上或顾客的期望管理上出现偏差,因此,其管理途径主要是建立健全与顾客的沟通机制,改善汽车服务企业的形象,明确表达汽车服务承诺,做好汽车服务承诺,对不利的顾客互动进行适当干预。

差距分析能够引导管理者发现顾客和汽车服务提供者对汽车服务质量的感知差距究竟出在哪里,原因是什么,应当怎样解决这些问题,从而提高顾客感知的汽车服务质量。

4.2.5 汽车服务全面质量管理

全面质量管理是一个企业以质量为中心,以全员参与为基础,目的在于通过让顾客满意和本企业所有成员及社会受益而达到长期成功的管理途径。其思想来自美国通用电器公司质量管理部的部长菲根堡姆(A. V. Feigenbaum)博士,他在1961年首先提出全面质量管理的理念,经过五十多年的发展,这一理念已广泛应用于各类企业的质量管理工作中,对当前汽车服务企业的质量管理依然具有十分重要的价值。将全面质量管理用于汽车服务质量管理,就形成了汽车服务全面质量管理。

1. 汽车服务全面质量管理的概念

汽车服务全面质量管理强调执行质量是企业全体人员的责任,应该使全体人员都具有质量的概念和承担质量的责任。

汽车服务全面质量管理的核心思想是企业的各部门做出质量发展、质量保持、质量改进计划,从而以最为经济的水平进行汽车服务,使用户或消费者获得最大的满意。它主要包括三个层次的含义:运用多种手段,系统地保证和提高汽车服务质量;控制质量形成的全过程,而不仅仅是某个汽车服务过程;质量管理的有效性应当是以质量成本来衡量和优化。因此,全面质量管理不仅仅停留在汽车服务过程本身,而且已经渗透到了质量成本管理的过程之中,通过让顾客满意和本企业所有成员以及社会受益而达到长期成功。

2. 汽车服务全面质量管理的特点

汽车服务全面质量管理强调全面的综合治理,它不仅强调各方面工作各自的重要性,而且更强调各方面工作共同发挥作用时的协同作用。它具有以下几个方面的特点。

1) 以适用性为标准

全面质量管理要求汽车服务的质量必须符合用户的要求,始终以用户的满意为目标。从这个角度来看待全面质量管理,则将涉及所有参与到汽车服务过程中的资源和人员。

2) 以人为本

汽车服务全面质量管理是一种以人为中心的质量管理,必须十分重视整个过程中所涉及的人员。为了做到以人为本,企业必须做到:高层领导的全权委托、重视和支持质量管理活动;给予每个人均等机会,公正评价结果;让全体员工参与到质量管理的过程中,并负有一定的质量责任;缩小领导者、技术人员和现场员工的差异。

3) 突出改进的动态性

汽车服务全面质量管理的另一个显著特点就是突出改进的动态性。由于顾客的需求是不断发生变化的,顾客的需求通常会随着汽车服务质量的提高而变得更高,这就要求我们有动态的质量管理概念。汽车服务全面质量管理不但要求质量管理过程中有控制程序,而且要有改进程序。

4) 综合性

汽车服务全面质量管理还有一个特点就是综合性。所谓综合性,指的是综合运用质量管理的技术和方法,并且组成多样化的、复合的质量管理方法体系,从而使汽车服务企业的人、设备和信息有机结合起来。

3. 汽车服务全面质量管理的八大原则

1) 汽车服务以顾客为中心

汽车服务全面质量管理的第一个原则是汽车服务以顾客为中心。在当今的经济活动中,任何一个汽车服务企业都要依存于他们的顾客。通过满足或超过了自己顾客的需求,获得继续生存下去,并可持续发展的动力和源泉。

2) 汽车服务企业领导的作用

汽车服务全面质量管理的第二大原则是汽车服务企业领导的作用。一个汽车服务企业从总经理层到员工层,都必须参与到质量管理的活动中来,其中,最为重要的是企业的决策层必须对质量管理给予足够的重视。我国的《质量管理法》中规定,质量部门必须由总经理直接领导,这样才能使汽车服务企业的所有员工和资源都融入全面质量管理之中。

3) 汽车服务企业全员参与

汽车服务全面质量管理的第三大原则就是强调全员参与,这是全面质量管理思想的核心。

4) 重视汽车服务过程和方法

汽车服务全面质量管理的第四大原则是过程方法,即将注意力集中到汽车服务质量管理的全过程。

5) 系统管理汽车服务质量

汽车服务全面质量管理的第五个原则是系统管理。即系统组织企业所有部门都参与汽车服务质量提高,最大限度地满足顾客的质量需求。

6) 汽车服务持续改进

汽车服务全面质量管理的第六个原则是持续改进。实际上,仅仅做好一次汽车服务并不困难,而要把一件简单的汽车服务成千上万次都做好,那才是不简单的。因此,持续改进是全面质量管理的持久思想。

7) 汽车服务质量以事实为基础

汽车服务全面质量管理的第七个原则是以事实为基础。即全面质量管理也必须以质量事实为依据,背离了质量事实基础就没有任何意义。

8) 汽车服务互利共赢的供方关系

汽车服务全面质量管理的第八大原则就是互利共赢的供方关系，汽车服务企业和汽车及配件供方之间保持互利关系，可增进两个企业创造价值的能力，从而为双方的进一步合作提供基础，谋取更大的共同利益。因此，全面质量管理实际上已经渗透到汽车及配件供应商的管理之中。在汽车服务企业和汽车及配件供方互利共赢时，要考虑顾客的利益。

4. 汽车服务全面质量管理的 PDCA 循环

戴明博士最早提出了 PDCA 循环的概念，所以又称其为"戴明环"。汽车服务全面质量管理的思想基础和方法依据就是 PDCA 循环，或者说，考虑汽车服务的特点，将 PDCA 循环应用于汽车服务企业的质量管理，形成汽车服务 PDCA 循环，这种循环是能使任何一项汽车服务活动有效进行的合乎逻辑的工作程序。

在汽车服务 PDCA 循环中，"计划(P)—实施(D)—检查(C)—处理(A)"的管理循环是现场汽车服务质量保证体系运行的基本方式，它反映了不断提高汽车服务质量应遵循的科学程序。汽车服务全面质量管理在汽车服务 PDCA 循环的规范下，形成了 4 个阶段和 8 个步骤。汽车服务 PDCA 循环见图 4-3。

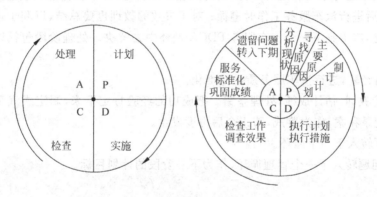

图 4-3 汽车服务 PDCA 循环示意图

1) 计划(plan)

计划包括制订汽车服务质量目标、活动计划、管理项目和措施方案。计划阶段需要了解企业目前的工作效率、追踪目前流程的运行效果和收集流程过程中出现的问题点；根据搜集到的资料，进行分析并制订初步的解决方案，提交高层领导批准。

计划阶段包括以下内容：

（1）分析现状

通过现状的分析，找出存在的主要汽车服务质量问题，尽可能以数字量化说明。

（2）寻找原因

在所搜集到的资料的基础上，分析产生汽车服务质量问题的各种原因或影响因素。

（3）提炼主因

从各种原因中找出影响汽车服务质量的主要原因。

（4）制订计划

针对影响汽车服务质量的主要原因，制订汽车服务技术、组织措施等方案，并具体落实到执行者。

2）实施（do）

在实施阶段，就是将制订的计划和措施具体组织实施和执行。将初步解决方案提交给企业高层进行讨论，在得到企业高层的批准之后，由企业提供必要的资金和资源来支持计划的实施。

在实施阶段需要注意的是，不能将初步的解决方案全面展开，而只在局部范围上先进行试验，再推广。这样，即使设计方案存在较大的问题，也可以将损失降低到最低限度。

3）检查（check）

将执行的结果与预定目标进行对比，检查计划执行情况，看是否达到了预期的效果。按照检查的结果，来验证运作是否按照原来的汽车服务标准进行的，或者看原来的汽车服务标准规范是否合理等。

按照汽车服务质量标准规范运作后，分析所得到的检查结果，寻找汽车服务质量标准本身是否存在偏移。如果发生偏移现象，则要重新策划，重新执行。

4）处理（administer）

对检查结果进行总结和处理，对成功的经验加以肯定，并予以标准化或制定汽车服务指导书，便于以后进行汽车服务工作时遵循；对于失败的教训也要总结，以利于进步。对于没有解决的问题，应提到下一个汽车服务 PDCA 循环中去解决。处理阶段包括以下两方面的内容。

（1）总结经验，进行汽车服务质量标准化。

总结经验教训，估计成绩，处理差错。把成功的经验肯定下来，制定成汽车服务质量标准；把差错记录在案，作为鉴戒，防止今后再度发生。

（2）问题转入下一个循环。

将遗留问题转入下一个管理循环，作为下一阶段的计划目标。

4.2.6 ISO 9000 质量管理体系认证

1. ISO 9000 的概念

ISO 是 International Organization for Standardization 的英语简称，翻译成中文就是"国际标准化组织"。

ISO 是世界上最大的国际标准化组织。它成立于 1947 年 2 月 23 日，它的前身是 1928 年成立的"国际标准化协会国际联合会"（简称 ISA）。

ISO 通过它的 2856 个技术机构开展技术活动，其中技术委员会（简称 TC）共 185 个，分技术委员会（简称 SC）共 611 个，工作组（WG）2022 个，特别工作组 38 个。ISO 的 2856 个技术机构技术活动的成果（产品）是"国际标准"。

ISO 9000 是国际标准化组织中"品质管理和品质保证技术委员会"制定的一系列标准的统称。它主要涉及企业运行中质量保证模式、质量保证体系的要素定义、设计原则、标准和运营指南，是"全面质量管理"思想在质量管理运作中最重要的应用之一。

目前，进行 ISO 质量管理体系认证，已成为众多汽车服务企业提升汽车服务质量的重要手段。

2. 推行 ISO 9000 的一般步骤

简单地说,推行 ISO 9000 有如下 5 个必不可少的过程:知识准备—立法—宣传、贯彻—执行—监督、改进。具体实践中,可以根据汽车服务企业的实际情况,对上述 5 个过程进行规划,按照一定的推行步骤,逐步导入 ISO 9000 管理体系。推行 ISO 9000 的一般步骤如下:

(1) 企业原有质量体系识别、诊断;
(2) 任命管理者代表,组建 ISO 9000 推行组织;
(3) 制定目标及激励措施;
(4) 各级人员接受必要的管理意识和质量意识训练;
(5) ISO 9001 标准知识培训;
(6) 质量体系文件编写(立法);
(7) 质量体系文件大面积宣传、培训、发布、试运行;
(8) 内审员接受训练;
(9) 若干次内部质量体系审核;
(10) 在内审基础上的管理者评审;
(11) 质量管理体系完善和改进;
(12) 申请认证。

汽车服务企业在推行 ISO 9000 之前,应结合本企业实际情况,对上述各推行步骤进行周密的策划,并给出时间和活动内容的具体安排,以确保得到更有效的实施效果。企业经过若干次内审并逐步纠正后,若认为所建立的质量管理体系已符合所选标准的要求,便可申请外部认证。

3. 认证注册的一般程序

汽车服务企业 ISO 质量管理体系认证的实施和监督一般可分为以下 4 个阶段。

1) 提出申请

申请者自愿选择一家认证机构,按照规定的内容和格式向认证机构提出书面申请。书面申请的内容包括:企业名称、总部地点、多场所的名称和地点、员工总人数、生产班次、产品名称、申请认证的范围及专业类别、申请认证的标准、删减条款的细节、体系开始运行的时间、申请认证的时间、内部审核和管理评审的情况、其他特殊要求、是否转换认证、在此之前在其他机构有没有获得认证注册或被暂停/撤销认证、联系人等。

认证申请书的附件包括:①营业执照的复印件;②主管机关的生产或汽车服务许可证的复印件;③质量、公安、环保、卫生等机关的许可证的复印件;④质量手册和程序文件;⑤记录清单。其中,质量手册和程序文件的内容应能证实其质量管理体系满足所申请的质量管理体系标准的要求。负责受理申请的认证机构,应在收到认证申请之日起 60 天内做出是否受理申请的决定,并书面通知申请者;如果不受理申请,也应说明理由。

2) 体系审核

认证机构指派审核组对申请的质量体系进行文件审查和现场审核。文件审查的目的主要是审查申请者提交的质量手册的规定是否满足所申请的质量保证标准的要求;如果不能满足,审核组需向申请者提出,由申请者澄清、补充或修改。只有当文件审查通过后方可进行现场审核。现场审核的主要目的是通过收集客观证据,检查评定质量体系的运行与质量手册的规定是否一致,证实其符合质量保证标准要求的程度,做出审核结论,向认证机构提交审核报告。

审核组的正式成员应为注册审核员,其中至少应有一名高级审核员;必要时可聘请技术专家协助审核工作。

3) 审批发证

认证机构审查由审核组提交的审核报告,对符合规定要求的批准认证,向申请者颁发体系认证证书,证书有效期为 3 年;对不符合规定要求的亦应书面通知申请者。

认证机构应公布证书持有者的注册名录,其内容应包括注册的质量保证标准的编号及其年代号和所覆盖的产品范围。通过注册名录向注册单位的潜在顾客和社会有关方面提供对注册单位质量保证能力的信任,使注册单位获得更多的订单。

4) 认证监督制度

认证机构要求获得质量管理体系认证的企业必须接受如下监督管理:

(1) 标志的使用。体系认证证书的持有者应按体系认证机构的规定使用其专用的标志,不得将标志使用在产品上,以防止顾客误认为产品获准认证。

(2) 通报。证书的持有者改变其认证审核时的质量管理体系,应及时将更改情况报认证机构。认证机构根据具体情况决定是否需要重新评定。

(3) 监督审核。认证机构对证书持有者的质量管理体系每年至少进行一次监督审核,以使其质量管理体系继续保持。

(4) 监督后的处置。通过对证书持有者的质量管理体系的监督审核,如果证实其体系继续符合规定要求,则保持其认证资格;如果证实其体系不符合规定要求,则视其不符合的严重程度,由认证机构决定暂停其使用认证证书和标志或撤销其认证资格,收回其认证证书。

(5) 换发证书。在证书有效期内,如果遇到质量管理体系标准变更,或者质量管理体系认证范围发生变更,或者证书的持有者变更时,证书持有者可以申请换发证书,认证机构决定是否作必要的补充审核。

(6) 注销证书。在证书有效期内,由于体系认证规则或体系标准变更或其他原因,证书的持有者不愿保持其认证资格的,体系认证机构应收回其认证证书,并注销认证资格。

4.3 汽车服务企业质量管理体系

在汽车服务企业,为了有效地进行汽车服务质量管理,需要建立汽车服务企业质量管理体系。

4.3.1 建立汽车服务企业质量管理体系的基本原则

建立汽车服务企业质量管理体系的基本原则如下:

1. 质量管理原则是基础

汽车服务质量管理原则包括了汽车服务质量管理的指导思想和汽车服务质量管理的基本方法,提出了组织在汽车服务质量管理中应处理好与顾客、员工和供方三者之间的关系。汽车服务质量管理原则构成了汽车服务企业质量管理体系建立与实施的基础。

2. 领导作用是关键

高层管理者通过其领导作用及所采取的各种措施,可以创造一个员工充分参与和重视汽车服务质量的内部环境,只有在这样的环境下才能确保汽车服务质量管理体系有效运行。领导的作用,特别是高层管理者的作用是汽车服务质量管理体系建立与实施的关键。高层管理者应做出有关建立和实施汽车服务质量管理体系,并持续改进其有效性方面的承诺,带头做好汽车服务质量管理工作。

3. 全员参与是根本

全员参与是汽车服务质量管理体系建立与实施的根本,因为只有全员充分参与,才能利用他们的才干为企业带来收益,才能确保高层管理者所做出的各种承诺得以实现。企业应采取措施,确保在整个企业内提高满足顾客要求的意识,确保使每一位员工认识到所在岗位重要性以及如何为实现质量目标做出贡献。

4. 注重实效是重点

汽车服务质量管理体系的建立与实施一定要结合本企业汽车服务的特点,重点放在如何结合实际、如何注重实效上来,重在汽车服务质量管理过程、管理结果、管理适用性和有效性。

5. 持续改进求发展

顾客的需求和期望在不断变化,以及市场的竞争、科技的发展等,这些都促使汽车服务企业持续改进。因此,持续改进是汽车服务企业永恒的管理行动。持续改进的目的在于增加顾客和其他相关方的满意度。汽车服务企业应通过各种途径促进汽车服务质量管理体系的持续改进,不断提高顾客和其他相关方满意的程度,进而建立和实施一个行之有效的高效汽车服务质量管理体系。

4.3.2 建立汽车服务企业质量管理体系的基本步骤

一般来讲,建立汽车服务质量管理体系需经过以下7个步骤:

1. 学习标准

汽车服务企业质量管理体系的建立需要全员参与,对于全体员工的培训,要从意识入手,树立以顾客为关注焦点的思想;满足顾客要求、增强顾客满意的思想;持续改进汽车服务质量管理体系有效性的思想。使全体员工对汽车服务质量管理体系的建立持积极向上的态度,这样对于体系在企业中的贯彻和实施将起到良好的推动作用。

对全体员工进行标准培训是培训中必不可少的内容,但由于员工从事的岗位不同,对他们的标准培训可根据其职能、责任和权限的不同而在范围、深度等方面进行差异性培训。对内部审核员的培训要全面、深入,不仅要让其熟悉标准所涵盖的全部内容,还要对标准的每一项条款结合本企业的性质、特点、经营情况深入地理解,这就要求对内部审核员的认定工作在教育程度、相关行业的工作经验、个人的工作能力等方面提出更高的要求。

对处在重要工作岗位上的人员,如汽车销售和维修部门经理、技术主管、质检员等的培训,应根据标准具体的章节,逐条培训,使其深入理解标准在自己职责范围内的应用。对一般岗位的培训可集中讲解,也可根据岗位特点、部门范围分开讲解,对他们的培训可适当浅显一些,让其了解本岗位标准的表述。

培训主要放在企业所建立的汽车服务质量管理体系对相关岗位的规定和要求上,让其知道自己岗位的重要性和如何做才能符合相关文件的规定和要求。这就要求标准培训要多样化,可以请从事质量认证的咨询老师,也可参加公开的培训课程,还可由组织内部人员讲解,聘请高校教师授课,另外也可以结合体系的策划,在策划过程中进行体验,加深理解。

对高层领导的培训是非常重要的。高层领导需要了解质量管理的思想、领导作用,使其知道在汽车服务质量管理体系的实施和保持过程中,需直接参与哪些工作,如何对汽车服务质量管理体系进行策划,如何推动汽车服务质量管理体系的持续改进,团结全体员工共同做好质量工作,协调各个部门质量工作。

2. 明确质量方针,确定质量目标

在汽车服务质量方针提供的质量目标框架内制定汽车服务质量方针和质量目标。应根据汽车服务企业的宗旨、发展方向,确定与企业的宗旨相适应的质量目标以及相关职能和层次上的质量目标。汽车服务质量目标应是可测量的。

3. 质量管理体系策划

汽车服务企业应依据质量方针、质量目标,应用过程方法对组织应建立的汽车服务质量管理体系进行策划,并确保汽车服务质量管理体系的策划满足质量目标要求。在汽车服务质量管理体系策划的基础上,进一步对汽车服务实现过程进行策划,确保这些过程的策划满足所确定的汽车报务质量目标和相应的要求。

4. 确定职责和权限

汽车服务企业应依据汽车服务质量管理体系策划以及其他策划的结果,确定各部门、各过程及其他与质量工作有关人员应承担的相应职责,赋予相应的权限,并确保其职责和权限能得到有效实施。

高层管理者还应在管理层中指定一名管理者代表,代表高层管理者负责汽车服务质量管理体系的建立和实施。

5. 编制汽车服务质量管理体系文件

汽车服务企业的质量管理部门应依据汽车服务质量管理体系策划以及其他策划的结

果,确定汽车服务质量管理体系文件的框架和内容,在汽车服务质量管理体系文件的框架内确定文件的层次、结构、类型、数量和详略程度,规定统一的文件格式,编制汽车服务质量管理体系文件,质量体系文件如《交车程序及要求》《车轮动平衡要求》《喷漆作业质量要求》等,这些文件在网上有参考文本可查。

编制汽车服务质量体系文件遵循 5W1H 原则,即 Who、When、Where、What、Why、How。描述一件事情要具备"谁来做、什么时候做、在哪里做、做什么事、为什么做、怎么做及要求",至少要具备"谁在什么时候怎样做什么事"。质量文件的多少和繁简完全取决于汽车服务过程和活动的复杂性、过程接口的多少、员工的素质(包括教育程度、培训经历、技能水平、经验)等诸多因素。

6. 汽车服务质量管理体系文件的发布和实施

汽车服务质量管理体系文件在正式发布前应认真听取多方面意见,并经高层管理者签署发布。汽车服务质量管理体系文件的正式发布实施即意味着质量文件所规定的汽车服务质量管理体系正式开始实施和运行。部分质量要求可张贴在车间的墙上。

7. 学习汽车服务质量管理体系文件

在汽车服务质量管理体系文件正式发布或即将发布实施之前,认真学习汽车服务质量管理体系文件对汽车服务质量管理体系的真正建立和有效实施至关重要。各部门、各级人员都要通过学习,清楚地了解汽车服务质量管理体系文件对本部门、本岗位的要求以及与其他部门、岗位的相互关系的要求,只有这样才能确保汽车服务质量管理体系文件在整个企业内得以有效实施。

4.3.3 汽车服务企业质量管理体系的运行

汽车服务企业质量管理体系运行主要反映在两个方面:一是企业所有质量活动都要依据质量策划的安排以及汽车服务质量管理体系文件要求实施;二是企业所有质量活动都要提供实证,证实汽车服务质量管理体系的运行符合要求并得到有效实施和保持。汽车服务质量管理体系的运行有以下几个方面内容。

1. 全员参加

汽车服务质量管理体系文件发布与实施要有一定的时间间隔,对企业全体员工的培训时间的间隔可由汽车服务企业本身的规模和实际情况决定。各部门负责人应在文件发布后集中力量组织各岗位的培训,培训要全面,各岗位人员应全部参加,杜绝个别人尤其是各岗位的负责人对建立体系的懈怠情绪,对于培训不积极者应采取必要的措施,以保证培训的效果,培训质量是质量管理的一部分。企业管理者应加强引导、培训、督促和检查力度。汽车服务质量管理体系的建立不是某个人的事情,也不是某个领导的事情,它需要全体员工团结努力,全员参加。

2. 记录汽车服务质量管理体系实施的证据

汽车服务质量管理体系的实施要留下证据。质量记录是体系实施的主要证据,如《发动机大修过程检验单》(如表 4-1 所示)、《车辆入库检验单》和《交车检验单》等。记录不是唯一的证据,如汽车漆面维修照片、录像便是实施证据,而不一定拘泥于纸质媒体。质量记录证据要按规定程序收集、整理和保存,作为汽车服务档案,以备认证审核员认证、审查,必要时,对质量记录证据应请顾客签字认可。

表 4-1 发动机大修过程检验单

发动机大修过程检验单

编号:

施工编号			牌照号			车架号			送修日期	
厂牌型号			发动机型号			送修单位			修竣日期	
检验部件	检验内容			备注	检验部件	检验内容				备注
缸体	内径尺寸	缸号	部位	缸径						
				D_{max}	D_{min}					
		1	上			曲轴	主轴径尺寸	1		
			中					2		
			下					3		
		2	上					4		
			中					5		
			下					6		
		3	上					7		
			中				连杆轴径尺寸	1		
			下					2		
		4	上					3		
			中					4		
			下					5		
		5	上					6		
			中			活塞	最大裙部尺寸	1		
			下					2		
		6	上					3		
			中					4		
			下					5		
								6		
	上平面的平面度				缸盖	下平面的平面度				
检验员			发动机修理组			结论			备注	
检验日期			承修人							

3. 汽车服务质量管理体系审核

汽车服务企业在汽车服务质量管理体系运行一段时间后,应按策划的时间安排,进行内、外部审核,以确定汽车服务质量管理体系是否符合策划的安排,是否符合 GB/T

19001—2008标准要求,以及企业所确定的汽车服务质量管理体系要求是否得到有效实施和保持。

内部审核是企业自我评价、自我完善机制的一种重要手段,是汽车服务质量管理体系持续改进的措施之一。企业应按策划的时间间隔坚持实施内部审核。汽车服务质量管理体系内部审核每年至少要进行一次,一般应安排在企业认证审核前两个月,当企业内部机构做出重大调整、出现重大的顾客投诉或重大质量问题、企业的经营业绩停滞不前时,可以增加审核的次数。汽车服务质量管理体系外部审核由上级质量主管部门或认证机构决定。审核的内容有质量实施调研、文件审核、现场审核,要编写审核报告,提出纠正和预防措施。

4. 汽车服务质量管理体系的持续改进

汽车服务质量管理体系的保持比体系的建立更困难,是一项长期不懈的工作,它需要企业的管理者带头自觉执行,需要全体员工共同参与,共同去寻求体系改进的机会,以达到体系的持续改进。

(1) 高层管理者充分发挥领导和指挥作用,带动全体员工共同提高汽车服务质量。

高层管理者对汽车服务质量管理体系的重视和认知程度决定着汽车服务质量管理体系在企业中是否能真正、彻底地贯彻执行,高层管理者不仅要直接参与质量方针和质量目标的策划,更重要的是强有力地去监督和检查各个部门汽车服务质量管理体系的运行情况,带动全体员工共同提高汽车服务质量。

(2) 引导全体员工遵循"顾客导向"的汽车服务理念,提高顾客满意质量。

"顾客导向"意味着对顾客可能提出的要求做好准备。汽车维修质量和汽车服务质量到底是否合格,关键要看顾客是否满意,对于汽修企业来讲,最终提供给顾客的不仅仅是修好的汽车,更重要的是提供给他一整套汽车维修服务产品。

高层管理者应通过管理评审、内部审核和质量分析会以及召开会议的形式,提高各部门的管理者和员工满足顾客要求的意识,提高全员用高质量汽车服务满足顾客需求的意识。各个部门应通过管理例会、张贴标语、职工培训,特别是对发生在企业内部的案例进行剖析等方式,使各个岗位上的所有员工树立起以顾客为关注焦点的思想,在汽车服务中自觉地提高汽车服务质量。

4.3.4 汽车服务质量的检查与评估

要对汽车服务企业的汽车服务质量进行有效管理,除了必须找到出现质量问题的原因,同时还需要对企业的汽车服务质量进行检查,做出客观、公正的评估。汽车服务质量的准确评估不仅可为经营者提供顾客的质量标准信息,使经营者做出正确决策,而且能够激励汽车服务提供者不断改进汽车服务质量。

1. 汽车服务质量检查与评估的方法

1) 过程与结果的检查、评估相结合

汽车服务的无形性、不可分离性及顾客参与的特点,使顾客对汽车服务质量的评价不仅取决于其对汽车服务结果(技术性质量)的评价,也取决于对汽车服务过程(功能性质量)的评价。所以,汽车服务质量检查与评估,应将过程和结果的检查、评价结合起来,全面揭示影响顾客满意的汽车服务质量问题。

2)事前与事后检查、评价相结合

汽车服务质量的形成取决于期望和体验的对比,所以把事前评价(期望)和事后评价(消费体验)结合起来,并检查对比,才能正确反映顾客满意的形成过程,找到提高汽车服务质量的线索。

3)定性与定量检查、评价相结合

评价定量化有助于提高评价的科学性和可比性,但是汽车服务与汽车服务质量的特点决定了汽车服务质量评估不可能完全量化。而且,有些顾客满意信息也无法用定量指标来反映。汽车服务质量检查与评价中,必须把定量指标和定性指标结合起来,才能全面反映汽车服务质量方面的信息。

4)横向比较与纵向比较相结合

汽车服务质量评估要起到反映汽车服务现状和促进汽车服务改进的作用,就要运用比较的工具,边检查、边比较、边评价。与竞争对手横向比较,可以反映本企业汽车服务水平与同行竞争对手的差距,而纵向比较可以反映自身的发展。

5)主观评价与客观评价相结合

顾客对汽车服务质量的评价本身是个主观概念,反映顾客对汽车服务满足其需求的程度的主观评价。将顾客满意这个主观指标尽可能地客观化、定量化,从中找到一定的规律,促进汽车服务质量改进。但是,不管怎样努力,顾客满意指标的主观性质还是无法改变的,我们能做的只是尽量调和主观评价和客观评价的关系,使之能客观反映顾客的要求,且易于操作,易于反映到汽车服务设计和汽车服务改进中去。

6)全面评价和局部评价相结合

有时,我们需要全面了解顾客对我们汽车服务的满意评价;有时,只需了解顾客对汽车服务的某些方面的意见。不同的场合,需要的评价不同,例如推出新汽车产品、新汽车服务项目前的全面调查或简单的顾客满意反馈表,是获取顾客对新汽车产品、新汽车服务项目的局部评价,未扩大到整个汽车服务企业。

2. 汽车服务质量检查与评估的内容

可以从汽车服务的内容、过程、结构、结果及影响5个方面检查与评估汽车服务的质量。

(1)汽车服务内容的质量检查与评估。主要检查与评估汽车服务标准化程序中的汽车服务内容及相应的质量标准是否满足客户需求,本企业能否完成这些汽车服务内容及达到相应的质量标准,本企业的汽车服务质量标准是否符合相应的国家标准。

(2)汽车服务过程的质量检查与评估。主要检查与评估标准化汽车服务程序中的汽车服务流程是否恰当,员工是否执行了汽车服务流程,以及汽车服务流程中员工是否执行了相应的质量标准。标准化汽车服务程序可根据相应汽车服务内容和要求制订。对日常汽车服务而言,标准汽车服务流程已经制订,要求汽车服务的员工遵守这些既定程序的内容及执行相应的质量标准。汽车服务过程中的质量检验有:新车及新汽车配件的检验(入库、出库检验,向客户交车前的检验)、汽车维修中的质量检验(汽车进厂、竣工出厂检验,使用新的零部件前的检验)等。

(3) 汽车服务结构的质量检查与评估。检查与评估汽车服务系统的有形汽车服务设施和组织设计是否充足。有形汽车服务设施和辅助设备只是结构的一部分,人员资格和组织设计也是重要的质量因素。通过与设定的质量标准相比较,可以判定有形汽车服务设施是否充足,人员水平和汽车服务技术资格等是否达到要求汽车服务的质量标准。

(4) 汽车服务结果的质量检查与评估。检查与评估最终汽车服务结果,包括技术和功能质量,如检查与评估汽车维修后的表面质量、功率、油耗,检查汽车返修质量,鉴定汽车维修事故,了解服务态度,调查顾客满意度等。技术质量的检查与评估要使用测试仪器和设备。顾客抱怨是反映质量结果最有效的指标之一,监督和跟踪调查是获得顾客对汽车服务结果评价的方法。

(5) 汽车服务影响的质量检查与评估。检查与评估汽车服务对顾客的长期影响。注意老顾客的保持和新的顾客的增长,可用二维数表或曲线图、直方图等表示。

4.4 汽车服务企业技术管理

1. 汽车服务企业技术管理的主要任务和内容

汽车服务企业技术管理的主要任务是正确使用汽车服务技术、推动企业技术进步,通过汽车服务企业技术管理,不断提高企业的汽车服务能力和质量,从而取得高的经济效益。

内容如下:

(1) 正确贯彻执行国家关于车辆方面的技术法规。

在汽车销售、维修、美容等汽车服务中,要正确贯彻执行国家关于车辆安全、排放、噪声、油耗方面的技术法规,此外,还要注意环境保护。

(2) 建立良好的汽车服务技术秩序,保证企业汽车服务经营的顺利进行。

良好的汽车服务技术秩序,是保证企业汽车服务顺利进行的必要前提。汽车服务企业要通过技术管理,使各种汽车服务设备和工具保持良好的技术状况,为汽车维修、美容提供先进合理的工艺规程,并要严格执行汽车服务技术责任制和质量检验制度,及时解决汽车服务中的技术问题,从而保证企业的汽车服务经营顺利进行。

(3) 提高企业的汽车服务技术水平。

汽车服务企业要通过各种方式和手段,提高员工汽车服务技术水平和汽车服务设备的水平,尤其是新车型、新的汽车技术出现时,如柴油机燃油电子喷射系统、全主动悬架系统、双离合器、电子防盗系统及自我诊断系统等新产品、新技术,更需要提高员工汽车服务技术水平,增加相应的汽车服务设备,以适应汽车技术的发展。

(4) 开展汽车服务技术研究活动,努力开发汽车服务新技术、新设备。

汽车服务企业必须发动员工开展汽车服务技术研究活动,努力钻研汽车服务技术,积极开发汽车服务新技术、新设备,不断满足汽车服务需求,开拓汽车服务新市场。

2. 汽车服务企业技术管理的措施

汽车服务企业技术管理的措施如下。

(1) 通过建立汽车服务技术体系，开展汽车服务技术工作。

汽车服务企业各部门的汽车服务技术关联性较大，应建立汽车服务企业的技术部门或汽车服务企业领导下的各部门为分中心的技术体系，各部门下的班组和员工根据自己的汽车服务工作，开展技术工作。如汽车销售、发动机、底盘维修班组分别围绕相应的技术工作，并对外交流，这有利于汽车服务水平和质量的提高，有利于企业拓展和深化汽车服务经营项目。

(2) 通过汽车服务技术培训、研究，提高员工汽车服务技术水平。

员工进企业时，要考核汽车服务技术水平，以提高汽车服务技术水平的起点。员工进企业后，要通过汽车服务技术培训、研究，提高其汽车服务技术水平和技术响应能力。如参加汽车生产厂家技术培训、企业内部技术培训、个人先进技术推广。外出培训费用、费时较高时，可采用由点到面技术推广方法，即一人培训，再推广技术，共同受益。

(3) 通过购制、开发设备，提高设备水平。

购制新的汽车服务设备，是提高企业汽车服务设备技术水平最快的方法。在此基础上，可开展使用新的设备的适应性技术熟练和改进。倡导员工改进、开发汽车服务设备，发明适合本企业的专用汽车服务设备；倡导申请国家专利，保护汽车服务技术成果。

(4) 通过汽车服务技术档案管理，提高汽车服务技术资料水平。

国家关于车辆方面的技术法规、汽车使用和保养说明书、维修记录、保养记录、汽车服务技术培训资料等，要作为汽车服务技术档案保存，供员工查阅，以提高汽车服务技术资料水平。

复习思考题

1. 简述汽车服务质量的概念。
2. 汽车服务质量的构成是什么？
3. 汽车服务质量问题产生的原因有哪些？
4. 汽车服务企业应从哪几个方面制定汽车服务质量管理规划？
5. 简述汽车服务质量标杆管理。
6. 简述汽车服务蓝图的制定步骤。
7. 简述汽车服务质量差距管理。
8. 简述全面质量管理及其特点。
9. 简述全面质量管理的八大原则。
10. 简述 ISO 9000 质量管理体系认证。
11. 简述 ISO 9000 质量管理体系认证的一般步骤。
12. 建立汽车服务企业质量管理体系的基本步骤是什么？
13. 如何理解全员参加汽车服务企业质量管理体系的运行？
14. 简述汽车服务企业技术管理的主要任务和内容。

第 5 章

汽车服务企业人力资源管理

人是生产诸要素中最重要的因素,也是汽车服务企业各种资源中最宝贵的资源。人力资源是汽车服务企业运营和发展的基础,直接影响汽车服务企业的运营状况。汽车服务企业活力的源泉在于企业中的全体员工的整体素质,没有高素质的员工,汽车服务企业的服务质量就难以提高。对人力资源的有效利用是汽车服务企业不断提高竞争力,保持竞争优势的必要条件。在汽车服务企业管理中,要把人力资源开发与管理工作放在汽车服务企业发展的战略高度。无论企业大小,都需要重视人力资源的管理工作。

5.1 人力资源管理概述

1. 人力资源管理的定义

人力资源管理就是指运用现代化的科学方法,对与一定物力相结合的人力进行合理的培训和调配,使人力、物力经常保持最佳比例,同时对人的思想、心理和行为进行恰当的诱导、控制和协调,充分发挥人的主观能动性,使人尽其才、事得其人、人事相宜,以实现汽车服务企业的发展目标。人力资源管理是选择人、培育人、使用人和激励人的工作。

2. 人力资源管理的任务和职能

汽车服务企业人力资源管理工作的主要任务就是在汽车服务企业内部制定各种有关的人事制度,使之有利于充分发挥员工的才干,从而圆满地实现汽车服务企业的各种目标,通过改进员工的职责、技能和动机来调动员工的积极性和提高工作效率。

汽车服务企业人力资源管理的主要职能包括:

1) 人力资源配置

主要指经过人力资源规划,确定需要招聘的职位、部门、数量、时限、类型等,再进行工作分析,确定空缺职位的工作性质、工作内容以及胜任该工作的员工应具备的条件和资格。如汽车维修人员应选择在专业院校接受过专业培训或者高等教育的,汽车技术管理人员则必须具有相当的汽车知识和实践经验等,其他人员都应该对相关领域有一定知识储备,并熟悉汽车服务行业。

2) 绩效考核

主要体现在人尽其用,要坚持对员工的绩效实施考核评估制度,对于绩效显著的员工给予奖励和升迁,而对于那些绩效差的员工适当采取降级、惩罚、解雇等措施,真正做到赏罚分明。

3）建立薪酬体系与激励体系

"能者多劳，多劳多得，赏罚结合"是汽车服务企业薪酬管理的基本法则，对员工的态度和执行力有直接影响，要用有限的资金最大限度上调动员工的积极性。

4）人事制度建设

人事制度建设主要包括对公司各职能部门的设置、编制、调整、撤销，囊括员工的面试、录用、入职、转正、岗位异动（晋升、平级调选、降职等）和离职的相关规章制定。

5）劳动关系管理

它包括与员工签订劳动合同，处理员工与公司之间可能出现的纠纷，规范员工的权利和义务，建立员工投诉制度，根据相关的法律法规处理员工管理的问题等。

6）招聘与培训

招聘是通过各种信息传播渠道，把可能成为企业员工的人吸引到企业应聘，实现员工个人与岗位的匹配，也就是人与事的匹配。培训包括对新招聘来的员工进行一定时间的教育，如企业发展现状和远景、企业宗旨和价值观等，还有对现有员工用不同方式进行培训，达到提高员工的水平。尤其是在这个许多汽车服务全靠师傅带徒弟这样的经验之作的时代，维修质量好坏都全看经验，因此，加强人才培养是当务之急。

5.2 汽车服务企业的人力资源配置

5.2.1 汽车服务企业的人力资源规划

1. 人力资源规划的概念

汽车服务企业人力资源规划就是企业的人事管理者根据本企业的汽车服务工作类型（汽车销售、维修等）和需求，通过工作分析确定职务数额与岗位责任，并通过管理与规划，确保在恰当的时间，为各个职位配备恰当数量、质量与类型的工作人员，保障本企业汽车服务工作的顺利开展和企业目标的实现。其中包括对企业现有工作岗位的评价及根据企业未来发展战略对人才需要情况的预测。

2. 人力资源规划的内容

对于准备组建的汽车服务企业来说，人力资源规划是首先要做的工作。需要从汽车服务工作设计入手，通过工作设计与分析，确定汽车服务工作岗位、人员数量、工作内容和职责、考核标准、员工素质，制订工作规范与工作说明书，并以书面的方式进行说明。

而对于已经存在的汽车服务企业来说，人力资源规划是一项重要的常规工作。通过工作分析、评价与检查当前各汽车服务职位的情况，确定现有的员工与工作是否匹配，及未来企业发展的趋势对工作岗位的要求，并对员工需求进行预测；在工作分析的基础上，做出人力资源的调配方案；根据劳动力市场、职业市场的状况及未来地区经济发展的趋势做出进人计划，满足企业对人力的需要；此外，要对内部员工进行审视，初步核定内部晋升的候选人，为企业培养骨干人才。

汽车服务企业的工作人员，包括技术管理人员、技术工人、质量检验人员和财务人员。根据国家的有关规定，二类汽车维修企业需要具备以下基本人力条件。

（1）技术管理人员中应至少有一名具有本专业知识并取得任职资格证书，为本企业正式聘用的工程师或技师以上的技术人员，技术人员人数应不少于生产人员人数的5%。

（2）技术工人工种（如汽车发动机维修工、汽车底盘维修工、汽车维修电工、高级汽车维修钣金工等，其他工种不低于中级）设置应该与企业从事的生产范围相适应，各种技术工人必须经专业培训，取得工人技术等级证书，并经行业培训，取得上岗证，持证上岗。国家规定的二类汽车维修企业专项修理人员要求如表5-1所示。

表 5-1 国家标准规定的专项修理项目人员要求

项目名称	车身	涂漆	内装饰	电气仪表修理	蓄电池修理	散热器油箱修理	轮胎修补	安装汽车门窗玻璃	空调器暖风机修理	喷油泵化油器修理	曲轴修磨	汽缸镗磨	车身清洁维护
人员要求	钣金工中级一人	漆工中级一人	缝工中级一人	电工中级一人	蓄电池维修工中级一人	散热器工中级一人	轮胎工中级一人	木工中级一人	空调维修工中级一人	发动机维修工中级一人	镗磨工中级一人	镗磨工中级一人	车身清洁三人

（3）专职检验人员必须经过主管部门专业培训、考核并取得"质量检验员证"，持证上岗。应有一名质量总检验员和至少两名质量检验员；应至少配备一名经正规培训取得正式机动车驾驶证的试车员，其技术等级不低于中级汽车驾驶员。试车员可由质量总检验员或质量检验员兼任。

（4）汽车维修企业至少有两名经过专业培训并取得"会计证"的财务人员，其中有一名是经过行业培训的财务结算人员。

5.2.2 汽车服务企业的工作岗位分析

工作分析就是全面地收集某工作岗位的有关信息，对该工作从工作内容、责任者、工作岗位、工作时间、怎样操作以及为什么要这样做六个方面开展调查研究，然后再将工作的任务要求、责任、权利等进行书面描述整理成文形成工作说明书。

工作说明书主要为招聘、调配员工提供具体的参考标准。工作说明书主要包括以下两方面内容：

（1）工作描述。对汽车服务岗位的名称、职责、工作程序、工作条件与工作环境等方面进行一般说明。

（2）岗位要求。说明担负该工作的员工所应具备的资格条件如工作经验、专业技能、学历、体格、心理素质等方面的要求。

5.2.3 汽车服务企业的员工配置

汽车服务企业的员工配置包括通过定员确定部门员工的数量，通过招聘增加企业员工，通过调配、晋升、降职、转岗等职务变动使人员使用趋向合理。

1. 定员

定员是指确定汽车服务部门或工作组员工的数量和员工所在工作部门。部门或工作组员工的数量是根据汽车服务工作的任务和需求来确定的,员工所在工作部门是根据员工的能力或汽车服务工作的需要来确定的。

在汽车服务企业员工数量的配置中,要坚持工作任务与需求匹配的原则。人员数量少,员工任务重,会影响员工的身体和工作质量;人员数量多,员工任务少,会人浮于事和降低员工收入,影响员工的工作积极性。

在汽车服务企业员工所在工作部门的配置中,要坚持能职匹配的原则,坚持所配置人员的知识、素质、能力与岗位的要求相匹配。一定要从专业、能力、特长、个性特征等方面衡量人与职位之间是否匹配,做到人尽其才,职得其人。

2. 增加员工

通过招聘增加企业员工的数量和满足一定要求的高素质员工。增加员工的数量是根据汽车服务要求和汽车服务任务确定的。汽车服务企业营销和维修技术人员最好是选择在专业院校接受过专业培训及高等教育的人才。汽车技术管理人员必须具有相当丰富的汽车专业知识和实践经验,并接受过企业管理培训。其他人员也要有相关的知识,并熟悉汽车服务行业。

选拔员工外出培训学习可增加员工的技能,这是企业员工配置和发展的需要,也是上级汽车制造厂商为汽车后市场培养人才的需要。人事部门要选拔对企业忠诚的优秀员工进行培养,并签订劳动合同,要避免出现员工培训后立刻跳槽的现象。

3. 职务变动

职务变动包括调配、晋升、降职、转岗。调配是为满足企业汽车服务工作的需要,对企业内部员工进行工作调动,填补企业空缺岗位、强化某汽车服务部门或组建新的汽车服务部门;晋升是提升员工的职位,如由普通员工提升为部门经理;降职是降低领导职务,如由副总经理降为部门经理。转岗是改变某些员工的工作岗位,将其转到更合适的岗位。人事部门要为员工办理职务变动手续。员工进企业由人事部门负责签订劳动合同,员工离开企业由人事部门负责办理离职手续。

5.3 汽车服务企业人力资源的绩效考核

绩效管理是指组织为实现发展战略目标,采用科学的管理方法,通过对员工个人或组织的综合素质、态度行为和工作业绩的全面监测分析与考核评定,不断激励员工,改善组织行为,提高综合素质,充分调动员工的积极性、主动性和创造性,挖掘其潜力,最终实现提高汽车服务企业核心竞争力的目标。

5.3.1 考核的功能及目的

考核的功能及目的如下：
(1) 为员工的晋升、降职、调职和离职提供依据；
(2) 企业对员工绩效考评的反馈；
(3) 为员工和团队对企业的贡献进行评估；
(4) 为员工的薪酬决策提供依据；
(5) 为招聘选择和工作分配的决策进行评估；
(6) 了解员工和团队培训和教育的需要；
(7) 对培训和员工职业生涯规划效果进行评估；
(8) 为工作计划、预算评估和人力资源规划提供信息。

5.3.2 考核的原则

1. "公平、公正、公开"原则

公开与开放的原则要求绩效管理必须建立在公开性、开放式的基础之上。开放式的绩效管理系统，首先应体现在评价上的公开、公正、公平性，借此才能取得上下级的认同，使绩效管理得以推行；其次评价标准必须十分明确，上下级之间可通过直接对话、面对面的沟通，进行绩效管理工作。实现绩效管理活动的公开化，破除神秘感，进行上下级之间的直接对话，将技能开发与员工的发展要求引入考评体系。

2. 反馈与修改的原则

反馈与修改的原则要求及时反馈绩效管理的结果，将正确的行为、方法、程序、步骤、计划、措施坚持下来，发扬光大；将不足之处加以修正和弥补。

3. 定期化与制度化原则

绩效管理是一种连续性的管理过程，因而必须定期化、制度化。绩效管理既是对员工能力、工作绩效、工作态度的评价，也是对未来行为表现的一种预测。因此只有程序化、制度化地进行绩效管理，才能真正了解员工的潜能，调动员工的积极性。

4. 可靠性与有效性原则

可靠性又称为信度，是指某项测量的一致性和稳定性。绩效管理的信度是指绩效管理方法保证收集到的人员能力、工作态度、工作绩效等信息的稳定性和一致性，它强调不同评价者之间对同一个人或同一组评价的结果大体一致。如果绩效管理因素和绩效管理尺度是明确的，那么考评者就能够在同样的基础上评价员工，从而有助于改善绩效管理的可靠性。

有效性又称为效度，是指某项测量能有效地反映其所测量内容的准确程度。绩效管理的效度是指测量员工的工作能力、态度、行为与成果的准确性程度。客观、准确、全面地评鉴员工的工作绩效有利于最大限度地调动员工的积极性、主动性和创造性。

可靠性与有效性是保证绩效管理科学性的充要条件,所以一个绩效管理体系要想获得成功,就必须具备良好的信度和效度。

5. 可行性与实用性原则

可行性是指任何一个绩效管理方案所需的时间、人力、物力、财力,要能够被使用者及其实施的客观环境和条件所允许。因此,在制订绩效管理方案时,应根据绩效管理的目标和要求,合理地进行方案设计,并对绩效管理方案进行可行性分析。

5.3.3 绩效考评的程序和方法

1. 绩效考评的类型

1) 按考评对象分类

按照考评的对象不同,可将绩效考评分为以下四种形式。

(1) 上级考评。管理人员是被考评者的上级主管,这类人员对被考评者承担着直接领导、管理与监督责任,对下属人员是否完成任务,达到预定的绩效目标等实际情况比较熟悉了解,而且思想上也没有更多的顾忌,能较客观地进行考评,所以在绩效管理中,一般以上级主管的考评为主。其考评分数对被评考者的影响很大,占据60%~70%。

(2) 同级考评。同事通常与被考评者一起工作,密切联系,相互协作,相互配合,被考评者的同事比上级更清楚了解被考评者,对其潜质、工作能力、工作态度和工作业绩了如指掌,但他们参与评价时,经常受到人际关系的影响。所以在绩效管理中,同级的考评有一定的份额,但不会过大,应控制在10%左右。

(3) 下级考评。被考评者的下级与上述考评者不同,他们作为被考评者的下属,对其工作中的一言一行有亲身的感受,而且有其独特的观察视角。但他们对被考评者容易心存顾虑,致使考评结果缺乏客观性,应控制在10%左右。

(4) 自我考评。被考评者对自己的绩效进行考评,能充分调动被考评者的积极性,特别是对那些以"自我实现"为目标的人显得更为重要。但在绩效管理中,由于自我考评容易受到个人因素的影响,使其有一定的局限性,所以其评定结果在总体评价中一般控制在10%左右。

2) 按考评内容分类

根据考评的内容不同,可以将绩效考评分为能力考评、态度考评、业绩考评等方式。

(1) 能力考评

在企业管理中,与一般的能力测量不同,员工能力考评是考评员工在岗位工作过程中显示和发挥出来的能力,依据员工在工作中的行为和表现,参照标准或要求,评价他的能力发挥得如何,判断其能力。能力考评是根据工作岗位说明书人员规格的要求,对员工所应具备的能力素质进行评价的过程。

(2) 态度考评

工作态度考评要剔除本人以外的因素和条件。由于工作条件好,而做出了好的成绩,如果不剔除这一运气的因素,就不能保证考评的公正性和公平性。相反,由于工作条件不好,使业绩受挫,并非个人不努力的原因,在进行业绩管理时,需要充分考虑,这是态度考评和业绩考评的不同之处。另外,态度考评与其他项目的区别是,不管你的职位高低,不管你的能力大小,态度考评的重点是工作的认真度、责任度,工作的努力程度,是否有干劲、有热情,是否忠于职守,是否服从命令等。

(3) 业绩考评

业绩考评是对员工承担岗位工作的成果所进行的评定和评估,业绩考核是现代组织不可或缺的管理工具。它是一种周期性检讨与评估员工工作表现的管理系统,是指主管或相关人员对员工的工作做出的系统评价。有效的业绩考核,不仅能确定每位员工对组织的贡献或不足,更可在整体上对人力资源的管理提供决定性的评估资料,从而可以改善组织的反馈机能,提高员工的工作业绩,更可激励士气,也可作为公平合理地酬赏员工的依据。

案例:

王经理是某企业生产部门的主管,今天他终于费尽心思完成了对下属人员的绩效考评并准备把考评表交给人力资源部。绩效考评表格表明了工作的数量及合作态度等情况,表中的每个特征都分为五等:优良、良好、一般、及格和不及格。所有的员工都完成了本职工作,除了小李和小孙外,大部分都顺利地完成了王经理交给他们的额外工作。

小张曾经对王经理做出的一个决定表示过不同意见,在"合作态度"一栏被记为"一般",因为意见分歧只是工作方式的问题,所以王经理没有在表格的评价栏上作记录。

另外,老汪家庭比较困难,王经理就有意识地提高了对他的评价。他想通过这种方式让老汪多拿绩效工资,把帮助落到实处。

此外,小蔡的工作质量不好,也就是达到及格,但为了避免难堪,王经理把他的评价改为一般。这样,员工的评价就分布于"优秀""良好""一般",没有"及格"和"不及格"了。王经理觉得这样做,可以使员工不至于因为绩效考评低而不满;同时上级考评时,自己的下级工作做得好,给自己的绩效考评成绩也差不了。

案例分析

(1) 指标的设立过于简单。本案例中主要对工作质量、数量和合作态度进行考核,这样过于简单。所以,除了对工作质量和产量进行评估外,还应对原材料消耗率、能耗、出勤及团队合作等方面综合考虑,逐一评估,尽管各维度的权重可能不同。

(2) 评估指标没有量化。比如将超额完成10%~20%定为"优秀",而王经理对完成本职工作任务的都给了"优秀",显然缺乏科学性和公正性。

(3) 考评主体单一。只有王经理对下属进行评价,很容易造成主观性,并且感情用事,失去了评估的公平性。

(4) 考评中缺乏沟通的环节。如在评估之前能发现小张的工作质量不合格,与小张及时沟通,共同分析质量不好的原因,就有可能减少损失。

(5) 对考评者缺乏监督机制。对绩效评估者来说,他是下属职员的评估者,其职责是更好地领导下属,改正自己的不足。

2. 人力资源管理人员所必备的常识

(1) 绩效管理工作中,人力资源管理人员应该关注企业高层关注的方向及企业发展方向,考核的方向就是员工努力的方向。考核的方向很重要。

(2) 在绩效管理中,应建立科学的绩效管理体系,预防未知的难题。建立科学合理的、考虑到各方面因素的绩效考核体系,是一个企业发展的重要环节。

(3) 进行绩效工作时,应该进行广泛的宣传,争取得到高层领导的支持,各个部门负责人和企业每位员工的配合,让公司的每个成员都认识到自己的价值及自己的绩效。

(4) 组织绩效主要以定量指标为主,岗位绩效需要结合定量与定性指标。

(5) 人力资源管理部门在绩效考核细则设计中,如果选定了绩效考核的方法,应根据企业的发展战略,制定企业年度发展目标方针、部门目标方针,甚至细化到个人目标方针,进行员工岗位绩效考核细则的设计。

(6) 在制定考核绩效细则时,人力资源部门负责人员应与部门员工加强沟通,首先明确出各岗位的共性指标和一票否决性指标。比如:规章制度、培训、礼仪、重大安全等。如果对这类指标各部门都能认可,员工和各部门就只需要针对个性化指标和奖励性指标进行设计。

(7) 绩效考核的指标可以进行动态实时调整,而不是一成不变的,其主要目的是帮助员工提升工作效率,规范员工行为。

(8) 需要跟员工不断沟通绩效考核细则中的内容并进行优化,否则很难落实。

(9) 企业应建立绩效考核委员会,针对绩效打分提出委员会建议,并请企业高层定夺。

(10) 绩效考核的结果应与薪酬挂钩,与人事调整挂钩。奖励绩效优异的员工,让其他员工感受到绩效的作用。

5.4　人力资源的薪酬与激励

汽车服务业的薪酬是用人单位为获得劳动者提供的劳动支付给劳动者的劳动报酬,这种劳动报酬可以是实物形态的,也可以是非实物形态的。一般而言,薪酬包括:以工资、奖金和福利等形式支付的直接货币报酬;以保险、休假等各种间接货币直接支付的福利。

5.4.1　薪酬的含义、作用与意义

1. 薪酬的含义

薪酬是员工为企业提供劳动而获得的各种货币与实物报酬的总和,可以包括工资、奖金、津贴、提成工资、劳动分红、福利等。从某种意义上来说,薪酬包括工资、奖金、休假等外部回报,也包括参与决策、承担更大的责任等内部回报。

外部回报是指员工因为雇佣关系从自身以外所得到的各种形式的回报,也称外部薪酬。外部薪酬包括直接薪酬和间接薪酬。直接薪酬是指员工薪酬的主体组成部分,包括员工的基本薪酬,即基本工资,周薪、月薪、年薪等;也包括员工的激励制度,如绩效政策、红利和利润分成等。间接薪酬及福利,包括公司向员工提供的各种保险、非工作日工资、额外的津贴和其他服务,比如单身公寓、免费工作餐等。

内部回报是指员工心理上感受到的回报措施,主要体现为一些社会和心理方面的回报,例如参与企业决策、获得更大的工作空间或权限等。内部回报往往看不见也摸不着,对于企业来说不是简单的物质付出,如果运用得当,也能对员工产生较大的鼓励作用。然而,在管理实践中,内部回报方式经常会被管理者忽视。管理者应当认识到内部回报的重要性,并合理地利用。

2. 薪酬的作用与意义

(1) 决定人力资源的合理配置与使用。

薪酬一方面代表着劳动者可以提供的不同劳动力的数量和质量,反映了劳动力供给方面的特征;另一方面代表着用人单位对人力资源需要的种类、数量和程度,反映了劳动力需求方面的特征。薪酬体系的作用就是要运用薪酬这个人力资源中最重要的经济参数,来引导人力资源向合理的方向运动,从而实现企业目标的最大化。

(2) 影响员工的汽车服务效率。

薪酬是激励员工提高劳动效率的主要杠杆。在汽车服务企业中,应将其视为影响员工汽车服务效率的主要杠杆,要利用工资、奖金、福利等物质报酬激励劳动者。劳动者通过个人努力获得高薪,是对其汽车服务价值的肯定,从而提高其汽车服务的积极性和创造性,提高汽车服务企业员工的汽车服务效率。

(3) 有利于稳定员工队伍。

如果薪酬标准过低,劳动者的基本生活就会受到影响,劳动力的耗费就不能得到完全的补偿,会造成员工离开企业,影响员工队伍稳定;如果薪酬标准过高,又会对汽车服务成本造成较大影响。因此,合适的员工工资标准,才有利于保证汽车服务企业员工队伍稳定。

5.4.2 薪酬管理的目标、原则和内容

1. 企业员工薪酬管理的基本目标

企业员工薪酬管理的基本目标如下:
(1) 保证薪酬在劳动力市场上具有竞争性,吸引并留住优秀人才。
(2) 对各类员工的贡献给予充分肯定,使得员工及时得到相应的回报。
(3) 合理控制企业人工成本,提高劳动生产效率,增强企业产品的竞争力。
(4) 通过薪酬激励机制的确立,将企业与员工长期、中短期经济利益有机结合在一起,促进公司与员工结成利益关系的共同体,谋求员工与企业的共同发展。

2. 企业薪酬管理的基本原则

实际上薪酬原则是一个企业给员工传递信息的渠道,也是企业价值观的体现。它告诉员工:企业为什么提供薪酬,员工的什么行为或结果是企业非常关注的,员工薪酬的构成是为了对企业员工的什么行为或结果产生影响,员工的哪些方面有待提高。目前,企业普遍认为进行有效的薪酬管理应遵循以下原则:对外具有竞争性原则,对内具有公正性原则,对员工具有激励性原则,对成本具有控制性原则。

3. 企业薪酬管理的内容

1) 企业员工工资总额管理

工资总额管理不仅包括工资总额的计划与控制,还包括工资总额调整的计划与控制。国家统计局对于工资总额的组成有明确的规定,工资总额的组成为:

工资总额=计时工资+计件工资+津贴和补贴+加班加点工资+特殊情况支付的工资

事实上,对于国家来说,工资总额的准确统计是国家从宏观上了解人民的收入水平、员工的生活水平,计算离退休金、有关保险金和经济补偿金的重要依据;对于企业来说,工资总额是人工成本的一部分,是企业掌握人工成本的主要信息来源,是企业进行人工成本控制的重要方面。因此,必须充分认识工资总额统计核算的重要性。由于工资总额的调整在所难免,因此确定工资总额调整的幅度也是十分重要的。

2) 工资

工资包括基本工资和津贴。基本工资是员工收入的基本组成部分,是根据员工的绩效、能力给付的基本报酬形式,如计时工资、计件工资、职务工资、职能工资等。基本工资比较稳定,是确定退休金的主要依据。津贴是对员工在特殊条件下工作时额外劳动的消耗、额外的生活费用,以及对员工的生理或心理带来的损害而进行的物质补偿,津贴分地域性津贴、生活性津贴、劳动性津贴等。

3) 奖金

奖金是对员工有效超额劳动的报酬,是基本工资的补充形式,根据员工的业绩和公司经济效益状况给予。奖金分考勤奖金、效益奖金、项目奖金、季度奖金、年度奖金、年终奖金、红包奖金等。

4) 福利

福利是汽车服务企业通过集体购置集体生活设施、提供劳务和建立补贴制度等方式,以解决员工在物质与精神生活上的普遍性需求或特殊困难而建立的公益性事业。福利分社会保障福利和用人单位集体福利等,有失业保险、人寿保险、遣散费、带薪休假、健康保障、工伤补偿、退休福利等。

5.4.3 汽车服务企业的薪酬机制

1. 政府主导型

政府主导型机制主要是通过行政的、指定的、计划的方法来直接确定不同种类、不同质量的各类劳动者的薪酬水平、薪酬结构,从而引导人力资源的配置,如政府给出当地最低工资标准。

2. 市场主导型

市场主导型机制实质上是一种效率机制,它主要是通过劳动力的流动和汽车服务市场竞争,在供求平衡中所形成的薪酬水平和薪酬差别来引导人力资源的配置,用人单位根据汽车服务市场、员工的能力和贡献、企业需求等确定员工的工资。

案例：

东海设备有限公司在节能产品上不断开发，在推向市场的三年里，市场占有率提升了12%，销售额增长了135%。公司为了开拓各地区销售市场，建立了区域分公司，组织体制实行了总公司与分公司的结构。缺乏高级管理人员是企业发展的瓶颈之一。

6个月前，经过猎头公司的推荐和总经理的严格面试，来自跨国公司的刘锐成为公司的财务总监。公司总经理希望能把跨国公司的规范的薪酬管理制度在本公司建立起来，并在两年内全面推行ERP系统。考虑到刘锐现有的薪酬状况，总经理同意猎头公司的提议，给了他较高的薪酬，同时总经理指示人力资源部要对刘锐的薪酬水平严格保密。

世上没有不透风的墙，4个月之后，销售总监张磊闯入了总经理的办公室，对刘锐的薪酬表示强烈不满。张磊是公司的功臣，对公司的发展做出了重要贡献。在随后的管理会议上，总经理也发现大家对刘锐的态度冷漠了，工作上也不愿意大力配合。

总经理感到苦恼：没有高工资引不来像刘锐这样的高端人才，而大幅提升所有管理人员的薪酬水平也是不现实的，应当如何缩小员工之间的薪酬差距？

案例分析

要使企业建立合理的薪酬结构体系，建议注意以下几方面内容：

(1) 根据岗位和薪酬调查，制定符合公司战略的薪酬结构。

(2) 根据公司人才战略，制定具有吸引力的薪酬结构，吸引战略性人才加入。

(3) 对于高层管理者，应加大长期激励的制度，例如股票、期权、长期福利等，以此来吸引和保留高层管理者。

(4) 在之后的薪酬调整中，高度关注新老高层管理者的薪酬差距，通过评价和监督来制定合理的加薪制度，从而逐渐减少纯粹由于加入公司时间不同而造成的薪酬差距。

(5) 体现企业员工共同发展的原则，在企业不断发展的同时，逐步提高公司员工整体收入。

5.4.4 汽车服务企业的薪酬体系建立

汽车服务企业的薪酬体系是企业从人力投资和激励机制的角度出发，为员工提供的有形与无形酬劳的总和。薪酬体系的建立是一项复杂而庞大的工程，不能只靠文字的堆砌和闭门造车式的思考来完成薪酬体系的设计。设计汽车服务企业的薪酬体系应该遵循以下几个基本程序。

(1) 合理而详尽的汽车服务岗位分析。岗位分析也可称为工作分析或岗位描述，即根据汽车服务企业发展战略的要求，采用问卷法、观察法、访谈法、日志法等，对汽车服务企业所设的各类岗位的汽车服务工作内容、工作方法、工作环境以及工作执行者应该具备的知识、能力、技能、经验等进行详细的描述、分析，最后形成汽车服务岗位说明书和工作规范。

岗位分析是汽车服务企业薪酬体系的基础，分析活动需要汽车服务企业人力资源部、员工及其主管上级通过共同努力和合作来完成。员工的工资都是与自己的工作岗位所要求的工作内容、工作责任、任职要求等紧密相连的。因此，科学而合理地分配薪酬必须同员工所从事工作岗位的内容、责任、权利、任职要求与在汽车服务企业中的价值相适应。这个价值是通过科学的方法和工具分析得来的，它能够保证薪酬的公平性和科学性，也是破除平均主义的必要手段。

(2) 公平合理的汽车服务岗位评价。岗位评价是在对汽车服务企业中存在的所有岗位的相对价值进行科学分析的基础上,通过分类法、排序法、要素比较法等方法对岗位进行排序的过程。要充分发挥薪酬机制的激励和约束作用,最大限度地调动员工的工作主动性、积极性和创造性,在设计汽车服务企业的薪酬体系时就必须进行岗位评价。

(3) 汽车服务企业的薪酬市场调查。薪酬市场调查就是通过各种正常的手段获取相关汽车服务企业各职务的薪资水平及相关信息。对薪酬市场调查的结果,会成为汽车服务企业的薪资体系决策的有效依据。

(4) 汽车服务企业薪酬体系方案的草拟。在完成了上述三个阶段的工作,掌握了详尽的资料之后,才能进行汽车服务企业薪酬方案的草拟工作。薪酬体系方案的草拟就是要在对各项资料及情况进行深入分析的基础上,运用人力资源体系的知识,完成汽车服务企业的薪酬体系的书面设计工作。

(5) 汽车服务企业的薪酬体系方案的测评。汽车服务企业的薪酬体系方案草拟结束后,不能立刻实施,必须对草案进行认真的测评。测评的主要目的是通过模拟运行的方式来检验草案的可行性、可操作性,预测薪酬体系草案的双刃剑作用是否能够很好地发挥。

(6) 汽车服务企业的薪酬体系方案的宣传和执行。经过认真测评以后,应对测评中发现的汽车服务企业薪酬体系草案中存在的问题和不足进行调整,并最终确定为薪酬体系方案,然后就可以对薪酬体系方案进行必要的宣传。薪酬体系方案不仅要得到汽车服务企业上中层管理者的支持,更应该得到广大员工的认同。经过充分的宣传、沟通和培训,薪酬体系方案即可进入执行阶段。

(7) 汽车服务企业的薪酬反馈及修正。汽车服务企业薪酬体系方案在执行过程中的反馈和修正是必要的,这样才能保证薪酬制度长期、有效地实施。另外,对薪酬体系和薪酬水平进行定期的调整也是十分必要的。

5.4.5 汽车服务业的薪酬体系设计过程中应该注意的问题

汽车服务业的薪酬体系设计应注意以下问题:

(1) 要注意公平性。

合理的薪酬制度首先必须是公平的,只有公平的薪酬才是有作用的薪酬。但公平不是平均,真正公平的薪酬应该体现在个人公平、内部公平和外部公平三个方面。

个人公平就是员工对自己的贡献和得到的薪酬感到满意。从某种程度上讲,薪酬即是汽车服务企业对员工工作贡献的一种承认,员工对薪酬的满意度也是员工对汽车服务企业忠诚度的一种决定因素。

内部公平主要表现在两个方面:一是同等贡献度及同等工作绩效的员工,无论他们的身份如何,他们的薪酬应该对等,不能有歧视性的差别;二是不同贡献度岗位的薪酬差异应与其贡献多少的差异相对应,不能刻意制造岗位等级差异。

外部公平是指汽车服务企业的薪酬水平相对于本地区、同行业在劳动力市场的公平性。外部公平要求公司的整体工资水平保持在一个合理的程度上,同时对于汽车服务市场紧缺人才实行特殊的激励政策,并关注汽车服务岗位技能在人才市场上的通用性。

(2) 薪酬不等,福利平等。

在处理薪酬各部分的时候,要区别对待。各类工资、奖金、职务消费应该按汽车服务岗位和贡献的不同拉开差距,而各类福利应该平等,不能在汽车服务业内部人为地制造森严的等级制度。

(3) 薪酬的设计要处理好老员工与新员工的关系。

汽车服务企业的发展是一个长期积累的过程,在这个过程中,老员工是做出了很大贡献的。同时,不断地引进汽车服务企业薪酬体系时,既要体现对老员工历史贡献的认同,又要避免过分加大新老员工的薪酬差异,避免造成新员工的心理不平衡和人才的流失。要留住老员工,吸纳新员工,尤其是刚毕业的能够满足本企业需要的大学生等青年人才,他们是企业的未来,给予他们高一点的薪酬,厚待他们,有利于留住他们为企业提供长期汽车服务。

(4) 薪酬制度调整要在稳定的前提下进行。

汽车服务企业的薪酬制度应在维护稳定的前提下进行。薪酬分配的过程及其结果所传递的信息有可能会导致员工有更强烈的工作热情和创新愿望,也有可能导致员工工作懒散、缺乏学习与进取的动力。因此,对汽车服务企业的薪酬制度进行调整必须以维护员工队伍稳定为前提,要注意维护大多数员工的利益和工作的积极性。损害大多数员工的利益导致损伤了大多数员工的积极性的薪酬改革是不可取的。

5.4.6 汽车服务的激励

1. 激励的意义和作用

激励是以员工需要作为新的刺激因素,去激发、奖励员工的工作积极性,使其充分发挥潜在能力,实现汽车服务目标,并从中获得满足的过程。如没有激励,一个人的能力仅能发挥出20%～30%;如果处于激励状态,则能发挥出80%～90%,有时甚至会更大。因此,人的潜在能力变为现实能力是需要激励的,这是精神作用。

2. 激励方法

激励的方法有物质激励和精神激励两种,汽车服务企业实施激励时要把这两种方法结合起来,既要注重员工的物质利益,反对"精神万能";又要充分运用精神激励,反对"金钱万能"。具体方法有以下几种。

(1) 奖惩激励。奖励是对员工某种行为的肯定和表扬,惩罚则是给予否定和批评。被奖励者虽然是少数,但激励所起作用的范围却是全体员工,通过奖励,汽车服务企业可获得期望出现的行为方式和道德风尚。奖励的方式有:颁发奖金和奖品、公开表扬、领导慰问、评先进、上光荣榜、授予奖章和奖状、晋升、提供疗养、旅游、培训、出国考察机会等。惩罚的方式有:经济罚款、行政处分、批评、降级、辞退、开除、法律制裁等。

(2) 榜样激励。榜样的力量是无穷的。开展树典型、学先进活动,充分发挥先进典型、先进工作者和劳动模范的榜样作用。

(3) 目标激励。汽车服务企业要使员工明确企业目标、部门目标、岗位目标及其个人奋斗目标,包括物质文明和精神文明建设目标,让员工实现目标有成就感。目标明确,能鼓励人努力工作,为实现目标而奋斗。

(4) 参与激励。组织员工和下属参与企业管理的决策,进行自我管理和控制,以增强员工的主人翁责任感,调动其工作积极性。

(5) 岗位竞争激励。竞争上岗,尤其是重要岗位和高薪岗位更应该如此,要做到上岗升薪,下岗降薪,使员工不仅有光荣感,还有危机感,从而促使其兢兢业业地工作。

(6) 创新激励。汽车服务企业要鼓励创新,容许失误。企业要开展合理化建议活动,并给予奖励或表扬,对于重大创新成果要给予重奖。

激励用好了能产生积极效应,如果使用不好则会产生负面效应。所以在使用激励的时候还应该注意以下几点。

(1) 公开性:制度公开,执行情况公开,提高激励的透明度。

(2) 客观公正性:激励过程中要避免讲人情、讲关系,要以业绩考核和激励标准为依据。

(3) 合理性:激励标准不能是高不可攀的,而应是员工经过努力可以达到的。

5.5 人才的招聘与解聘

5.5.1 汽车服务企业人力资源的招聘

1. 汽车服务企业人力资源招聘的概念

汽车服务企业人力资源招聘就是通过各种信息途径吸引应聘者,并从中选拔、录用企业所需人员。获取在各个发展阶段所需要的人员,是人力资源招聘工作的主要目标。此外,通过企业代表与应聘者的直接接触,以及在招聘过程中进行的宣传工作,企业也可以达到树立良好的企业形象及吸引应聘者的目的。

2. 汽车服务企业人力资源招聘的程序

汽车服务企业人力资源招聘的过程一般包括以下步骤:

(1) 确定人员的需求。根据汽车服务企业人力资源规划、岗位说明书和企业文化,确定企业人力资源需求,包括数量、汽车服务技术能力、素质需求以及需求时间。

(2) 确定招聘渠道。确定企业所需人员是从内部选拔,还是从外部招聘。

(3) 实施征召活动。通过企业人力资源招聘广告、招聘会、招聘组织机构等实施征召活动,将以各种方式与企业招聘人员进行接触的人确定为工作候选人。

(4) 初步筛选候选人。根据所获得的候选人的资料对候选人进行初步筛选,剔除明显不能满足企业需要的应聘者,留下来的候选人进行下一轮的测评甄选。

(5) 测评甄选。采用笔试、面试、心理测试、体检、履历审查等方式对候选人进行严格测试,以确定最终录用人选。

(6) 录用。企业与录用者就工作条件、工作报酬等劳动关系进行谈判,签订劳动合同。

(7) 招聘评价。对本次招聘活动进行总结,并从成本收益的角度进行评价。

3. 汽车服务企业人力资源招聘的原则

在汽车服务企业人力资源的招聘过程中,应该主要把握好以下原则:

(1) 择优、全面原则。择优是招聘的根本目的和要求。择优就是广揽人才,任贤举能,从应聘者中选出优秀者。招聘者是根据综合成绩精心比较,谨慎筛选,再做出录用决定。为确保坚持择优原则,应制定明确且具体的录用标准。

(2) 公开、竞争原则。公开是指把招考单位、种类和数量,报考的资格和条件,以及考试的方法、科目和时间等均面向社会通告周知,公开进行。竞争是指通过考试竞争和考核鉴别,确定人员的优劣和人选的取舍。只有通过公开竞争才能使人才脱颖而出,才能真正吸引真正的人才,起到激励作用。

(3) 宁缺毋滥原则。招聘决策一定要树立"宁缺毋滥"的观念。这就是说,一个岗位宁可暂时空缺,也不要让不合适的人占据。这就要求管理者做决策时要有一个提前量,而且广开贤路。

(4) 能级原则。人的能量有大小,本领有高低,工作有难易,要求有区别,所以招聘人员不一定是最优秀的,而应量才录用,做到人尽其才、用其所长,这样就能持久高效地发挥人力资源的作用。

(5) 全面考核原则。全面考核原则指对报考人员从品德、专业知识、管理知识、能力、智力、心理、工作积极性等方面进行综合考核。其中,工作积极性相对重要,在招聘中,不招有专业知识但品德低下、工作懒惰的人员,可招品德好、工作积极性高又积极学技术的人员,因为可通过技术培训改善其水平。决策者必须对应聘者各方面的素质条件进行综合性的分析和考虑,从总体上对应聘者的适合度做出判断。

4. 汽车服务企业人员招聘的途径

企业的人事部门可以根据本企业的经营战略、经营环境、岗位需求和重要程度以及招聘职位的紧急程度,来确定具体的招聘途径。人员的招聘不外乎两种:内部招聘与外部招聘。主要方式有:

(1) 广告招聘。广告招聘,可以借助不同媒体的宣传效果,进行辐射面广的信息发布,或者有目标性地针对某一个特定的群体进行信息发布,如想招聘本地户籍的员工,可以只在本地发行的日报等媒介上刊登信息。

在采用广告方式进行招聘时,必须考虑:运用哪种媒体?如何构思广告?报纸、杂志、广播电视与大型招聘会现场派发岗位宣传资料等媒介方式各有优缺点,在选择时要予以考虑。而构思广告尤为重要,广告内容要能够吸引求职者的注意,要能够引起求职者对工作岗位的兴趣,要能够引起求职者工作的意愿。要能激励求职者采取积极的应聘活动,不能含有对某些人群的歧视。广告招聘的缺点就是可能带来许多不合格的应聘者,应聘数量大,这就加大了招聘甄选的工作量。

(2) 汽车服务就业招聘。通过政府开办的公共就业机构,企业经常可以在正常费用或免费的情况下进行招聘工作。在利用就业机构获取求职者时,企业必须向就业机构提供一份精确、完整的招聘说明书,限定就业机构在甄选招聘人员过程中使用的程序或工具。

（3）学校招聘。每年高等院校学生毕业的时间,是许多企业单位获得求职者最多、最集中的时间。从各个层次的高等院校中,企业可以获得许多很有晋升潜力的应聘者,这是汽车服务企业获取大量、高等质量的人才的重要途径。

汽车服务企业到学校招聘前,要选择招聘院校,确定招聘生的专业,对派往学校的人员进行培训,增强对大学生的甄选能力,并能够很好地塑造形象,从而提高企业的吸引力。

（4）员工推荐求职者。员工推荐求职者的方式可能是所有招聘成本中最低,而且是获取合格应聘者的最好途径。对于求职者,可以通过已经在企业工作的员工了解关于组织的情况;对于组织,可以通过自己的员工了解求职者的情况,并且推荐人出于对自身工作的考虑,往往推荐的都是高素质候选人,也就是组织的老员工已经先于人力资源部门对候选人进行了考察与筛选。一些企业还制定了这方面的激励政策,对成功推荐新员工的老员工给予奖励。但是员工推荐的缺点在于可能不会增加员工的类别与改善员工结构,因为员工推荐的大多是与其自身情况相似的新人,如果管理高层要改善员工机构,那么这种途径就不可取。

（5）随机求职者。也会有求职者主动走进企业的人力资源部申请工作,或是递交求职信函申请岗位。这些人通常是对企业有所了解后主动递交申请,就职愿望比较强烈,被录用后对企业的忠诚度较高。无论录用与否,企业都应礼貌地对待这种求职者,不能不闻不问,这会影响企业的招聘声誉。

（6）内部招聘。内部晋升,或是面向内部员工的、空缺岗位的公开招聘是增强员工对组织的奉献精神的中心措施,是增强企业凝聚力的关键策略。企业要制定合理、科学的内部晋升招聘规则,许多企业今天的高层管理者就是从最底层的岗位做起,一步步晋升到现在的位置的。

有效、科学的招聘需要做好人力资源管理的五项基本工作:识人、选人、用人、育人、留人。例如,在员工招聘时就能够发现与录用有发展潜力、对工作有积极性的人,录用之后做好有关员工各个时期的工作绩效评价及档案管理工作。为培养与发掘员工的潜力,提供在职接受培训的教育机会,在工作分析的基础上为有潜质的员工制定个人职业发展规划,运用不断的内部晋升留住骨干人才。

5.5.2 汽车服务企业人力资源的解聘

没有正当理由,汽车服务企业不得无故解聘员工。员工遭遇解聘后,没有了经济来源,这对许多人来说都是一个沉重的打击,并有可能对社会、企业产生不利的影响。因此,无论对于被解聘的员工,还是对于负责解聘工作的人力资源部门工作者,解聘工作都是一件让人苦恼、痛苦的事情,要谨慎处理。解聘通常在以下条件下发生:

（1）员工工作业绩不合格,给予机会后仍然不能够让组织满意。

（2）员工行为不当,严重违反企业规章制度或国家相关法律规定者,企业予以辞退。例如有偷盗企业财物、泄露经营秘密、不服从管理者的正当工作安排、旷工缺勤并不改正、经济或刑事犯罪等行为者。

（3）员工工作努力,但是其能力与工作岗位要求差距很大。

（4）工作要求改变,对应的工作岗位撤销。在以上两种情况下,不一定采取解聘措施,可以平调或下调工作岗位。

（5）因劳动合同订立所依据的客观经济情况发生重大变化，致使劳动合同无法履行的，企业可以与员工协商解除劳动关系，但应给予员工一定的经济补偿。

（6）主动辞职。即员工由于某种个人因素主动提出辞职。

人力资源部门的工作者在处理解聘问题时必须遵守国家的劳动保护法等相关法律的规定，执行企业制度和合同，按照科学的程序进行处理，以避免让企业或其本人陷入不必要的诉讼困境或心理环境。

5.6 人力资源的培训

员工培训是企业持续发展的力量源泉，是企业生存和发展的需要。培训能促进企业与员工、管理层与员工层的双向沟通，增强企业向心力和凝聚力，塑造优秀的企业文化。用人首先是培养人。只用不培养，人不会成长，或不会按公司需要成长，效率会越来越差。员工的素质决定着企业的素质，拥有高素质的人才，才可能谈得上持续发展。通过培训，可以使新员工融入企业的文化之中，可以使老员工补充新知识、新技能，以跟上企业发展的步伐。培训使企业人力资本整体增值的同时，也增加了企业自身的价值。

5.6.1 汽车服务企业人力资源培训的目的和原则

不少企业采取自己培训和委托培训的方法。这样做容易将培训融入企业文化，因为企业文化是企业的灵魂，它是一种以价值观为核心对全体职工进行企业意识教育的微观文化体系。企业管理人员和员工认同企业文化，不仅会自觉学习掌握科技知识和技能，而且会增强主人翁意识、质量意识、创新意识，从而培养大家的敬业精神、革新精神和社会责任感，形成上上下下自学科技知识、自觉发明创造的良好氛围，企业的科技人才将茁壮成长，企业科技开发能力会明显增强。

1. 汽车服务企业人力资源培训的目的

通过培训，向员工传递汽车服务企业的核心理念、企业文化、品牌服务意识以及运作标准要求，这一方面可以使新的员工尽快适应并胜任工作岗位，老员工改善工作态度，提高专业素养及能力；另一方面可以将员工个人的发展目标与汽车服务企业的战略发展目标统一在一起，满足员工的需要，调动员工工作的积极性与热情，增强汽车服务企业的凝聚力。汽车服务产业应最大限度地利用一切资源、采用不同形式开展培训。

2. 汽车服务企业人力资源培训的基本原则

（1）理论联系实际，学以致用的原则。员工培训需要具有针对性和实践性，以工作的实际需要为出发点，与汽车服务企业岗位的特点紧密结合，与培训对象的年龄、知识结构紧密结合。

（2）全员培训与重点提高的原则。有计划、有步骤地对在职的各级各类人员进行培训，提高全员素质。同时，应重点培训一批技术骨干、管理骨干。

（3）因材施教的原则。针对每个人员的实际技能、岗位和个人发展意愿等开展员工培训工作，培训方式和方法要切合个人的性格特点和学习能力。

（4）讲求实效的原则。效果和质量是员工培训成功与否的关键，为此必须制订全面周密的培训计划和采用先进、科学的方法和手段。

（5）激励的原则。将人员培训与人员任职、晋升、奖惩、工作福利等结合在一起，让受训人员受到某种程度的鼓励，同时管理者应当多关心培训人员的学习、工作和生活。

5.6.2　汽车服务企业人力资源培训的内容

对管理、技术和操作工人等各类人员进行培训的内容有许多共同部分，但更多的是分层次岗位要求确定的。

1. 入企培训

这是针对新员工或新岗位要求进行的。入企培训主要包括：企业概况、企业人事规章制度、企业文化、企业汽车服务项目及经营理念、各部门的运作了解及人员认识、工作业务及流程、安全与文明汽车服务、汽车服务的相关管理规定、亲身体会等。入企教育一般为1～10周。

2. 适应性培训

针对全体员工的分层次、按岗位需要及综合素质提高进行的新技术和新知识普及以及新质量标准和综合能力的训练，目的在于为员工补充新知识，提高员工素质，使其适应新技术和新质量要求的发展。

（1）标准化培训：旨在通过培训，让所有员工掌握标准化工作程序和不断改进技能，正确理解、运用标准开展工作，合理安排工作场所，形成标准规范化的汽车服务。

（2）质量培训：旨在让员工理解和接受质量标准或规范，确保高质量的汽车服务和品牌服务，提高企业的信誉。

（3）新技术、新设备的培训：旨在让员工掌握、运用新的汽车服务技术，使用新的汽车服务设备，提高企业的服务能力和水平。

（4）领导责任培训：旨在向各级管理人员及专业技术人员传授领导有方的基本管理知识和必要的管理技巧。

（5）持续改进培训：旨在使员工能掌握并运用不断改进的原理和创新理念，改进汽车服务流程与方法，提高汽车服务质量。

3. 提高性培训

提高性培训主要是对有培养前途的骨干以及高层管理人员进行管理技能、专业技术方面的专门培训，使汽车服务产业能得到进一步提高。

复习思考题

1. 人力资源管理的定义是什么？
2. 人力资源管理的主要职能是什么？
3. 简述汽车服务企业员工的配置管理。
4. 汽车服务企业绩效管理的定义是什么？
5. 汽车服务企业绩效考核的目的是什么？
6. 薪酬包括哪些方面？薪酬的作用和意义是什么？
7. 汽车服务企业招聘的程序有哪些？
8. 汽车服务企业人力资源培训的内容有哪些？

第 6 章

汽车服务企业财务成本管理

6.1 财务管理概述

1. 财务管理的目标

财务管理是企业管理的一部分,是有关资金的获得和有效使用的管理工作。企业的生存和发展,在很大程度上取决于它过去和现在的财务政策和财务管理水平。财务管理还和企业的生产、销售管理发生直接的联系。因此财务管理是企业管理中重要的环节。

企业财务管理的目标是保证企业能够长期、稳定地生存下去,能够筹集到发展所需的资金,能够合理、有效地使用资金使企业获利。对此目标的综合表达,目前被广泛接受的观点是股东财富最大化或企业价值最大化。

企业的价值在于其能够给所有者带来未来的报酬,包括获得股利和出售其股权换取现金,它只有投入市场才能通过价格表现出来。

股价的高低代表了投资者对公司价值的客观评价,反映了资本和获利之间的关系;它受到预期每股盈余的影响,反映了每股盈余大小和取得的时间;它受到企业风险大小的影响,可以反映每股盈余的风险。

公司股价受到外部环境和管理决策两方面因素的影响。从公司管理当局的可控制因素看,股价的高低取决于企业的报酬率和风险,而它们又是由企业的投资项目、资本结构和股利政策决定的。财务管理正是通过投资决策、筹资决策和股利决策来提高报酬率,降低风险,实现其目的的。

2. 财务管理的环境

影响公司股价的外部环境(又称理财环境、财务管理环境)是指对企业财务活动产生影响作用的企业外部条件,是企业财务决策难以改变的外部约束条件,企业财务决策更多的是适应它们的要求和变化。财务管理环境涉及的范围很广,其中最重要的是法律环境、金融市场环境和经济环境。

1) 法律环境

财务管理的法律环境是指企业和外部发生经济关系时所应遵守的各种法律、法规和规章,主要包括:企业组织法规、税务法规和财务法规。其组成和关系参见图 6-1。

2) 金融市场环境

广义的金融市场是指一切资本流动的场所,资本流动包括实物资本和货币资本的流动。

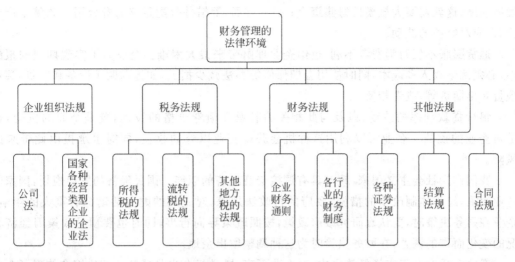

图 6-1 企业管理的相关法规

广义金融市场的交易对象包括货币借贷、票据承兑和贴现、有价证券的买卖、黄金和外汇买卖、办理国内外保险、生产资料的产权交换等。金融市场是企业投资和筹资的场所,为企业理财提供有意义的信息;企业通过金融市场使长短期资金相互转化。金融市场的分类见图 6-2。

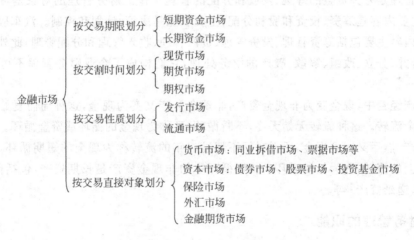

图 6-2 金融市场的分类

金融市场由主体、客体和参加人组成。主体是指银行和非银行金融机构,它们是金融市场的中介机构,是连接筹资人和投资人的桥梁。客体是指金融市场上的买卖对象,如商业票据、政府债券、公司股票等各种信用工具。市场的参加人是指客体的供给者和需求者,如企业、事业单位、政府部门、城乡居民等。

3) 经济环境

这里所说的经济环境是指企业进行财务活动的宏观经济状况。具体包括经济发展状况、通货膨胀、利息率波动、政府的经济政策和竞争。

经济发展的速度和波动,会对企业理财有重大影响。企业的发展速度必须跟上经济的发展速度,这就需要大规模地筹集资金;另一方面,筹措并分配足够的资金用于调整生产经营,以应对经济的波动。

通货膨胀不仅对消费者不利,也给企业理财带来很大困难。企业为了实现期望的报酬率,必须调整收入和成本,同时使用套期保值等办法减少损失,如提前购买设备和存货,买进现货卖出期货等,或者相反。

银行贷款利率的波动,以及与此相关的股票和债券价格的波动,既是企业的机会,也是对企业的挑战。企业可以利用这种机会获得营业以外的收益,同时也承担由此带来的风险。

我国作为社会主义国家,政府具有调控宏观经济的职能。国民经济的发展规划,国家的产业政策,经济体制改革的措施,政府的行政法规等,对企业的财务活动都有重大的影响。企业在财务决策时,要认真研究政府政策,按照政策导向行事,同时也要预见政策因经济状况的变化而作的调整,在财务决策时为这种调整留出余地。

竞争广泛存在于市场经济之中,对企业而言,既是机会也是威胁。竞争综合体现了企业的全部实力和智慧,经济增长、通货膨胀、利率波动带来的财务问题,以及企业对策都会在竞争中体现出来。

3. 财务管理的内容

财务管理是有关资金的筹集、投放和分配的管理工作。财务管理的对象是资金的循环和周转,主要内容是筹资、投资和股利分配,主要职能是决策、计划和控制。汽车服务企业财务管理的内容主要包括筹资管理、投资管理、资产管理、收入管理和分配管理,此外还包括企业设立、合并、分立、改组、解散、破产的财务处理,它们构成了企业财务管理不可分割的统一体。

在生产经营中,现金变为非现金资产,非现金资产又变为现金,这种周而复始的流转过程称为现金流转。这种流转无始无终,不断循环,又称为现金的循环或资金循环。现金变为非现金资产,然后又回到现金,所需时间不超过一年的流转称为现金的短期循环,所需时间在一年以上的流转,称为长期循环。长期循环中的非现金资产是长期资产,包括固定资产、长期投资、递延资产[①]等。

4. 财务管理的职能

管理的职能分为决策、计划和控制。计划专指期间计划。期间计划是针对一定时期的,其编制的目的是落实既定决策,明确本期间应完成的全部事项。控制是执行决策和计划的过程,包括对比计划与执行的信息、评价下级的业绩等。

1)财务决策

财务决策是指有关资金筹集和使用的决策。一般分为四个阶段:情报活动、设计活动、抉择活动和审查活动。情报活动是寻找作决策的条件和依据。设计活动创造、制订和分析可能采取的方案。在这个阶段,要根据收集到的情报,以企业想要解决的问题为目标,设计

---

① 递延资产,是指本身没有交换价值,不可转让,一经发生就已消耗,但能为企业创造未来收益,并能从未来收益的会计期间抵补的各项支出。

出各种可能采取的方案,并分析评价每一方案的得失和利弊。抉择活动根据当前的情况和对未来的预测,以及一定的价值标准评价各个备选计划,按照一定的准则选出一个行动方案。审查活动即是对过去的决策进行评价,以便改进后续决策。

2) 财务计划

广义财务计划的工作包括确定财务目标,制定财务战略和财务政策,规定财务工作程序和针对某一具体问题的财务规则,以及制定财务规划和编制财务预算。狭义的财务计划工作是指针对特定期间的财务规划和财务预算。

3) 财务控制

财务控制是指对企业的资金投入及收益过程和结果进行衡量与校正,目的是确保企业目标以及为达到此目标所制订的财务计划得以实现。计划是控制的重要依据,控制是执行计划的手段,它们共同组成了企业财务管理循环。

6.2 资金筹集

筹资的根本原因是企业需要生存和发展。对于汽车服务企业而言,比如需要扩大经营规模,开拓新的产品市场,调整资本结构,偿还到期债务,购置和引进新的技术和设备,对外投资或者兼并其他企业等,都需要进行资金的筹集。

资金筹集是企业财务管理的主要内容之一。筹资决策要解决的问题是如何取得企业所需要的资金,包括向谁筹资、在什么时候筹资、筹集多少资金。筹资的多少要根据投资需要,在利润分配时加大保留盈余部分可减少从外部筹资。筹资决策的关键是决定各种资金来源在总资金中所占的比重,即确定资本结构,以使筹资风险和筹资成本相配合。

1. 资金来源

可供企业选择的资金来源很多,按照不同的标志,分为以下几种。

1) 权益资金和借入资金

权益资金是指企业股东提供的资金,它不需要归还,筹资的风险小,但期望的报酬率高。借入资金是指债权人提供的资金,它需要按期归还,有一定的风险,但其要求的报酬率比权益资金低。

所谓资本结构,主要是指权益资金和借入资金的比例关系。一般来说,完全通过权益资金筹资是不明智的,不能得到负债经营的好处;但负债的比例大则风险也大,企业随时可能陷入财务危机。筹资决策的一个重要内容就是确定最佳资本结构。

2) 长期资金和短期资金

长期资金是指企业可长期使用的资金,包括权益资金和长期负债。短期资金一般是指一年内要归还的短期借款,一般用于解决临时资金需要。比如销售旺季需要的资金较多,可借入短期借款,淡季归还。

长期资金和短期资金的筹资速度、筹资成本、筹资风险以及借款时企业所受的限制均有所区别。如何安排长期和短期筹资的比重,是筹资决策需要解决的另一个重要问题。

2. 筹资渠道

1) 国家财政资金

这是国有企业、国有独资企业的主要资金来源。国家财政资金具有广阔的源泉和稳固的基础，并由国家以拨款方式投资，占据国有企业的大部分资金来源。

2) 银行信贷资金

银行一般分为商业性银行和政策性银行。商业性银行为各类企业提供商业性贷款，政策性银行主要为特定企业提供政策性贷款。银行信贷资金有居民储蓄、单位存款等经常性的资金来源，财力雄厚，贷款方式多样，可以适应各类企业的多种资金需求。

3) 非银行金融机构资金

非银行金融机构主要有信托投资公司、租赁公司、保险公司、证券公司、企业集团的财务公司等。

3. 筹资方式

我国企业目前有以下几种筹集资金的具体形式。

1) 吸收直接投资

这是指企业按照共同投资、共同经营、共担风险、共享利润的原则吸收国家、企业、单位、个人、外商投入资金的一种筹资方式，出资者即是企业的所有者，可以通过一定的方式参与企业经营决策。

吸收直接投资所筹集的资金属于主权资金，能增强企业的信誉和借款能力；可直接获得现金、先进设备和技术，可以直接形成生产能力，尽快开拓市场；可根据经营状况向投资者支付报酬，有利于降低财务风险。但是这种筹资方式向投资者支付的报酬是根据其出资额的比例和企业实现利润的多少来计算的，因此资本成本较高，尤其是经营状况较好时；此外由于外部投资者增多，也会导致原有投资者对企业的控制权分散。

2) 发行股票

股票是股份公司为筹集资金而发行的有价证券，是持股人拥有公司股份的入股凭证。股票持有者为企业的股东，股票可证明持股人在股份公司中拥有的所有权。发行股票使大量社会游资得到集中和运用，并把一部分消费基金转化为生产资金，是企业筹集长期资金的一个重要途径。发行股票的筹资费用较高，在计算资本成本时要考虑在内。

股票分为普通股和优先股。普通股是股份公司资本构成中最基本、最主要的股份。普通股不需要还本，股息也不需要像借款和债券那样需要定期定额支付，也没有支付股息的法律义务，因此风险很低，不构成固定费用；发行普通股筹集到的资本是企业永久性的资本，无须偿还；普通股还能成为债权人损失的缓冲，从而增加公司信用保障，增强公司的举债能力。但采取这一方式筹资会引起原有股东控制权的分散；筹资成本要大于债务资金成本；新的投资者分享公司未发行新股前积累的盈余，会降低普通股的每股净收益，从而可能导致公司股价的下跌。

优先股是相对于普通股而言的，主要指在利润分红及剩余财产分配的权利方面，优先于普通股。优先股股东没有选举及被选举权，一般来说对公司的经营没有参与权，优先股股东不能退股，只能通过优先股的赎回条款被公司赎回，但是能稳定分红。

对公司而言,优先股一般采用固定股利,但支付并不是公司的法定义务;优先股能发挥财务杠杆作用,使得原有股东得到更高的报酬;优先股实质上是永久性借款,股利的支付和优先股的回收都有很大的机动性;优先股股本是公司的权益资本,可以增强公司未来的偿债能力。优先股的缺点是资本成本较债券资本高,股利在净利润中支付,不能抵免税收。优先股的股利高于债券。

对投资者而言,优先股能够提供稳定的收入;企业清算时,比普通股股东拥有优先权。但是优先股作为公司的权益资本承担了很大一部分所有权风险,而报酬有限。因为优先股获取的是固定股利,不能参与剩余利润的分配,并且当公司积欠过多的优先股股利时,会采用普通股股票来清算积欠,从而使得优先股股东实际获得的现金股利减少。

3) 留存收益成本

留存收益是企业缴纳所得税后形成的,其所有权属于股东。股东将这一部分未分派的税后利润留存于企业,实质上是对企业追加投资。如果企业将留存收益用于再投资,所获得的收益率低于股东自己进行另一项风险相似的投资所获的收益率,企业就应该将留存收益分派给股东。由于留存收益是企业所得税后形成的,因此企业使用留存收益不能起到抵税作用,也就没有节税金额。

4) 借款

借款是指企业根据借款合同向银行以及其他金融机构借入的需要还本付息的款项。贷款利率的大小随贷款对象、用途、期限的不同而不同,并且随着金融市场借贷资本的供求关系的变动而变动。流动资金的贷款期限可以根据资金周转期限、物资消耗计划或者销售收入来确定;固定资产投资贷款期限一般按照投资回收期来确定。

借款分为长期借款和短期借款。长期借款的偿还方式包括:定期支付利息,到期一次性偿还本金;定期等额偿还;逐期偿还小额本金和利息、期末偿还余下的大额部分。与其他长期负债筹资相比,长期借款筹资速度快,借款弹性较大,成本较低,但是限制性条款较多。

短期借款的偿还方式有到期一次性偿还和在贷款期内定期等额偿还两种方式。短期借款利率多种多样,利息支付方法也不一,银行将根据借款企业的情况选用。借款利率有优惠利率、浮动优惠利率和非优惠利率。借款利息的支付方法有收款法、贴现法和加息法。短期借款便于灵活使用,取得较简便;但是短期内要归还,在带有诸多附加条件的情况下会使得风险加剧。

5) 租赁筹资

租赁是一种以一定费用借贷实物的经济行为,即企业依照契约规定通过向资产所有者定期支付一定量的费用,从而长期获得某项资产使用权的行为。现代租赁按照形态分为融资性租赁和经营性租赁。融资性租赁是指承租方通过签订租赁合同获得资产的使用权,然后在资产的经济寿命期内按期支付租金,属于完全转让租赁。经营性租赁的租赁期较短,出租方负责资产的保养与维修,是不完全转让租赁,费用按合同规定的支付方式由承租方负担。由于出租资产本身的经济寿命大于租赁合同的持续时间,因此,出租方在一次租赁期内获得的租金收入不能完全补偿购买资产的投资。

融资租赁融资速度快,限制条款少,设备淘汰风险小,到期还本负担轻,税收负担轻,但是资本成本较高。一般其租金比其他长期筹资方式所负担的利息高得多;固定的租金也是企业财务的一项负担。

6) 商业信用

商业信用是指在商品交易中由于延期付款或预收货款所形成的企业间的借贷关系。它是企业在资金紧张的情况下,为保证生产经营活动的连续进行,采取延期支付购货款和预收销货款而获得短期资金的一种方式。商业信用的具体形式有应付账款、应付票据、预收账款等。

商业信用最大的优越性在于容易取得,是一种持续性的借贷形式,且无须正式办理筹资手续。此外,如果没有现金折扣或使用不带息票据,商业信用筹资不负担成本。但是其缺点在于期限较短,在放弃现金折扣时所付出的成本较高。

7) 发行债券

债券是企业依据法定程序发行的、约定在一定期限内还本付息的有价证券,是持券人拥有公司债权的证书。债券成本一般低于股票成本;仅需支付固定性资金,更多的收益可以留用或者分配给股东;不会分散股东控制权;便于调整资本结构。但是债券筹资数量有限,按照我国《公司法》规定,发行公司流通在外的债券累计总额不得超过公司净资产的40%;债券有固定的到期日,财务风险较高;债券的限制条款比长期借款、融资租赁多而且严格。

筹资渠道解决的是资金来源问题,筹资方式则解决通过何种方式取得资金的问题,它们之间存在一定的对应关系。一定的筹资方式可能只适用于某一特定的筹资渠道,但是同一渠道的资金往往可采用不同的方式取得,同一筹资方式又往往适用于不同的筹资渠道。因此,企业在筹资时,应实现两者的合理配合。

另外,资本成本是企业筹资管理的主要依据,也是投资管理的重要标准。企业在筹资决策和投资决策时,必须正确估算自己的资金成本,以实现企业价值最大化,资本成本最小化。

6.3 资本成本的计算

1. 资本成本概述

1) 资本成本的含义

资本成本是指企业为筹集和使用资金而付出的代价。资本成本包括资金筹集费和资金占用费两部分。资金筹集费指在资金筹集过程中支付的各项费用,如发行股票、债券支付的印刷费、发行手续费、律师费、资信评估费、公证费、担保费、广告费等。资金占用费是指占用资金支付的费用,如股票的股息、银行借款和债券利息等。相比而言,资金占用费是筹资企业经常发生的,而资金筹集费通常一次性发生,因此在计算资金成本时可作为筹资金额的一项扣除。

2) 决定资本成本高低的因素

在市场经济环境中,多方面因素的综合作用决定着企业资金成本的高低,其中主要有:总体经济环境、证券市场条件、企业内部的经营和融资状况、项目融资规模。

3) 资本成本的性质

资本成本是市场经济条件下资金所有权和使用权分离的必然结果,具有一般产品成本的基本属性,与资金时间价值既有联系,又有区别。

4) 资本成本的作用

资本成本是企业筹资(选定资金来源、拟定筹资方案)、投资决策(评价投资项目可行的主要经济标准)的主要依据,是评价企业经营业绩的最低尺度。

2. 个别资本成本

个别资本成本是指各种长期资本的成本,又分为长期借款成本、债券成本、普通股成本和保留盈余成本。前两种为债务资本成本,后两种为权益资本成本。

1) 债务成本

主要包括长期借款成本和债券成本。

借款利息计入税前成本费用,可以抵税,其计算公式为

$$K_l = \frac{I_1(1-T)}{L(1-F_1)}$$

式中,K_l——长期借款成本;

I_1——长期借款年利息;

T——企业所得税税率;

L——长期借款额;

F_1——长期借款筹资费率。

发行债券的成本主要指债券利息和筹资费用。债券利息费用处理同长期借款利息一样,可以从税前利润支付。债券筹资费用较高,包括申请发行债券的手续费、债券注册费、印刷费、上市费以及推销费用等。按一次还本、分期付息的方式,债券成本的计算公式为

$$K_b = \frac{I_b(1-T)}{B(1-F_b)}$$

式中,K_b——债券资本成本;

I_b——债券年利息;

B——债券筹资额;

F_b——债券筹资费用率。

2) 权益成本

权益成本主要有吸收直接投资的成本、优先股成本、普通股成本、留用利润成本等。各种权益形式不同,计算方法也不同。

(1) 优先股股本

优先股股本包括发行费用和股利,其计算公式为

$$K_p = \frac{D_p}{P_p(1-F_p)}$$

式中,K_p——优先股成本;

D_p——优先股年股利;

P_p——优先股筹资额,按优先股发行价格确定;

F_p——优先股筹资费用率。

由于优先股股利在税后支付,而债券利息在税前支付,当公司破产清算时,优先股持有人的求偿权在债券持有人之后,故其风险大于债券。因此,优先股成本明显高于债券成本。

(2) 普通股成本

普通股成本的计算方法很多,包括股利增长模型法、资本资产定价模型法、风险溢价法等。

利用股利增长模型法计算普通股成本与优先股成本基本原理相同。但是,普通股的股利一般不是固定的,通常为逐年增长的。因此,股利增加模型法是按照股票投资的收益率不断提高的思路计算普通股成本的。计算公式如下:

$$K_c = \frac{D_c}{P_c(1-F_c)} + G$$

式中,K_c——普通股成本;
D_c——预期年股利额;
P_c——普通股筹资额;
F_c——普通股筹资费用率;
G——普通股年股利增长率。

企业资不抵债时,普通股股票持有人的索赔权在优先股股票持有人之后,其投资风险最大,因而其资本成本比债务成本更高;另外,由于普通股股利还随着企业经营状况的改善而逐年增加,因此,普通股成本最高。

(3) 留用利润成本

留用利润成本是企业内部形成的资金来源,是投资者留在企业内的资金,是投资者放弃其他投资机会而应当得到的报酬,是一种机会成本。

留用利润成本的确定方法与普通股基本相同,只是不考虑筹资费用,计算公式如下:

$$K_r = \frac{D_c}{P_c} + G$$

式中,K_r——留用利润成本;
D_c——预期年股利额;
P_c——留用利润筹资额;
G——留用利润年股利增长率。

由于留用利润筹资不需支付筹资费,所以其资本成本略低于普通股成本。优先股、普通股和留用利润都属于企业所有者权益,企业所有者承担的风险最大,要求的报酬也最高。

对于非股份公司,其权益成本主要由吸收直接投资和留用利润构成,其成本确定方法与公司的股票成本和留用利润成本相比具有明显的不同:

(1) 吸收投资的协议或合同有的约定有固定的分利比率,这类似于公司优先股,而不同于普通股;

(2) 吸收投资及留用利润不能在证券市场上交易,无法形成公平的交易价格;

(3) 在未约定固定分利比率情况下,吸收直接投资要求的报酬难以预计,其成本的确定方法还有待研究。

3. 综合资本成本

由于受多种因素的制约,企业往往需要通过多种方式筹集所需资金。为进行筹资决策,就要计算确定企业全部长期资金的总成本——综合资金成本。它通常以各种资金占全部资本的比重为权数,对个别资本成本进行加权平均确定,也称为加权平均资本成本。其计算公式为

$$K_w = \sum_{j=1}^{n} K_j W_j$$

式中,K_w——加权平均资本成本;

K_j——第 j 种个别资本成本;

W_j——第 j 种个别资本成本占全部资本的比重(权数)。

在已确定个别资本成本的情况下,取得企业各种资本占全部资本的比重后,即可计算企业的综合资本成本。上述加权平均资本成本计算中的权数是按照账面价值确定的。这种账面价值权数的资料易于从资产负债表中取得,但如果债券和股票的市场价值已脱离账面价值很多,计算结果会与实际有较大的差距,从而贻误筹资决策。为了克服这个缺陷,个别资本占全部资本的比重还可以按市场价值或目标价值确定,分别称为市场价值权数、目标价值权数。

市场价值权数指债券、股票以市场价格确定权数。这样计算的加权平均资本成本能反映企业目前的实际情况。同时,为弥补证券市场价格变动频繁的不便,也可选用平均价格。

目标价值权数是指债券、股票以未来预计的目标市场价值确定权数。这种权数能体现期望的资本结构,而不是像账面价值权数和市场价值权数那样只反映过去和现在的资本结构,所以按目标价值权数计算的加权平均资本成本更适用于企业筹措新资金。然而,企业很难客观合理地确定证券的目标价值,使得这种方法不易推广。

4. 边际资本成本

企业无法以某一固定的资本成本来筹措无限的资金,当其筹集的资金超过一定限度时,原来的资本成本就会增加。在企业追加筹资时,需要指导筹资额在什么数额上会引起资本成本怎样的变化。这就要用到边际资本成本的概念。

边际资本成本是指资金每增加一个单位而增加的成本。边际资本成本也是按加权平均法计算的,是追加筹资时所使用的加权平均成本。

6.4 财务杠杆

一般地讲,企业在经营中总会发生借入资金。企业负债经营,不论利润多少,债务利息是不变的。于是,当利润增大时,每一元利润所负担的利息就会相对减少,从而使投资者收益有更大幅度的提高。这种债务对投资者收益的影响称作财务杠杆。

1. 经营风险和财务风险

经营风险指企业因经营上的原因而导致利润变动的风险。影响企业经营风险的因素主要有以下几种。

(1) 产品需求

市场对企业产品的需求越稳定,经营风险就越小;反之,经营风险则越大。

(2) 产品售价

产品售价变动不大,经营风险则小;否则经营风险便大。

(3) 产品成本

产品成本是收入的抵减,成本不稳定,会导致利润不稳定,因此产品成本变动大时,经营风险就大;反之经营风险就小。

(4) 调整价格的能力

当产品成本变动时,若企业具有较强的调整价格的能力,经营风险就小;反之经营风险则大。

(5) 固定成本的比重

在企业全部成本中,固定成本所占比重较大时,单位产品分摊的固定成本额就多。若产品量发生变动,单位产品分摊的固定成本会随之变动,最后导致利润更大幅的变动,经营风险就大;反之经营风险就小。

财务风险是指全部资本中债务资本比率的变化带来的风险。当债务资本比率较高时,投资者将负担较多的债务成本,并经受较多的负债作用所引起的收益变动的冲击,从而加大财务风险;反之,当债务资本比率较低时,财务风险就小。财务风险又称筹资风险,尤其指由于财务杠杆作用导致企业所有者权益变动的风险,甚至可能导致企业破产的风险。

财务风险可用长期负债与股东权益之比、长期负债与资产总额之比来衡量。若这两者之比不恰当,超过了相应的偿债能力,企业面临的财务风险会增大,企业的实际收益会下降。反之,若两者之比低于相应的偿债能力,企业的财务风险会较小,但偿债能力未能充分发挥,也未能充分利用负债抵税带来的好处,因此也无法实现收益和资产价值的最大化。

一般在投资效益较好的情况下负债,由于企业偿债能力较强,财务风险较小;而在投资效益不好的情况下负债,企业偿债能力较弱,财务风险较大。影响财务风险的主要因素有以下几种。

(1) 资本供求情况

如果筹资时资本的供给大于对资本的需求,此时获取资本的成本较低,则企业面临的财务风险较小;如果此时资本的供给小于对资本的需求,获取资本的成本较高,企业面临的财务风险就大。

(2) 企业的获利能力情况

企业能否按期还本付息,归根结底要看企业的获利状况。

(3) 市场利率水平

若筹资时市场利率水平低,则获取资本的成本较低,财务风险就小;如果筹资时市场利率水平较高,此时获取资本的成本较高,企业面临的财务风险就大。

(4) 财务杠杆的利用情况

在偿债能力相对稳定情况下,如果企业对财务杠杆利用得较多,即在资本结构中负债比例较高,则企业面临的财务风险就大。反之,在一定偿债能力下,公司对财务杠杆利用得较少,即在资本结构中负债比例较低,则企业面临的财务风险就较低。但此时企业享受利息免税的金额也会较少。

在上述因素中，财务杠杆对财务风险的影响最为综合。企业所有者欲获得财务杠杆利益，就需要承担由此引起的财务风险，因此，必须在财务杠杆利益与财务风险之间做出合理的权衡。

由于财务杠杆作用，当息前税前利润下降时，税后利润下降得更快，从而给企业带来的财务风险更大。

2. 经营杠杆系数

在上述影响企业经营风险的诸多因素中，固定成本比重的影响很重要。在某一固定成本比重的作用下，销售变动对利润产生的作用称为经营杠杆。由于经营杠杆对经营风险的影响最为综合，因此常常被用来衡量经营风险的大小。

经营杠杆的大小一般用经营杠杆系数表示，它是企业计算利息和所得税之前的盈余（简称息前税前盈余）变动率与销售额变动率之间的比率。计算公式如下：

$$DOL = \frac{\frac{\Delta EBIT}{EBIT}}{\frac{\Delta Q}{Q}}$$

式中，DOL——经营杠杆系数；

$\Delta EBIT$——息前税前盈余变动额；

EBIT——变动前的息前税前盈余；

ΔQ——销售变动量；

Q——变动前的销售量。

企业一般可以通过增加销售额、降低产品单位变动成本、降低固定成本比重等措施使经营杠杆系数下降，降低经营风险。但这往往要受到条件的限制。

3. 财务杠杆系数

财务杠杆作用的大小通常用财务杠杆系数来表示。财务杠杆系数越大，表明财务杠杆作用越大，财务风险也就越大；财务杠杆系数越小，表明财务杠杆作用越小，财务风险也就越小。其计算公式如下：

$$DFL = \frac{\frac{\Delta EPS}{EPS}}{\frac{\Delta EBIT}{EBIT}}$$

式中，DFL——财务杠杆系数；

ΔEPS——普通股每股收益变动额；

EPS——变动前的普通股每股收益；

$\Delta EBIT$——息前税前盈余变动额；

EBIT——变动前的息前税前盈余。

财务杠杆系数表示的是息前税前盈余增长所引起的每股收益的增长幅度；在资本总额、息前税前盈余相同的条件下，负债比率越高，财务杠杆系数越高，财务风险越大，但预期每股收益（投资者收益）也越高。企业可以通过合理安排资金结构，适度负债，使财务杠杆利益抵消风险增大所带来的不利影响。

4. 总杠杆系数

经营杠杆通过扩大销售影响息前税前盈余,而财务杠杆通过扩大息前税前盈余影响收益。若两种杠杆共同起作用,那么销售额稍有变动就会使每股收益产生更大的变动。通常把这两种杠杆的连锁作用称为总杠杆作用,用总杠杆系数(DTL)表示,它是经营杠杆系数和财务杠杆系数的乘积。

总杠杆作用的意义首先在于能够估计出销售额变动对每股收益造成的影响;其次,它可以帮助我们平衡经营杠杆和财务杠杆之间的相互关系。比如,经营杠杆系数较高的公司可以在较低的程度上使用财务杠杆;反之亦然。

6.5 汽车服务企业的投资管理

6.5.1 概述

汽车服务企业为了扩大生产和经营范围,增强企业实力,常常需要进行投资活动。如运输企业为开发新的运输线路、扩大生产规模等,投入大量人力、物力的活动就是投资活动;汽车服务企业购买其他企业发行的股票和债券,或和其他企业共同创办联营企业,也是一种投资活动。

投资必须根据市场经济的规律进行,掌握投资理论和知识,会增加投资成功的可能性。孙子曰:"夫未战而庙算胜者,得算多也,未战而庙算不胜者,得算少也。多算胜,少算不胜,而况于无算乎!"同样的道理,投资也需要预先做好准备,进行投资分析和可行性研究,制订投资计划,以提高投资成功的可能性。

市场经济有一定的规律和周期。以汽车服务产业为例,在经济周期的早期,消费者购买力有限,市场总规模较小,汽车服务企业营业额低,无须更多的投资扩大生产规模。随着消费者购买力提高,汽车保有量迅速扩大,汽车产业的提升促进了其上下游相关产业的复苏。汽车服务企业营业额和利润开始上升,企业开始扩大投资,比如更新生产设备,扩大经营规模,增加从业人员等,从而又进一步促进了相关产业的发展。这样由汽车行业的复苏导致一系列产业的复苏,创造了一系列的就业机会。结果是成长又造成了再成长,经济进入扩张期。

在扩张期,生产力可能无法立即满足需要,企业扩张也需要时间,于是物价上涨。由于企业借贷增加,促使利率提高,企业对原材料、人力、设备的需求增加也导致它们的价格提高,于是经济进入繁荣期。生产成本的上涨超过物价上涨,反过来使得利润下降。这时投资的扩大也可能超过营业额的增加,因此,汽车服务企业会转而减少对固定资产的投资,减少负债,经济活动进入收缩期,需求降低,物价下降,存货过剩,企业开始减少生产和人员,经济降温,产业衰退。一个产业的衰退波及另一个产业,最后影响整个经济,造成经济衰退。

以上就是一个经济周期,持续时间为4~5年,有一定的规律性。因此投资也具有周期性和规律性。企业初创期投资风险最大,企业发展期投资风险最小,收益最大。市场饱和期投资风险又加大,投资收益减少。

投资一方面需要选择好的时机,另一方面还需要选择好的投资对象和目标,也就是投资项目。而要正确进行投资,就必须考虑货币的时间价值和投资的风险价值。

6.5.2 货币的时间价值

货币的时间价值,是指货币经历一定时间的投资和再投资所增加的价值,也称为资金的时间价值。

在现实生活中,有这样一种现象:现在的1元钱和一年后的1元钱其经济价值不相等,或者说其经济效用不同。现在的1元钱比一年后的1元钱经济价值要大一些,即便不存在通货膨胀也是如此。

企业使用货币购买生产所需资源,然后生产出新的产品,产品出售时得到的货币量大于最初投入的货币量。资金的循环和周转以及因此实现的货币增值都需要时间。而每完成一次循环,货币就增加一定数额。结果是货币投入生产经营过程后,其数额随着时间的持续不断地按照几何级数增长。这使得货币具有时间价值。

此外,将货币存入银行,一定时间之后会获得利息,这个利息也就是货币的时间价值。所以在不考虑风险因素和通货膨胀的条件下,只要将货币进行有目的的投资,或者在不同时间的价值就不相等,它会随着时间的推移而增值。

反过来,由于货币的时间价值是在生产经营过程中产生的,因此货币具有时间价值的前提条件就是必须将货币有目的地进行投资,即将货币直接或者间接地作为资本投入到生产过程中。按照马克思的劳动价值理论,货币的时间价值的本质是工人创造的剩余价值的一部分。

由于竞争,市场经济中各部门投资的利润率趋于平均化。每个企业在投资项目时,至少要取得社会平均利润率,否则不如投资其他项目或者行业。从量的规定性来看,货币的时间价值是没有风险和没有通货膨胀条件下的社会平均资金利润率。因此,货币的时间价值就是评价投资方案的基本标准。

如前所述,由于货币随着时间的延续而增值,现在的1元钱和将来的1元钱在经济上是不相等的。由于不同时间单位货币的价值不相等,所以不同时间的货币收入不能直接进行比较,需要把它们换算到相同的时间基础上,才能进行大小的比较。这就要用到计算利息的各种方法,具体可以参考财务管理相关书籍,这里因篇幅所限就不赘述了。

财务管理对时间价值的研究,主要是对资金的筹集、投放、使用和回收等从量上进行分析,以找出适用于分析方案的数学模型,改善财务决策的质量。

6.5.3 投资项目评价的基本方法

上文所提到的投资项目是指对生产性固定资产的投资,不包括对非生产性固定资产的投资。固定资产的投资决策的程序一般为:首先,估算出投资方案的预期现金流量;第二,估计预期现金流量的风险;第三,确定资本成本的一般水平;第四,确定投资方案的收入现值;最后,通过收入现值与所需资本支出的比较,决定拒绝或确认投资方案。

因此,估计投资项目的预期现金流量是投资决策的首要环节,也是分析投资方案时最重要、最困难的步骤。

1. 现金流量

现金流量是指企业在一定会计期间按照现金收付实现制,通过一定经济活动(包括经营活动、投资活动、筹资活动和非经常性项目)而产生的现金流入、现金流出及其总量情况的总称,即企业一定时期的现金和现金等价物的流入和流出的数量。现金流入量与现金流出量相抵后的差额称为现金净流量,也称净现金流量。

一个投资方案的现金流出量是指该方案引起的企业现金支出的增加额。比如,企业购置一条生产线,会引起的现金流出,包括购置生产线的价款和垫支流动资金(由于生产能力扩大导致的对流动资产需求的增加)。

一个方案的现金流入量是指该方案所引起的企业现金收入的增加额。在上例中,引起的现金流入包括:营业现金流入、该生产线出售或者报废时的残值收入和收回的流动资金。

现金净流量则是指一定期间现金流入量和现金流出量的差额。一般地,投资决策中的现金流量是指现金净流量。这里的"现金"是广义的现金,不仅包括各种货币资金,还包括项目需要投入企业拥有的非货币资源的变现价值。比如需要使用原有的厂房、设备和财力等,相关的现金流量则指它们的变现价值。

2. 投资项目评价的评价指标

项目投资决策评价指标可分为两大类:一类是考虑资金的时间价值的贴现指标,又称动态指标,主要包括净现值、现值指数、内含报酬率等;另一类是不考虑资金的时间价值的非贴现指标,又称静态指标,主要包括投资回报期、平均报酬率等。贴现指标是现在投资决策评价分析应用的主要指标,非贴现指标为辅助指标。

1) 贴现指标

(1) 净现值

净现值(net present value, NPV)是投资项目投入使用后的净现金流量按资金成本率或企业要求达到的报酬率折合为现值,减去原始投资额现值以后的余额,即从投资开始至项目寿命终结时所有一切现金流量(包括现金流出量和现金流入量)的现值之和,其计算公式为

$$\mathrm{NPV} = \sum_{t=0}^{n} \frac{I_t}{(1+i)^t} - \sum_{t=0}^{n} \frac{O_t}{(1+i)^t}$$

式中,n——投资年限;

I_t——第 t 年的现金流入量;

O_t——第 t 年的现金流出量;

i——贴现率。

贴现率是指商业银行办理票据贴现业务时计算利息的利率。计算净现值必须设定一个合适的贴现率,可以采用企业的资本成本率,也可以采用企业愿意接受的最低报酬率。

如果计算结果净现值为正,即贴现后现金流入大于现金流出,说明该投资项目报酬率高

于原先设定的贴现率。假定该投资项目所需资金都是以一定的资本成本率借入的,并以该资本成本率作为贴现率,如果净现值为正,说明该投资项目在偿还本息后有剩余收益;如果净现值为负,说明该投资项目的报酬率小于原先设定的贴现率,该投资项目的现金流入还不够偿还本息。

例如,投资 50 万元到一个项目,10 年后有 100 万元的收入,但是这 100 万元贴现到今天的价值只有 30 万元,那么这个项目就不值得投资。因为你把本金投入银行,10 年后的利息加本金都比 100 万元多。

因此,如果单独分析一个投资项目,其净现值大于或者等于零,说明该投资项目在经济上是可行的。若同时存在多个投资方案,则应该在所有净现值大于或等于零的方案中选择净现值最大的一个作为最优方案。

净现值指标的优点有两方面:一是考虑了货币的时间价值,能反映投资方案的净收益额;二是净现值考虑了投资的风险,因为贴现率是由公司根据一定风险确定的预期报酬率或者资金成本率制定的。

其缺点也有两方面:一是不能动态地反映投资项目的实际收益水平,且各项目投资额不等时,仅用净现值无法确定投资方案的优劣,必须与其他动态评价指标结合使用,才能做出正确的评价;二是贴现率的确定比较困难,而贴现率的高低对净现值的计算结果有重要影响。

(2) 现值指数

现值指数(present value index,PVI)也称获利指数,是投资方案的未来现金流入现值与现金流出现值之比,计算公式为

$$\text{PVI} = \sum_{t=0}^{n} \frac{I_t}{(1+i)^t} \Big/ \sum_{t=0}^{n} \frac{O_t}{(1+i)^t}$$

现值指数大于 1、等于 1 和小于 1 分别对应于净现值的正数、零和负数,其基本意义也一致。

现值指数指标的优点是考虑货币的时间价值,能够真实地反映投资项目的盈亏程度。由于现值指数是未来现金净流量现值与原始投资现值之比,是一个相对数,所以现值指数克服了净现值指标在项目投资额不相等时,无法判断方案好坏的缺点。

现值指数的缺点与净现值指标的缺点一样,就是不能动态地反映投资项目的实际收益水平。

(3) 内部报酬率

内部报酬率(internal rate of return,IRR)也称内含报酬率,是指能够使未来现金流入量的现值等于未来现金流出量现值的贴现率,或者说使投资方案净现值为零的贴现率。它是投资项目本身所具有的真实报酬率,与计算净现值和现值指数之前都需要设定一个贴现率不同,计算内部报酬率不需要作这样的设定,因为现在贴现率本身为求解的对象。其计算公式为

$$\text{NPV} = \sum_{t=0}^{n} \frac{I_t}{(1+\text{IRR})^t} - \sum_{t=0}^{n} \frac{O_t}{(1+\text{IRR})^t} = 0$$

内部报酬率的计算一般采用逐步测试的方法。即先估计一个贴现率,用它来计算方案的净现值。如果净现值为正数,说明方案本身的报酬率超过贴现率,应该提高贴现率进一步

测试；如果净现值为负数，说明本身的报酬率低于贴现率，应该降低贴现率进一步测试。经过多次测试，寻找净现值接近于零的贴现率，这就是方案本身所具有的真实报酬率。如果对测试结果精度要求较高，可以找出净现值由正到负且比较接近零的两个对应的贴现率，通过插值法计算出比较精确的内含报酬率。

2) 非贴现指标

（1）投资回收期

投资回收期（payback period，PP）是指投资项目收回初始投资所需要的时间，一般以年为单位。为了避免意外情况，投资者总是希望能够尽快收回投资，即投资回收期越短越好。投资回收期越短，说明该项投资所冒的风险越小，方案越佳。

投资回收期的计算，因每年营业现金净流量是否相等而有所差异。当每年的营业现金净流量相等时，投资回收期可按下列公式计算：

$$投资回收期 = 原始投资额 \div 每年的现金净流量$$

将计算的投资回收期与期望投资回收期相比，若方案回收期短于期望回收期，则方案可行；否则，方案不可行，应该放弃投资。如果几个方案都达到既定的回收期，且只能选择一个方案时，则应选择回收期最短的方案。

投资回收期计算简单，易于理解，有利于促进企业加快投入资本的回收速度，尽早收回投资。但它有两个缺点：一是忽视现金流量的发生时间，未考虑货币的时间价值；二是忽略了投资回收期后的现金流量，注重短期行为，忽视长期效益。因此，只能运用投资回收期对备选方案进行初步评价时，必须与其他决策指标结合使用，才能做出较为正确的决策。

（2）平均报酬率

平均报酬率（average rate of return，ARR）是投资项目寿命周期内平均的年投资报酬率。平均报酬率也称平均投资报酬率，常用的计算公式为

$$平均报酬率 = 每年平均现金净流量 \div 原始投资额 \times 100\%$$

采用平均报酬率进行评价分析时，将投资项目的平均报酬率与决策人的期望平均报酬率相比，如果平均报酬率大于期望的平均报酬率，则可接受该项投资方案；否则，拒绝该项投资方案。若有多个可接受的投资方案选择，则应选择平均报酬率最高的方案。

平均报酬率指标的优点是计算简单、明了，易于掌握，克服了投资回收期没有考虑回收期后现金流量的缺点，即考虑了整个方案在其寿命周期内的全部现金流量。平均报酬率指标的缺点是忽视现金流量的发生时间，未考虑货币的时间价值，所以不能较为客观、准确地对投资方案的经济效益做出判断。

6.5.4 项目投资风险分析

前面在讨论投资决策时，曾假设现金流量是确定的，即可以确知现金收支的金额及其发生时间。实际上，投资活动充满了不确定性。如果决策面临的不确定性比较小，一般可以忽略它们的影响，把决策视为确定情况下的决策。如果决策面临的不确定性和风险较大，足以影响方案的选择，那么就应对它们进行计量并在决策时加以考虑。

投资风险分析常用的方法是风险调整贴现率法和肯定当量法。

1. 风险调整贴现率法

这种方法的基本思想是：对于高风险的项目，采用较高的贴现率去计算净现值，然后根据净现值法的规则来选择方案。具体确定方法有以下几种。

1）资本资产定价模型

总资产风险分为可分散风险和不可分散风险。可分散风险可通过多元化投资消除。进行投资分析时，值得注意的是不可分散风险。不可分散风险可通过资本资产定价模型调整。此时，特定投资项目按风险调整的贴现率计算公式为

$$K_j = R_f + b_j(R_m - R_f)$$

式中，K_j——项目 j 按风险调整的贴现率；

R_f——无风险报酬率；

b_j——项目 j 不可分散的风险系数；

R_m——所有项目平均贴现率或必要的报酬率。

2）风险报酬率模型

一项投资的总报酬率可分为无风险报酬率和风险报酬率，即

$$K = R_f + bV$$

所以，特定项目按风险调整的贴现率可以按下式计算：

$$K_i = R_f + b_i V_i$$

式中，V_i——项目 i 预期标准离差率，它表示某资产每单位预期收益中所包含的风险的相对大小。

一般情况下，标准离差率越大，资产的相对风险越大；标准离差率越小，资产的相对风险越小。

2. 肯定当量法

风险调整贴现率法比较符合逻辑，但是它把时间价值和风险价值混在一起，并据此对现金流量进行贴现，意味着风险随着时间的推移而加大，有时与事实不符，比如种植业、餐饮业。

为了克服风险调整贴现率法的缺点，提出了肯定当量法，其基本思路是先用一个系数把有风险的现金收支调整为无风险的现金收支，然后用无风险的贴现率去计算净现值，以便用净现值法的规则判断投资机会的可取程度。

肯定当量系数是肯定的现金流量与相应的不肯定的现金流量的比值，通常用 d 表示，一般可根据各年现金流量风险的大小或标准离差率选取不同的肯定当量系数。当现金流量确定时，可取 $d=1$；当风险较小时，可取 $0.8 < d < 1$；当风险一般时，可取 $0.4 < d < 0.8$；当风险较大时，可取 $0 < d < 0.4$。肯定当量系数大小的设定，受分析者风险偏好的影响，冒险型的分析者会采取较高的肯定当量系数，保守型的分析者可能会选取较低的肯定当量系数。

肯定当量法克服了风险调整贴现率法夸大远期风险的缺点，可以根据各年不同的风险程度，分别采用不同的肯定当量系数，但如何确定当量系数是个困难的问题。

6.6 汽车服务企业目标成本管理

6.6.1 汽车服务企业成本费用管理概述

汽车服务企业的成本是指企业为了经营和维修服务活动的开展所支出的各项费用。它包括三个部分：物化劳动①的转移价值、生产中所消耗的材料及辅料的转移价值与员工的劳动报酬，以及剩余劳动所创造的价值。实现利润最大化是企业生产经营的目标，在汽车服务价格既定、汽车服务量一定的情况下，成本的高低是实现利润大小的决定因素，因而企业应想方设法降低成本。

1. 成本费用管理

成本费用管理，就是对企业生产经营活动过程中发生的成本和费用，有组织、有计划和系统地进行预测、计划、控制、核算、考核和分析等一系列科学管理工作的总称。

1) 成本的概念

任何一个企业在生产经营过程中，必须要耗费一定量的物质资料(包括货币资金)。企业在一定时期内，以货币额表现的生产耗费就是成本费用。成本费用有多种形式，例如，生产中消耗的劳动资料，表现为固定资产折旧费、修理费等；生产中消耗的劳动对象，表现为原材料、燃料、动力等费用；劳动报酬表现为工资、奖金等人工费。生产经营中的其他耗费，表现为制造费用、管理费用、财务费用等；企业为了销售产品或劳务，还要支付销售费用等。企业在生产经营中为制造产品或劳务所发生的直接材料、直接人工、制造费用等，构成了这些产品或劳务的生产成本；生产经营中发生的管理费用、财务费用和销售费用等，构成企业的期间费用，由于这些费用容易确定发生期，难以确定归属的对象，应从当期损益(一定时期企业生产经营活动的收入与费用的差额)中扣除。

2) 成本项目

按照成本费用的经济用途，可将成本分为直接材料、直接人工、制造费用和期间费用。

(1) 直接材料。它包括企业在生产经营过程中实际消耗的各种材料、备品配件以及轮胎、专用工器具、动力照明、低值易耗品等支出。

(2) 直接人工。包括企业直接从事生产经营活动人员的工资、福利费、奖金、津贴和补贴等。

(3) 制造费用。它是指在生产中发生的那些不能归入直接材料、直接人工的各种费用。

以上三类费用是计入企业产品成本的费用。

(4) 期间费用。期间费用是企业行政管理部门为组织和管理生产经营活动而发生的管理费用和财务费用，为销售和提供劳务而发生的进货费用和销售费用。期间费用不计入产品成本，而是作为费用直接计入当期损益。

---

① 物化劳动是凝结在劳动产品中，体现为劳动产品的人类劳动。

① 销售费用是指企业在销售商品过程中发生的费用。包括销售产品或者提供劳务过程中发生的应由企业负担的运输费、装卸费、包装费、保险费、差旅费、广告费以及专设的销售机构人员的工资和其他经费等。

② 管理费用是指企业为组织和管理生产经营活动所发生的费用。它包括企业行政管理部门在企业经营中发生的或应由企业统一负担的公司经费,如行政管理部门职工工资、折旧费、修理费、低值易耗品摊销、办公费和差旅费等;还包括无形资产摊销、咨询费、诉讼费、房产税、工会经费、技术转让费、职工教育培训经费、研究开发费、提取的职工福利基金和坏账准备金等。

③ 财务费用是企业在筹资等财务活动中发生的费用。包括企业经营期间发生的利息净支出、汇总净损失、金融机构手续费以及筹集资金而发生的其他费用等。

2. 成本费用的确认原则

在成本核算时,确认某项资产耗费是否属于成本费用,其基本原则是配比原则和权责发生制原则。《企业会计准则》明确指出:会计核算应当以权责发生制[①]为基础。收入与其相关的成本、费用应当配比。

由于企业购置资产完全是为了取得收入,只有资产不断转换为成本或费用,并从收入中得到抵补,企业的生产经营活动才能持续下去。从计量经济的角度看,收入是对成果的计量,而成本、费用是对耗费的计量,两者对比就可确定企业经营的收益。如果不对与收入相关的成本、费用予以确认,而任意在收入中抵扣各项不应列支的费用支出,就会使企业收益流失,无法判断企业真实的经营绩效。因此,收入与成本费用对比的核心是相互配比。具体来说,这种配比有以下三种方式。

(1) 直接配比。如果某项资产的耗费与取得的收入之间具有直接的因果关系,就可直接将发生的资产耗费计入某一具体的成本计算对象之中,这种方式叫直接配比。如直接材料、直接人工等,构成生产成本。

(2) 间接配比。如果无法满足直接配比时,就需要采用合理的方法,将多种收入共同耗用的费用按一定比例或标准再分配到各种劳动中去,这种配比叫间接配比。如制造费用等。

(3) 期间配比。费用与企业一定期间收入相联系,就叫期间配比。

按权责发生制确认成本费用,就是对本期发生的成本费用按其是否应发生在本期为标准来确认的,凡是应在本期发生的成本费用,不论其是否在本期实际支付,均作为本期的成本费用;反之,凡是不应在本期发生的成本费用,即便在本期支付,也不作为本期的成本费用处理。

3. 成本费用管理的任务和要求

1) 成本费用管理的任务

成本费用管理的基本任务,就是通过预测、计划、控制、核算、分析与考核来反映企业的

---

① 权责发生制是指凡是在本期内已经收到和已经发生或应当负担的一切费用,不论其款项是否收到或付出,都作为本期的收入和费用处理;反之,凡不属于本期的收入和费用,即使款项在本期收到或付出,也不应作为本期的收入和费用处理。

生产经营成果，挖掘降低成本和费用的潜力，努力降低成本，减少费用支出。

汽车服务企业成本费用管理工作，要随着企业经营机制的转换，从思想观念到业务技术等方面实现彻底的观念转变，要由单纯执行性的成本费用管理转化为决策性与执行性并重的成本费用管理。这就要求企业的成本费用管理从传统的反映、监督扩展到成本费用预测、计划、控制、核算、分析与考核上来，实现全方位的成本费用管理；从单方面的生产过程成本管理扩展到企业资金筹集、项目可行性研究、服务方式、物资采购供应、生产与控制等一切环节的全过程的成本费用管理；从单纯财务会计部门管理扩展到一切生产、技术、经营部门管理；从仅仅依靠财务会计人员扩展到上自企业领导下至每位职员的全员成本管理。

2) 企业成本费用管理的要求

（1）努力降低生产消耗，提高经济效益。汽车服务企业的一切经营管理工作，都要围绕提高经济效益这一中心。在市场经济条件下，对于多数企业来讲，微观经济运行目标只能是利润最大化。要实现这个目标，固然首先取决于企业的生产经营规模，即经营业务量的大小，但是生产经营耗费的高低，同样处于决定性的地位。降低成本与提高业务量都可增加企业利润，但降低成本增加的利润比扩大业务量增加的利润要来得更快、更有效。因此，在成本费用管理中，必须努力降低生产消耗，下大力气降低成本，才能显著地提高企业的经济效益。

（2）实行全员成本管理。汽车服务企业成本费用的形成，与企业的全体职员有关。因此，要把成本降低任务的指标和要求落实到企业内部各职能部门，充分发挥他们在加强成本管理中的积极作用。要把成本费用计划，按照全员成本管理的要求，按部门分别落实责任指标，定期考核执行情况，分析成本费用升降的原因，做到分工明确、职责清楚、奖惩合理。

（3）划清费用界限，正确计算成本。企业必须按照权责发生制原则计算成本。企业的成本核算资料必须正确完整，如实反映生产经营过程中的各种消耗。对生产经营过程中所发生的各项费用必须设置必要的生产费用账簿，以审核无误、手续齐备的原始凭证为依据，按照成本核算对象，把成本项目、费用项目按部门进行核算，做到真实准确、完整及时。

（4）加强成本考核工作。成本考核是企业对内部各成本责任中心定期考查，审核其成本计划指标的完成情况，并评价其成本管理工作的成绩。通过成本考核，可以监督各成本责任中心按时完成成本计划，也能全面、正确地了解企业成本管理工作的质量和效果。成本考核以成本计划指标作为考核的标准，以成本核算资料作为考核的依据，以成本分析结果作为评价的基础。

6.6.2 成本预测和成本计划

成本预测是企业为了更好地控制成本，做到心中有数，避免盲目性，减少不确定性，为更准确地进行决策提供依据而对企业发生的各项成本进行预测。成本计划是通过货币形式以及以其实际达到的水平为基础，参照计划期的业务量，对计划期内成本的耗费水平加以预先计划和规定。

对汽车服务企业的成本预测和成本计划，一般可以参照上期的实际情况，分析本期影响成本的各种因素，考虑其影响程度的大小，制订出基本合理的方案。

1. 成本预测

预测是人们根据已知的事务信息,预计和推测事务未来发展趋势和可能结果的一种行为。成本预测就是根据历史成本资料和有关经济信息,在认真分析当前各种技术经济条件、外界环境变化及可能采取的管理措施基础上,对未来的成本水平及其发展趋势所做的定量描述和逻辑推断。

成本预测既是成本管理工作的起点,也是成本事前控制成败的关键。实践证明,合理有效的成本决策方案中成本水平的测算与比较,可以从提高经济效益的角度,为企业选择最优成本决策和制订先进可行的成本计划提供依据。

汽车服务企业成本预测,就是根据企业成本特性及有关数据资料,结合本企业发展的前景和市场发展趋势,采用科学的分析方法,对一定时期某些业务的成本水平和成本目标进行预计和测算。成本预测的主要内容是进行目标成本预测。

1) 目标成本预测的内容

目标成本是实现目标利润、提高企业经济效益的基础,是在预先确定目标利润的前提下提出的,因而它带有很大的强制性,成为不得超过的硬指标。目标成本是市场激烈竞争中的必然产物,企业制定的目标成本必须具有市场竞争力,从而使得目标成本的制定具有先进性和权威性。正常情况下,目标成本应比目前的实际成本要低,但是是可以经过努力实现的。正确地预测和制定目标成本,对于挖掘企业降低成本的潜力、编制先进可行的成本计划和保证实现企业经营目标具有重要的作用。

目标成本预测需要做好大量的工作,主要有:进行全面的市场调查,掌握市场需求情况,预测汽车市场的需求数量及其变化规律,掌握汽车及汽车配件等价格变动情况;进行企业内部调查,预测企业生产技术、生产能力和经营管理可能发生的变化,掌握企业生产费用的增减和成本升降的有关资料及其影响因素和影响程度;根据企业内外各种资料和市场发展趋势,预测目标收入,根据目标收入计算目标利润。

2) 目标成本预测方法

(1) 目标利润法

目标利润法又称倒扣计算法或余额计算法,其特点是"保利润、压成本",先制定目标利润,然后考虑税金、期间费用等项目,推算出目标成本的大小。其测算公式为

$$目标成本 = 预测经营收入 - 应纳税金 - 目标利润 - 期间费用$$

(2) 选择某一先进成本作为目标成本

该成本既可以是本企业历史上的最好水平,也可以是按先进定额制定的标准成本。这种方法较简单,但要注意可行性。如果环境条件发生变化,就不能生搬硬套,要及时修正或调整。

(3) 根据本企业上年度实际平均单位成本,或按照市场需要与竞争条件规定的成本,测算出目标成本

其测算公式为

$$单位目标成本 = 上年度实际平均单位成本 \times (1 - 计划期成本降低率)$$

确定目标成本还必须掌握充分的调查资料,主要有市场需求情况以及所需材料、燃料、零配件价格变动情况,本企业的生产技术、经营管理水平等对生产能力的影响,有关的统计

资料、上期成本变化情况的分析等。在调查研究的基础上进行成本预测,使目标成本既先进又切实可行。这样的目标成本就可以作为计划成本,并据以编制成本计划。

2. 成本计划

1) 成本计划的作用与要求

成本计划是汽车服务企业进行生产经营所需的费用支出和降低成本任务的计划,是企业生产经营计划的重要组成部分,是进行成本控制、成本分析以及编制财务计划的重要依据。科学的成本计划,可以起到以下作用:

(1) 为企业和全体员工提出增加生产、节约耗费、降低成本的目标;
(2) 为考核和评价企业生产经营管理成果提供重要的依据;
(3) 为实行成本指标分级归口管理,建立和健全成本管理责任制提供基础;
(4) 为编制利润计划提供依据。

编制企业成本计划不是消极地反映企业生产和消耗等方面的情况,而是积极地促进生产、技术、原材料、劳动效率和服务质量的管理部门改善工作,提高企业各方面的管理水平。

为了发挥成本计划的作用,在编制成本计划时,应特别体现下列要求:

(1) 重视成本预测提供的资料;
(2) 符合实现目标利润对成本降低指标的要求;
(3) 遵守国家规定的成本开支范围;
(4) 协调好成本计划指标与其生产技术经济指标之间的平衡与衔接;
(5) 成本计划指标的制定要实事求是,既要先进可行,又要有必要的技术组织措施予以保证。

2) 成本计划的编制程序

(1) 收集和整理基础资料。在编制成本计划之前,要广泛收集和整理所必需的各项基础资料,并加以分析研究。所需资料主要包括:企业制定的成本降低任务、指标或承包经营的承包指标,企业计划采取的经营决策和经营计划等有关指标,各种技术经济定额、历史成本资料、同类企业的成本资料、企业内部各部门费用计划和劳务价格等其他有关资料等。

(2) 分析报告期成本计划的预计执行情况。合理的成本计划应该是在总结过去经验的基础上制定出来的,因此,应对报告年度计划执行情况进行预计和分析,计算出上年度实际单位成本,与报告年度计划成本相比,与同行业成本对比,找出差距,总结经验,为成本计划提供编制依据。

(3) 成本降低计划任务测算。正式编制成本计划之前,在对报告期成本计划执行情况进行分析的基础上,根据经营承包指标确定的目标利润、目标成本和成本预测的结果,计算计划成本降低的合理幅度,反复研究降低成本的措施,寻求降低成本的途径。

(4) 编制成本计划。编制成本计划有以下两种方法:

① 企业统一编制。以企业财务部门为主,在其他部门配合下,根据企业经营计划的要求,编制出企业的成本计划。

② 分级编制。把企业确定的目标成本、成本降低率以及各种关键性的物质消耗指标与费用开支标准下达到各生产部门;各生产部门根据下达的指标,结合本部门的具体情况,编制出各自的成本计划;企业财务部门根据各生产部门上报的成本计划,进行汇总平衡,编制

整个企业的成本计划。经过批准,再把成本计划指标分解,层层下达到各生产部门,据以编制出各部门的经营成本计划。

6.6.3 成本控制

广义的成本控制是指管理者对所有生产作业所采取的手段,目的是以最低的成本达到预先计划的质量和数量。它是成本管理的同义词,包括了一切降低成本的努力。狭义的成本控制是指运用以成本会计为主的各种方法预定成本限额,按限额开支成本和费用,将实际成本与成本限额相比较,衡量企业经营活动的成绩和效果,并以例外管理原则纠正不利差异,提高工作效率,实现甚至超过预期成本限额的要求。

1. 成本控制的意义和途径

1) 成本控制的意义

成本控制的根本目的是挖掘降低成本的潜力,努力降低生产经营成本,提高企业的经济效益。企业进行成本控制,具有以下意义:

(1) 可以降低物化劳动和活劳动[①]的消耗量,减少企业的资金占用量,节省人力、物力和财力。

(2) 在价格因素不变的情况下,降低成本就意味着增加利润,从而增加了股东的收益,同时也为国家创造了利益,并为企业的发展和员工待遇的进一步提高创造了更好的物质条件。

(3) 成本的降低,意味着企业在与竞争对手的竞争中取得了先机,有条件通过降低价格的方式吸引客户,扩大市场的占有率,获得更多的收入。

(4) 通过成本控制,可以提供有益的信息,用以分析企业耗费的结构和水平,找到企业存在的问题,并不断加以改进。

2) 成本控制的途径

汽车服务企业的成本控制,可以通过以下途径实现:

(1) 提高全员劳动生产率。劳动生产率的提高,意味着在相同的时间和相等的固定费用下,可以提供更多的服务,获得更多的收入。

(2) 节约各种材料的消耗。

(3) 提高设备利用率。

(4) 提高服务的质量,减少返工和不必要的消耗。

(5) 加速资金的周转,减少资金的占用。

(6) 节约其他开支,严格执行国家的财经纪律和企业董事会的决定。

2. 成本控制的基本程序

(1) 制定控制的标准。应根据成本预测与成本计划,制定出控制的标准,确定标准的上下限。

---

① 活劳动是生产过程中劳动者的体力和智力消耗过程中的人类劳动。

(2) 揭示成本差异,分析差异产生的原因。

(3) 反馈成本信息,及时纠正偏差。为及时反馈信息,应建立相应的凭证和表格,确定信息反馈时间和程序,并对反馈的信息进行分析,揭示差异产生的原因,并及时加以纠正,明确纠正的措施、执行的人员及时间,以达到成本控制的目的。

3. 成本控制与分析方法

成本控制要坚持经济性原则和因地制宜原则。推行成本控制而发生的成本不应超过因缺少控制而丧失的收益。对成本控制系统必须个别设计,以适合特定企业、部门、岗位和成本项目的实际情况,不可照搬别人的做法。

成本控制主要包括标准成本控制、目标成本控制等内容。

1) 标准成本控制

标准成本控制是通过标准成本系统实现的。标准成本系统是为克服实际成本计算系统的缺陷,提供有助于成本控制的确切信息而建立的一种成本计算和控制系统。标准成本系统并不是一种单纯的成本计算方法,它把成本的事前计划、日常控制和最终产品成本有机地结合起来。

"标准成本"在实际工作中有两种含义:一种是指单位产品的标准成本,它是单位产品的标准消耗量和标准单价的乘积;另一种是指实际产量的标准成本,它是实际产品产量与单位产品标准成本的乘积。

标准成本按其制定所依据的生产技术和经营管理水平,可分为理想标准成本和正常标准成本。

理想标准成本是指在最优的生产条件下,利用现有规模和设备能够达到的最低成本。正常标准成本是指在效率良好的条件下,根据下期一般应该发生的生产要素消耗量、预计价格、预计市场经营能力利用程度制定出来的标准成本。在制定这种标准成本时,把生产经营活动中一般难以避免的损耗和低效率等情况也计算在内,使之符合下期的实际情况,称为切实可行的控制标准。

在标准成本体系中,广泛使用正常标准成本。实际运行中这种标准是要经过努力才能达到的。从具体数量上看,正常标准成本应大于理想标准成本,但又小于历史平均成本水平。

标准成本系统可以事先提供具体衡量成本水平的适当尺度,给有关部门提出努力的目标,能够发挥事先的控制作用。通过差异分析,可以评价和考核工作的质量和效果,为业绩评价提供依据。

2) 目标成本控制

目标成本是指根据预计可实现的销售收入扣除目标利润计算出来的成本。"目标成本"是 20 世纪 50 年代出现的,是成本管理和目标管理相结合的产物,强调对成本实行目标管理。目标成本的制定,从企业的总目标开始,逐级分解成基层的具体目标。制定时强调执行人自己参与,专业人员协助,以发挥各级管理人员和全体员工的积极性和创造性。

(1) 目标成本控制的要点

① 初步在最高层设置目标,并以此作为一切工作的中心,起到指导资源分配、激励员工努力工作和评价经营成效的作用。总目标将来要转化为分公司或部门的目标,一直到最底

层的目标,但它是实验性的,下级在拟定考核的子目标时,可对其进行修订。如果强制分派任务,则不可能唤起承诺意识。

② 依组织结构关系将总目标分解,明确每个目标和子目标都应有一个责任中心和主要负责人,并明确其应完成的任务和应承担的责任。

③ 拟定目标的过程在一定程度上是自上而下和自下而上的反复循环过程,在循环中发现问题,应总结经验,及时解决。

(2) 目标成本控制的方法

目标成本是根据预计销售收入和目标利润计算出来的,即目标成本＝预计销售收入－目标利润。通过预计目标利润就可以初步确定目标成本。目标成本可采用目标利润率法和上年利润基数法确定。

① 目标利润率法

企业要在竞争中生存,必须达到或者超过同类企业的平均报酬水平,因此可以根据同类企业的平均利润率对本企业的目标利润进行估算。也可以将本行业先进企业的利润率作为目标成本的计算依据以促进本企业的发展。计算公式为

$$目标利润＝预计销售收入×同类企业平均销售利润率$$

或

$$目标利润＝本企业净资产×同类企业平均净资产利润率$$

或

$$目标利润＝本企业总资产×同类企业平均资产利润率$$

② 上年利润基数法

以上年的利润率为基础,再考虑由于环境改变和自身成长导致的利润增长率就可以估算目标利润。计算公式为

$$目标利润＝上年利润×年利润增长率$$

以上两种方法估算的目标利润不一定完全符合实际,还需要进行可行性分析。

6.7 税　　务

6.7.1 税法概述

税法是指有权的国家机关制定的有关调整税收分配过程中形成的权利义务关系的法律规范总和。

按照税法内容的不同,税法分为税收实体法、税收程序法、税收处罚法和税收行政法;按照税法效力的不同,分为税收法律、法规、规章;按照在税法体系中的法律地位不同,可以分为税收通则法和税收单行法。这里主要介绍与汽车服务企业税务有关的税种。

1. 增值税

增值税是以生产经营过程中发生的增值额作为征税对象的一种货物税。在我国,增值

税以在我国境内从事销售货物、进口货物和提供加工、修理修配劳务的单位和个人取得的增值额为征税对象。增值额是指纳税人在其生产经营活动中给商品新增加的价值额。

根据对外购固定资产扣除范围的不同,增值税分为生产型增值税、收入型增值税和消费型增值税。各类增值税都允许扣除外购流动资产的价款,但对外购固定资产价款的扣除则有所不同。

由于增值税只对商品或劳务销售额中的增值额征税,对销售额中属于转移过来的那部分价值不再征税,从而有效地排除了重复征税。作为一种新型的流转税,增值税实行税款抵扣制度,即在商品流转的各个环节计税时,分别抵扣上一环节已纳的税额。在征税的设计上,各环节的经营者作为纳税人,首先把增值税附加在价格上,从卖方收取税款;然后将收取的税款与进货时已交给供货商的税款相抵,其余额为应缴纳的税款;最后将应纳税款再缴给政府。可见增值税税负具有逐环节向前推移的特点,最终消费者是全部税款的负担者。增值税与传统营业税相比较,可以准确地计算出出口商品应退税额,使出口商品以不含税价格进入国际市场,促进商品的出口。但是由于增值税的抵扣方法和专用发票的管理制度使增值税的管理比较复杂,征收成本也比较高。

一般增值税的征收范围为销售货物、进口货物、提供加工、修理修配劳务和一些特殊项目或行为,包括:货物期货(实物交割环节纳税)、银行销售金银;典当业的死当物品销售业务和寄售业代委托人销售寄售物品的业务,代销货物,自产、委托加工或购买的货物用于非应税项目等。

2. 营业税

营业税是许多国家普遍开征的一种商品与服务税,一般对工商企业的营业额征收。我国现行的营业税和增值税、消费税共同构成商品与服务税制度。我国的营业税是对在我国境内提供应税劳务、转让无形资产和销售不动产取得营业收入的单位和个人征收的一种商品与服务税。

传统的营业税设置了九个税目,即交通运输业、建筑业、金融保险业、邮电通信业、文化体育业、娱乐业、服务业,转让无形资产和销售不动产。随着国家"营改增"政策的推进,目前营业税征收范围已经大大缩小。与汽车服务企业有关的税改情况如下:交通运输业、金融保险业中的融资租赁按有形动产租赁纳入营改增;仓储业、租赁业(有形动产租赁)、研发、信息技术服务、咨询服务全部营改增。

3. 消费税

消费税是以消费品和消费行为的流传额为课税对象的一种税,是世界各国普遍开征的税种。按征税范围划分,分为一般消费税和特别消费税。一般消费税是对所有消费品普遍征收的一种税;特别消费税则是对某些特定的消费品和消费行为征收的税。我国现行的消费税是特别消费税,是在对货物普遍征收增值税的基础上,有选择地对部分的应税消费品在生产、委托加工和进口环节再加征一道消费税。目的是为了影响消费行为,调节消费结构,以发挥税收调节经济和社会生活的作用,同时增加国家的财政收入。

现行消费税根据我国现阶段经济发展状况、居民消费水平和消费结构,以及社会发展的需要,主要在以下范围征收:过度消费会对人身健康、社会秩序、生态环境造成危害的特殊消费品,如烟、酒、鞭炮、实木地板、一次性筷子等;非生活必需品中的某些奢侈品,如化妆品、贵重首饰、珠宝玉石、高档手表、游艇等;高能耗及高档消费品,如小汽车(不包含电动汽车)等;不可再生的稀缺资源消费品,如汽油等;消费多、税源广,能提供较多财政收入的消费品,如汽车轮胎等。

4. 关税

关税是海关依法对进出境货物、物品征收的一种税。按照流通渠道分,可以分为进口关税、出口关税和过境关税;按照计征方式分为从量关税、从价关税、复合关税、选择性关税和滑动关税;按税率高低分为普通关税、优惠关税和加重关税。

5. 企业所得税

根据《中华人民共和国企业所得税法》,在我国境内,企业和其他取得收入的组织为企业所得税的纳税人(以下统称为企业)。个人独资企业、合伙企业除外(缴纳个税)。企业所得税的征税对象是企业的所得额,包括生产经营所得、其他所得和清算所得。

税法规定的企业所得税的税收优惠方式包括:免税、减税、加计扣除、加速折旧、减计收入、税额抵免等。

6. 个人所得税

个人所得税是对个人所得的各种应纳税收入为课税对象而征收的一种所得税,其纳税人包括了自然人个人和自然人企业,具体包括中国公民、个体工商业户、个人独资企业和合伙企业的投资者,以及在中国有所得的外籍人员(包括无国籍人员)和我国香港、澳门、台湾同胞。

个人所得税应税项目有:工资、薪金所得;个体工商户的生产、经营所得;对企事业单位的承包经营、承租经营所得;劳务报酬所得;稿酬所得;特许权使用费所得;利息、股息、红利所得;财产租赁所得;财产转让所得;偶然所得。

7. 车船税

2006年车船使用税和车船使用牌照税合并改革为车船税,使车船使用税从行为税转入财产税行列。目前我国正式开征的财产税只有房产税和车船税。

在我国境内,依法应当在车船管理部门登记的车辆、船舶的所有人或者管理人为车船税的纳税人。车船的所有人和管理人未缴纳车船税的,使用人应当代为缴纳车船税。从事机动车交通事故责任强制保险业务的保险机构为机动车车船税的扣缴义务人,应当依法代收代缴车船税。

8. 城市维护建设税

城市维护建设税是国家对从事经营活动的单位和个人,以其实际缴纳的增值税、消费税和营业税的税额为计税依据而征收的一种行为税。

9. 印花税

印花税是对在经济活动和经济交往中书立、使用、领受具有法律效力的凭证的单位和个人征收的一种税,因采用在凭证上粘贴印花税票的办法征税而得名。

10. 车辆购置税

车辆购置税是一种货物税。在我国境内购买、进口、自产、受赠、获奖或者以其他方式取得并自用《中华人民共和国车辆购置税暂行条例》规定的车辆的单位和个人,为车辆购置税的纳税人。征收范围包括购置汽车、摩托车、电车、挂车、农用运输车等。

6.7.2 税收风险管理

税务机关对企业纳税义务的履行情况进行监督和管理,税务检查是一个重要的手段。如果企业存在涉税问题,一旦税务机关对其实施检查,相关的涉税风险也就随之暴露出来。

企业的涉税风险是指企业的涉税行为没有按照税收法规的具体规定处理,从而导致企业未来利益的可能损失。具体表现为企业涉税行为中影响纳税准确性的不确定因素,其最终结果表现为企业多缴了税或者少缴了税。

为了将涉税风险降到最低,同时减轻税收负担,这就需要进行税收筹划。税收筹划是一种符合国家政策导向、得到国家鼓励的经济行为,是受到国家法律保护的正当经营手段。税收筹划的主要手段是选择降低税收负担方案,即在多种纳税方案中选择税收负担低的方案。税收筹划同时也是一项综合性筹划行为,由于纳税人的一项经济行为可能同时涉及多个税种,而税种之间又存在相互牵制和税收负担此消彼长的作用,因此不能单纯停留在某一税种的筹划上,而必须从一定时期的整体税收负担出发进行。

另一种规避涉税风险的方法是服务外包。对于规模企业而言,应当聘请外部专家或者咨询机构提供涉税咨询服务,这是适应现代企业发展需要的。一般而言,作为专家机构,往往集中了相应的专家和权威人士,这些人士都是在某一方面具有理论和实践的权威。企业接受这些机构的专业服务可以提升企业的管理水平,强化某些经济事项的合法性、合理性。专业机构以咨询的形式提供服务,主要是通过彼此双方交流、研讨,从而为委托方提供专业服务,解决相关专业问题。

6.8 企业内部控制

《公司法》对现代企业的内部控制架构进行了安排,《会计法》也明确提出各单位应当建立、健全本单位的内部会计监督制度的要求,并提出会计工作中职务分离、重大事项决策与执行程序、财产清查和定期内部审计等规定,这些要求和规定从其实质内容来讲,就是要加强各单位的内部控制。

建立内部控制制度,其目的在于建立和完善符合现代管理要求的内部组织结构,形成科学的决策机制、执行机制和监督机制,确保单位经营管理目标的实现;建立行之有效的风险控制系统,强化风险管理,确保各项业务活动的健康运行,堵塞漏洞、消除隐患,防止并及时发现和纠正各种欺诈、舞弊行为,保护单位财产的安全完整;规范单位会计行为,保证会计资料真实、完整,提高会计信息质量,确保国家有关法律法规和单位内部规章制度的贯彻执行。

企业内部会计控制制度是以确保会计资料真实性、可靠性与保护财产物资为目的,用于会计业务和与之相关的其他业务管理方面的方法、措施和程序,并予以规范化、系统化,使之组成一个有效的控制机制。具体包括:

1. 授权与批准控制

通过授权通知书来明确授权事项和使用资金的限额。其原则是对在授权范围内的行为给予充分的信任,但对授权之外的行为不予认可。有效的内部财务控制要求每项经济业务活动都须经过适当的授权批准,以防止内部员工随意处理、盗窃财产物资或歪曲记录。

2. 风险控制

风险控制是企业一项基础性和经常性的工作。必要时,企业可设置风险评估岗位,专门负责有关风险的识别、规避和控制,建立有效的风险管理系统,防范各种风险,特别是来自外部的涉税风险。通过风险预警、风险识别、评估、分析、风险报告等措施对财务风险和经营风险进行全面防范和控制。

3. 责任报告控制

责任报告又称业绩报告,它是一种企业的内部报告,是企业管理层掌握信息,加强对经济的控制,改善经营管理,提高经济效益的重要工具。常用的内部财务报告有资产分析报告、经营分析报告、费用分析报告、投资分析报告、财务分析报告、涉税风险分析报告等。企业应要求相关人员定期编制各种财务报告,反映和监督经济活动,进而有效地控制经济活动。

4. 财务预算控制

预算管理是流行的财务管理方式。这种全方位、全过程、全员的预算管理的实施,强化了预算的财务功能,使企业的财务目标和预算得以细化落实。预算是以金额、数量及其他价值形式或几种价值形式的综合方式反映企业未来业务的详细计划。企业的预算属理财范畴,应以量入为出为原则,是由多个相互联系的预算组合而成的严密体系。

5. 财产保全制度

财产保全制度是指为保障实物资产的安全完整而进行的控制,包括以下几个方面的内容:

(1)限制接近。就是严格控制对实物资产的接触。只有经过授权批准的人才能接触资产。虽然不同企业因其不同的生产经营特点对限制接近有不同的要求,但现金、存货等变现能力强的资产是需要加以限制的。

(2)定期盘点和比较,以确保账证、账账、账实相符。

(3)保险。通过对资产投保及其他途径来减少企业受损的程度和机会,从而保护企业的实物安全。

(4)税收。包括税款的缴纳和税收优惠政策的获取所形成的利益控制等。

6. 核对和分析控制

核对和分析控制就是通过对有关记录跟事项的核对来控制企业的经济活动,分析相关事项处理的合理性和合法性。核对一般可分为账实核对和账务核对;分析包括对物流、资金流和信息流相互关系的合理性分析。

7. 科技手段控制

会计电算化将会计人员从繁重的手工会计中解脱出来,极大提高了会计信息锤炼速度,也减少了差错和舞弊的发生。应建立严格的系统开发与维护、设定数据输入与输出权限、批准、复核、文件备份、存储与保管、网络安全等方面的控制。

8. 内部审计控制

内部审计是通过对企业内部各种经营活动与控制系统的监督审查,以确定既定政策的程序是否贯彻的过程,建立的标准是遵循资源的利用是否合理有效,以及单位的目标是否达到。

9. 外部咨询控制

利用外部咨询控制主要是因为自己对自身进行控制存在一定的难度,一是自身的风险自己难以发现;二是部分风险程度在企业经营决策过程中不易控制;三是长期的控制容易产生"控制疲劳"。内部审计与外部咨询结合起来,可以有效地构建企业控制和监督体系。

复习思考题

1. 财务成本管理的目标是什么?有哪些内容?
2. 企业的资金筹集有哪些途径和方法?
3. 什么是财务杠杆?如何利用财务杠杆?
4. 企业成本管理包括哪些基本内容?成本管理对企业有何意义?
5. 什么是税收筹划?如何规避税收风险?

第 7 章

汽车销售与售后服务管理

7.1 汽车销售管理

7.1.1 汽车销售概述

1. 汽车销售的概念

销售是指人或群体通过创造及同其他个人和群体交换产品和价值,从而满足需求和欲望的一种社会的和管理的过程。汽车销售就是销售人员通过帮助或说服等手段,促使顾客对汽车产生购买行为,从而满足消费者的需求和欲望的活动过程。

与消费者购买日常生活用品不同,人们购买汽车必须具备三个基本条件,即必须有更深层次的需求、具有满足这个需求的支付能力以及购买所需要的决定权。

2. 汽车的定价

汽车价格定位是汽车市场竞争的重要手段。它既要有利于促进销售、获取利润,同时又要考虑汽车消费者对价格的接受能力,从而使汽车定价具有买卖双方双向决策的特征。

汽车的价格是汽车价值的货币表现形式,但在市场经济中,其价格与价值受到市场供应等多种因素的影响,两者并不完全一致。构成汽车价格的要素主要有:汽车生产成本、汽车流通费用、汽车企业利润和国家税金。

从市场营销角度来看,汽车价格的高低除了受价值量的影响之外,还要受到以下因素的影响:

1) 汽车质量和档次

一般按质论价。品质的优劣、档次的高低、包装装潢的好坏、式样的新旧,商标、品牌的知名度,都影响商品的价格。质量好、档次高的汽车,对消费者产生较强的吸引力,能给消费者带来物质和精神的双重满足,这种汽车往往供不应求,因而在定价上占有有利的地位,其价格要比同类汽车高。

2) 汽车制造成本

汽车在生产与流通过程中要耗费一定数量的物化劳动和活劳动,并构成汽车的成本。汽车企业为了保证再生产的实现,通过市场销售,既要收回成本,同时也要形成盈利。在市场竞争中,汽车产品成本低的企业,对汽车价格的制定就拥有较大的灵活性,在市场竞争中将占有有利地位,能获得更好的经济效益。

3) 汽车消费者需求

汽车价格的高低直接反映了汽车买卖双方的利益关系。汽车消费者的需求对汽车定价的影响,主要通过汽车消费者的需求能力、需求强度、需求层次反映出来。汽车定价要考虑汽车价格是否适应汽车消费者的需求能力。需求强度是指消费者想获取某种品牌汽车的程度,如果消费者对其品牌汽车的需求比较迫切,则对价格不敏感,企业在定价时可高一些;反之则低一些。不同需求层次对汽车定价也有影响。对于能满足较高层次需求的汽车,其价格可定得更高一些;反之则应低一些。

4) 竞争者行为

汽车价格是竞争者关注的焦点和竞争的主要手段。汽车定价是一种挑战性行为,任何一次汽车价格的制定与调整都会引起竞争者的关注,并导致竞争者采取相应的对策。

5) 汽车市场结构

根据汽车市场的竞争程度,汽车市场结构分为垄断市场、垄断竞争市场和寡头垄断市场三种汽车市场类型。

垄断市场又称独占市场,是指汽车市场完全被某个品牌或某几个品牌汽车所垄断和控制,此种类型在现实生活中少见。

垄断竞争市场,指既有独占倾向又有竞争成分的汽车市场。这种汽车市场比较符合现实情况,其主要特点是:同类汽车在市场上有较多的生产者,市场竞争激烈;新营销者进入汽车市场比较容易;在垄断竞争市场中,由于消费者对某种品牌汽车产生了偏好,因此少数汽车企业拥有较优越的竞争条件,它们的竞争行为可能会对汽车市场上的汽车价格产生较大的影响。

寡头垄断市场是指某类汽车的绝大部分由少数几家汽车企业垄断的市场,它是介于垄断市场和垄断竞争市场之间的一种汽车市场形式。在现实生活中,这种形式比较普遍。在这种汽车市场中,汽车的市场价格不是由市场供求关系决定的,而是由几家大汽车企业通过协议或默契规定的。这样汽车价格一旦确定,一般便不会轻易发生改变。

6) 成交数量

成交量的大小会影响价格。成交量大时,在价格上应给予适当优惠,例如采用数量折扣的办法;反之,如成交量过少,甚至低于起订量时,则可以适当提高售价。不论成交多少,都采用一个价格的做法是不当的。

7) 政府干预

为了维护国家与消费者的利益,维护正常的汽车市场秩序,国家采取制定有关的法规来约束汽车企业的定价行为。这种约束反映在汽车定价的种类、汽车价格水平和汽车定价的产品品种等方面。在我国,汽车市场是相对受到政府干预较多的市场。

8) 社会经济状况

社会经济状况从多方面影响汽车价格的变化,它的周期性变化直接影响着汽车市场的繁荣和疲软,并决定着汽车价格总水平的变化。如一个国家或地区经济发展水平及发展速度高,消费者购买力强,价格敏感性低,则有利于汽车企业较自由地为汽车定价。

9) 汽车企业销售渠道和促销宣传

汽车企业销售渠道的建设和选择、中间环节的多少直接决定着汽车销售费用的高低,直接影响着汽车的价格。汽车企业的促销宣传需要大量资金的支持,促销费用最终也要进入汽车的销售价格之中。总的来说,营销能力强的企业,有利于在既定汽车价格水平下完成销售任务,对制定汽车价格有着较大的回旋余地。

10) 市场价格动态

应随时掌握市场的变动趋势,供不应求时,该涨则涨;供过于求时,该降则降。既不要盲目要价,吓跑客户或让竞争者占先,错过成交机会;也不能随意降价,影响企业收益。

3. 汽车定价目标

汽车企业在定价以前,首先要考虑与汽车企业总目标、汽车市场营销目标相一致的汽车定价目标,作为确定汽车价格策略和汽车定价方法的依据。科学地确定汽车定价目标是选择定价方法和确定汽车定价策略的前提和依据。一般汽车企业可供选择的定价目标有以下六大类。

1) 以利润为导向的汽车定价目标

利润是汽车企业存在和发展的必要条件,也是汽车企业营销所追求的基本目标之一,汽车企业一般都把利润作为重要的汽车定价目标。这样的定价目标主要有三种。

(1) 目标利润

汽车企业把某项汽车产品或投资的预期利润水平,规定为汽车销售额或投资的一定百分比,即汽车销售利润率或汽车投资利润率作为汽车定价目标。

汽车新产品的开发和上市等汽车企业活动都将引起投资的增加,因而新近投资的回收和报酬则是汽车企业定价时所必须考虑的因素。汽车价格定位就是在汽车成本的基础上加上目标利润。根据实现目标利润的要求,汽车企业要估算汽车按什么价格销售、销售多少才能达到目标利润。一般来说,预期汽车销售利润率或汽车投资利润率要高于银行存款利率。

以目标利润作为汽车定价目标的汽车企业,应具备两个条件:其一,该汽车企业具有较强的实力,竞争力比较强,在汽车行业中处于领先地位;其二,采用这种汽车定价目标的多为汽车新产品、汽车独家产品以及低价高质量的汽车产品。

(2) 适当利润目标

有些汽车企业为了保全自己,减小市场风险,或者限于实力不足,以满足适当利润作为汽车定价目标。这种情况多见于处于市场追随者地位的中小汽车企业。适当利润目标的限度可以随着汽车产销量的变化、投资者的要求和汽车市场可以接受的程度等因素有所变化。

(3) 利润最大化目标

以最大利润作为汽车定价目标,指的是汽车企业期望获取最大限度的销售利润。已成功地打开销路的中小汽车企业最常用这种目标。最大利润的目标可能会导致汽车企业的高价策略,但追求最大利润并不等于追求最高汽车价格。最大利润既有长期和短期之分,又有汽车企业全部汽车产品和单个汽车产品之别。一般来说,汽车企业追求的是长期利润的最大化,在某些特定的情况下,汽车企业也有可能会通过汽车价格的提高而追求短期的最大利润。

2) 以销量为导向的汽车定价目标

以销量为导向的汽车定价目标是指汽车企业希望获得某种水平的汽车销售量或汽车市场占有率而确定的目标。

（1）保持或扩大汽车市场占有率。汽车市场占有率是汽车企业经营状况和汽车产品在汽车市场上的竞争能力的直接反映，对于汽车企业的生存和发展具有重要意义。因为汽车的市场占有率与企业的利润有很强的关联性，而汽车市场占有率一般比最大利润容易测定，也更能体现汽车企业的努力方向，因此，有时汽车企业把保持或扩大汽车市场占有率看得非常重要。

许多资金雄厚的大汽车企业，喜欢以低价渗透的方式来建立一定的汽车市场占有率；一些中小企业为了在某一细分汽车市场获得一定优势，也十分注重扩大汽车市场占有率。

（2）增加汽车销售量。这是指以增加或扩大现有汽车销售量为汽车定价目标。这种方法一般适用于汽车的价格需求弹性较大，汽车企业开工不足，生产能力过剩，只要降低汽车价格就能扩大销售，使单位固定成本降低、汽车企业总利润增加的情况。

按《反不正当竞争法》，在汽车定价时，不得以低于变动成本[①]的价格销售汽车来排挤竞争对手；有奖销售的最高奖的金额不得超过 5000 元。

3）以汽车质量为导向的汽车定价目标

优质优价是一般的市场供求准则，研究和开发优质汽车必然要支付较高的成本，自然要求以较高的汽车价格得到回报。从长远来看，在一个完善的汽车市场体系中，高价格的汽车自然代表或反映汽车的高性能、高质量及所能提供的优质服务。采取汽车质量导向目标的汽车企业必须具备两个条件：生产高性能、高质量的汽车和提供优质的服务。

4）以竞争为导向的汽车定价目标

在汽车市场竞争中，大多数竞争者对汽车价格都很敏感，在汽车定价以前，一般要广泛搜集市场信息，把自己生产的汽车的性能、质量和成本与竞争者的汽车进行比较，然后以对汽车价格有决定性影响的竞争对手或汽车市场领导者的价格为基础，来制定本企业的汽车价格。常用的方法有：与竞争者同价，即及时调价、价位对等；高于竞争者的价格，即抬高价格、树立威望；低于竞争者的价格，即竞相削价、压倒对方。应当注意的是，价格战容易使双方两败俱伤，风险较大。

5）以汽车企业生存为导向的汽车定价目标

当汽车企业遇到生存危机或激烈的市场竞争导致消费者的需求改变时，它要把维持生存作为自己的主要目标，生存比利润更重要。此时的汽车企业往往会采取大规模的价格折扣来保持汽车企业的活力和生命力。对于这类汽车来讲，只要它们的汽车价格能够弥补变动成本和一部分固定成本，即汽车单价大于汽车企业变动成本，它们就能维持汽车企业的生存。

6）以汽车销售渠道为导向的汽车定价目标

对于那些需经中间商销售汽车的汽车企业来说，保持汽车销售渠道畅通无阻，是保证汽车企业获得良好经营效果的重要条件之一。为了使得销售渠道畅通，汽车企业必须研究汽车价格对中间商的影响，充分考虑中间商的利益，保证中间商有合理的利润，促使中间商有充分的积极性去销售汽车。

在现代汽车市场经济中，中间商是现代汽车企业营销活动的延伸，对宣传汽车、提高汽车企业知名度有十分重要的作用。汽车企业在激烈的汽车市场竞争中，有时为保住完整的

---

① 变动成本是指在一定条件下，总额随业务量的变动而成正比例变动的成本。

汽车销售渠道,促进汽车销售,不得不让利于中间商。

4. 汽车定价程序

汽车定价的一般程序如图 7-1 所示。

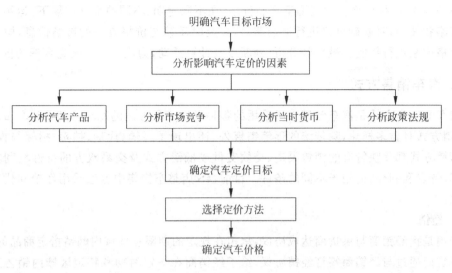

图 7-1 汽车定价的一般程序

(1) 明确汽车目标市场。汽车目标市场是汽车企业生产的汽车所要进入的市场,具体来讲就是谁是本企业汽车的消费者。汽车目标市场不同,汽车定价的水平就不同。分析汽车目标市场一般要分析该汽车市场消费者的基本特征、需求目标、需求强度、需求潜量、购买力水平和风俗习惯等情况。

(2) 估计产品的销售潜量。产品销售量的估算,关系到新产品市场开发和老产品市场拓展的能力,估算方法如下:

确定产品预期的各种可能的销售价格,这种预期价格应既能为用户接受,又能为企业带来满意利润。预期销售价格的确定,除应认真征求用户的意见外,还应重视经验丰富的中间商的反应。初步预期价格确定后,应通过小批量的试销了解用户对这一价格的反应。

估计不同价格下的供给量与销售量,要对不同价格下的供需量进行认真分析,计算各种售价的均衡点,确定产品的需求曲线。此外,还要分析和确定产品的需求弹性、供给弹性。企业可以通过市场调查、统计分析等手段达到上述目的,但要注意分清供给、需求的变动是否是由价格变动引起的。

(3) 分析产品成本,预测成本变化趋势。

(4) 分析竞争对手。包括现实的竞争对手和潜在的竞争对手;既要对比产品价格,还要对比产品质量、性能、服务水准和信誉。

(5) 预测市场占有率。在估计了不同价格下的供需量及分析了竞争对手之后,企业就可以初步预期在不同价格水平下,企业的产品在市场上所能占到的份额。

(6) 分析汽车产品销售当时、当地的货币价值,预测其价值变化趋势。

(7) 分析销售市场当地的政府在产品销售、价格管控等方面的各项政策法规。

（8）根据已确定的公司总目标和汽车市场营销目标，确定汽车定价目标。

（9）选择定价方法。汽车定价方法是在特定的汽车定价目标指导下根据对成本、供求、汽车企业产销能力等一系列基本因素的研究，运用价格决策理论，对汽车产品价格进行计算的具体方法。

（10）确定产品价格。适当调整产品价格，在不同时期、不同的细分市场下，运用灵活的价格策略和技巧，对基础价格进行适当调整，并及时反馈与价格有关的市场信息，同时对企业的价格体系进行控制。最后经分析、判断以及计算活动，为汽车产品确定合理的价格。

5. 汽车销售方式

汽车的销售方式是汽车营销中所采用的各种具体交易方法的总称。随着汽车市场的发展，营销方式日益多样化，除传统的逐笔销售外，还出现了经销、代理、拍卖、招标与投标等。每种营销方式都反映特有的销售渠道、贷款支付或抵偿方式及交易双方的特性权利与义务等，各有特点和利弊，适用于不同的条件。目前，4S店整车销售中普遍采用经销和代理的营销模式。

1）经销

经销是指经销商与供货商达成协议，承担在规定的期限和地域内购销指定商品的义务。

供货商通过与经销商签订经销协议，给予经销商在一定时期和特定区域内销售某种商品的权利，由经销商承购商品后自行销售。供货商通过协议与客户建立一种长期稳定的购销关系，利用经销商的销售渠道来推销商品，巩固并不断扩大市场份额，提高销量。

经销商和供货商之间是一种买卖关系，他们根据市场需求，向供货商购买商品，然后将商品转卖给购买者，从中赚取购销差价。因此，经销是一种转卖性质的贸易方式。经销商是从事商品购销业务并拥有商品所有权的中间商，他们以自己的资金、信誉和名义从事经销活动，自行购进商品、自行销售、自负盈亏。

按经销商权限的不同，经销方式可以分为以下两种：

（1）定销

在这种方式下，经销商不享有独家专营权，供货商可在同一时间、同一地区内委派几家商号来经销同类商品。这种经销商与供货商之间的关系与一般买方和卖方之间的关系并无本质区别，所不同的只是确立了相对长期和稳固的购销关系。

在汽车营销中，经销方式下，供货商通常要在价格、支付方式等方面给予经销商一定的优惠，这有利于调动经销商的积极性，利用其销售渠道来推销商品，有时还可要求经销商提供售后服务、进行市场调研，这一切都有利于扩大产品销售。

（2）包销

包销是指经销商在规定的期限和地域内，对指定的商品享有独家专营权。若该经销商经营不力，就会出现商品滞销的情况。另一方面，也存在独家经销商利用其垄断地位操纵价格、控制市场的可能性。

2）代理

代理是指委托人与代理人签订代理协议，授权代理人在特定地区和一定期限内代表委托人与第三者进行商品买卖或处理有关事务的一种贸易方式。在代理方式下，代理人在委托人授权范围内的作为所产生的权利与义务，直接对委托人发挥效力，即由委托人负责由此而产生的权利与义务。代理商根据推销商品的结果,收取佣金作为报酬。代理与包销的性质不同,包销商与供货商之间的关系是买卖关系,而代理商与供货商之间则是委托代理关系。

国际贸易中所采用的代理方式,按委托授权的大小,可分为独家代理、一般代理和总代理三种。

(1) 独家代理是指在特定地区、特定时期内享有代销指定商品的专营权,同时不得再代销其他来源的同类商品。凡是在规定地区和规定期限内做成该项商品的交易,除双方另有约定外,无论是由代理做成,还是由委托人直接同其他商人做成,代理商都有享受佣金的权利。

(2) 一般代理又称佣金代理,指在同一地区同一时期内,委托人可以选定多个客户作为代理商,根据推销商品的实际金额支付佣金,或者根据协议规定的办法和百分率支付佣金。如果委托人另有直接与该地区的买(卖)主达成交易的,则无须向一般代理计付佣金。我国的出口业务多用此种代理方式。

(3) 总代理是在特定地区和一定时间内委托人的全权代表。它除有权代表委托人签订买卖合同、处理货物等商务活动外,也可以进行一些非商业性的活动,而且还有权指派分代理,并可分享代理的佣金。

7.1.2 客户管理

1. 客户管理概述

客户管理,即客户关系管理(customer relationship management),是企业为提高核心竞争力,达到竞争制胜、快速成长的目的而制定的以客户为中心的发展战略,是在以客户为中心的基础上开展的判断、选择、争取、发展和保持客户所需要的全部商业过程;是企业通过开展系统化的客户研究,优化企业组织体系和业务流程而提高企业生产效率和利润水平的工作实践;是企业在不断改进与客户关系相关的全部业务流程。

在汽车服务行业中,不同价值链的链点企业对其核心竞争力的理解也不同,但是客户基础是这些企业共同的核心竞争力之一。在以产品为中心向以客户为中心的营销策略转变过程中,对客户资源的管理就成为一个逐渐凸显的重要问题,尤其是对潜在客户的管理更是成为汽车服务行业的焦点。当绩效考核的范围不仅是管理结果,而且包括管理过程时,销售过程中的规范与标准流程也成为汽车行业客户满意度提高的重点之一。在汽车服务行业整个客户管理的核心中,最主要的是利用潜在客户、现有客户的销售过程和服务过程中的各种有效信息建立一个客户价值评估体系。围绕这个体系将有一个对应的流程体系,整个流程以客户为中心、以客户需求为驱动,每个关键流程都有一个关键控制点,每个关键控制点由相应指标来进行绩效考核。

以汽车经销商的标准销售流程为例,标准的销售流程实际是一个获取客户的过程,从初次接触到最终实现销售,卖家始终都是以与客户保持沟通作为基础的,而客户关系管理也正是要求销售员严格按照这个流程来开展工作,并且保证每一步都要与客户进行深入的沟通并记录下来。

对于汽车服务企业来讲，要提高企业的盈利能力，培养客户的忠诚度和保有率尤其重要。美国通用公司在本土的一个调查资料显示，汽车维修企业中一个忠实客户对企业的贡献是：今后20年5辆新车的销售利润；今后20年5辆二手车的销售利润；今后20年5辆新车的维修工时的利润；今后20年5辆新车配件销售的利润，不包括他推荐的其他客户带来的利润，其带来的利润将大于15万美元。

2. 客户关系管理的作用

客户是企业的一项重要资产，客户关怀的目的是与所选客户建立长期和有效的业务关系，在客户的每一个"接触点"上都更加接近客户、了解客户，最大限度地增加利润和利润占有率。客户关系管理是一种新颖的企业战略和管理手段，其作用具体表现在以下各个方面。

（1）开拓市场。通过电话、传真和互联网等多种工具与客户进行频繁的交往，扩大了销售活动的范围，增加了与客户往来的信息，掌握了市场的最新动态，把握了竞争的最好时机。

（2）吸引客户。由于客户与企业有较多渠道进行交流，企业联系客户方便，对客户服务和支持加强，客户满意度提高，企业吸引住了客户。

（3）减少销售环节。由于与客户交往的任何企业员工均能通过系统所给出的由四面八方所汇集的客户信息，全面地了解客户的情况，同时也可以将自身所得到的客户信息添加进系统，这样会使得销售渠道更加畅通，信息的中间传递环节减少，销售环节也相应减少。

（4）降低销售成本。由于销售环节减少，从而导致销售成本减少。

（5）提高企业运行效率。由于企业通过客户关系信息，从所提供的销售产品、销售数量、销售成本、市场风险、客户变化等多方面进行多维分析和销售绩效分析，企业在经营过程中的运行效率也就相应得到提高。

3. 汽车服务企业客户的分类分级管理

所谓客户的分类分级管理，就是根据客户对企业的贡献率等各个指标进行多角度衡量与分级，最终按一定的比例进行加权。根据分类标准对客户信息进行分类处理后，在同类顾客中根据销售信息进行统计分析，发现共同特点，开展交叉销售，做到在顾客下订单前就能了解顾客需要，有针对性地进行商品推荐，实现营销。

客户分类分级的目的是便于对客户进行有效管理，从而实现客户由公司的资源转变为资产，最终成为公司的核心竞争力。

根据汽车服务企业与客户是否接触过及接触的结果对客户进行分类，分类示意图如图7-2所示。

（1）潜在客户：对企业或者销售商销售的产品有需求同时又具有购买力，但仍没有接触并未建立客户基本信息的客户。

（2）基盘客户：曾经接受过或将来有可能会接受汽车服务企业服务的个人或团体，与汽车服务企业有接触并被正式纳入企业管理体系的客户。由于企业与客户的最终接触结果不同，因此基盘客户进一步细

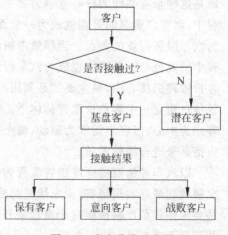

图7-2　客户分类示意图

分为保有客户、意向客户和战败客户。保有客户是经接触最终接受企业服务，留有完整客户及相关服务信息的客户。意向客户是与企业服务人员有过接触，明确了拟接受服务的项目且留有可联络通信方式的客户。战败客户是经接触，最终未选择企业服务或购买产品的客户。

对于汽车服务企业客户的分级，主要是针对意向客户进行的，可依据客户的购买意愿、购买行为、购买周期进行分级。

表7-1所示为某汽车服务企业客户分级的具体内容。

表7-1 汽车服务企业客户的分级标准

级别	判别标准	购买周期	客户跟踪频率
O级	购买合同已签； 全款已交，但未提车； 已收定金	预收定金	至少每周一次维系访问
H级	车型车色、型号已选定； 已提供付款方式及交车日期； 分期手续进行中； 二手车置换进行处理中	7日内成交	至少每两日一次维系访问
A级	已谈判购车条件； 购车时间已确定； 选定下次商谈日期； 再次来看展示车辆； 要求协助处理二手车	7日以上至1个月之内成交	至少每周一次维系访问
B级	正在决定拟购车型； 对选择车型犹豫不决； 经判定有购车条件者	1个月至3个月成交	至少半个月一次维系访问
C级	购车时间模糊	3个月以上	1月1次

4. 客户管理的基本手段

1) 客户管理流程

客户管理的流程化，目的是便于汽车4S销售企业的销售人员与管理人员能够从整体上理解客户管理的积极性，将报表管理与数据相结合，从而更好地实现规范化的跟踪服务，重点把握客户管理的信息，最终实现从客户资源至企业资产的转化。

为加强对客户的管理，首先要增大基盘客户，基盘客户的增加主要在于潜在客户开发的管理。而意向客户的管理主要根据上面的分级进行相应的维系。具体客户管理流程如图7-3所示。

加强客户的管理主要是针对潜在客户进行开发，最终使之成为企业的保有客户，实现企业的业绩。在具体的管理过程中，主要是通过客户管理的流程报表进行客户的信息搜集，进而生成相应的数据，具体的客户管理报表及生成的数据

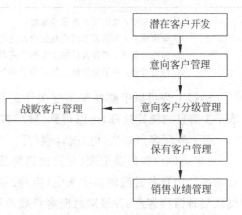

图7-3 客户管理流程

如表 7-2 所示。

表 7-2 客户管理报表及生成数据关系表

客户管理流程	客户管理报表	主要数据生成
展厅客户管理	来电客户登记表（日） 来店客户登记表（日） 展厅来店统计表（月） 展厅来电统计表（月）	初次客户来电数量 初次客户来店数量 新增（意向）客户信息卡数量 管理、促进、开拓访问量
意向客户促进管理	营业日报表（日） 意向客户接触状况表（月） （意向）客户信息卡 销售促成战败分析表	各意向级别客户数量 上月留存于本月新增意向客户数、订单数、战败数
保有客户管理	（保有）客户信息卡	保有客户数量 保有客户推荐数量 保有客户回厂数量

通过表 7-2 可以看出，为了更好地进行客户管理，需要填写一系列的报表进行统计分析，汽车服务企业可以根据企业各自情况确定各种不同获取信息的表格。

2）客户管理的相关表格

（1）来店（电）客户登记表

《来店（电）客户登记表》主要用于前台接待在客户来店时填入"来店时间"和"销售顾问"姓名或者客户来电时将电话转接给销售顾问，记录转接的销售顾问姓名和来电时间，最后由销售顾问接待客户来电（店）后，及时填写报表等其他信息。具体登记表如表 7-3 所示。

表 7-3 来店（电）客户登记表

　　　　年　　　　月　　　　日

客户姓名	电话	拟购车型	有望确度	来店来电	来店（电）时间	离去时间	追踪后确度	业务代表	经过情形	结案情形

备注：① 拟购车型：来店看车的预购车型；
② 有望确度：来店看车时当场接洽判定的确度；
③ 追踪后确度：销售人员在 24h 内作资料真实性及第二次确度确认；
④ 经过情形：由值班销售人员对当日接洽状况简述记录。

通过上表可以了解各车型受关注的程度以及对后续客户信息来源进行分析。通过对表 7-3 信息的统计处理，可以得到《展厅客户来店（电）统计表（月）》。

（2）展厅客户来店（电）统计表（月）

《来店（电）客户登记表（月）》由销售助理负责对《来店（电）客户登记表》汇总，在每日夕会前统计当日各时段的初次来电（店）数量并汇总确定当日来电（店）总数，以及在每日夕会确认当日留档客户、各级别意向客户数及展厅成交客户数。具体见表 7-4。

表7-4 展厅客户来店(电)统计表　　　　　　年　　　月

时间带	日期	1	2	3	…	29	30	31	全月合计	构成比/%
	星期									
08:00—09:00										
09:00—10:00										
…										
18:00以后										
来访客户批数合计										
留有客户资料数										
产生有望客户	H级									
	A级									
	B级									
订单客户	留存									
	新生									
展厅销售台数										
备注	1. 营业时间：8:00—18:00						当月销售			
	2. "来访客户批数合计"：指所有来展厅顾客批数总数									
	3. "留有客户资料数"：指来展厅客户中，有留下客户资料者的总和						展厅销售比率/%			
	4. 每月应作时间带别及假日、平日的来访分析及改善对策									
	5. 本月(周)来展厅批数：　　意向客户数：(1)H级　(2)A级　(3)B级									
	6. 成交比率(来展厅销售台数/留有客户资料数)：　　　　%									

(3) 营业日报表

《营业日报表》主要由销售顾问在每日与客户接触后及时登记信息。《营业日报表》新增意向客户需与《来店(电)客户登记表》的记录保持一致，促使意向客户的跟踪设定与《意向客户接触状况表》的访问预定保持一致。具体内容见表7-5。

表7-5 营业日报表
　　　　　　年　　　月　　　日(星期　　　)

序号	客户名称	车型	电话	管理	促进		开拓	确度		电话访问	访问经过
					上月留存	本月新生		原来	现在		
1											
2											
…											
15											
本日止有望客户数	本日止保有客户数	本日访问客户数									
H级	自销	合计						主管指示事项			
A级	他销	本月访问累计									
B级	C级	合计									

通过表 7-5 可以看出：本报表可以对销售顾问次日的跟踪作业内容作明确的分类与布置；同时意向客户级别升降均应通过营业日报表，信息转登至《意向客户接触状况表（月）》；在当日跟踪后，销售顾问对其所掌握的资源进行更新，做好基盘管理，便于销售经理在次日夕会根据该表确认实际工作状况，并提供意见。

（4）意向客户接触状况表（月）

《意向客户接触状况表（月）》由销售顾问对上月遗留尚未成交的意向客户全数盘点登记，并对本月新发生的意向客户全数登记。具体内容见表 7-6。

表 7-6　意向客户接触状况表　　　　　　月份

序号	客户名称	初洽日期	车型	电话	来源分析	上月留存			访问时间及每次促进后的级别判定						促进结果
						H	A	B	1	2	3	…	29	30	31	
1																
2																
3																
…																
18																
19																
20																

该表可以作为销售顾问依据客户意向确度所设定的跟踪频次实施客户跟踪的依据；作为销售顾问《营业日报表》次日工作预定内容的来源；销售顾问可以借此统计并获悉自身经常保有意向客户的数量；管理层依据报表所反映的客户来源情况，了解销售顾问客户开发的努力程度、客户来源的多样性；分析上月留存客户与本月新生的意向客户的成交比例。

（5）战败客户统计表

《战败客户统计表》是指销售主管或销售经理在遇到战败客户时，及时记入相关信息，详细填写战败原因并进行汇总分析。具体内容见表 7-7。

表 7-7　战败客户统计表　　　　　　年　　　　月

战败客户姓名	拟购车型	联系电话	初洽日期	客户来源	战败客户当时级别				战败厂牌车型	销售顾问	战败原因	确认日期	销售经理确认
					C	H	A	B					

建议项目及改进措施：

通过表 7-7 汇总战败客户,总结战败原因和车型,可使市场部依据总结的战败原因和战败车型,明确竞品的市场策略,积极制定对策;总结战败原因,并在内部会议和培训中讨论,以吸取经验,减少战败中销售顾问自身主观的问题;销售经理对于战败客户,特别是战败级别比较高的客户,需仔细询问销售顾问整个情况,并进行追踪确认。

(6) 客户信息卡

《客户信息卡》是指销售顾问在客户接洽后进行客户信息项目的填写表。应详细填写与客户交流中所获信息,意向客户至少需要客户姓名、联络电话、拟购车型、购买周期,保有客户应登录车辆与上牌信息;详细填写与客户接触后的访问方式、经过,针对意向客户要明确客户未成交的原因,针对保有客户,根据销售流程、售后跟踪计划进行跟踪访问与记录。具体信息表填报内容见表 7-8 和表 7-9。

表 7-8 客户信息卡(正面)

	1	自销保有客户		2	他牌保有客户		3	VIP		客户编号	
客户资料	顾客名称		身份证或企业代码			接洽人或决定者	姓名	担当销售顾问		年 月	
	经营行业	代号	职业或单位	出生日期			单位			年 月	
							电话			年 月	
	领照地址						电话	情报来源	1 VIP	2 基盘	3 来店
	通讯处或服务地点						电话		4 员工	5 开拓	6 其他
保有车辆	车型代号	出厂年月	车身号码	牌照	领照日期	售价	贷款	到款日期		销售记录统一编号	
					年 月 日		金额、期数	年 月 日			
	会员	精品安装	保险记录		保养记录		□ 主要使用人 □ 领照名义			顾客特性	
	否	是	日期	公司	险种	1000公里	5000公里	名称	会员卡卡号	与购车人关系	洽谈时间、经济收入等
备注							其他				
							介绍记录				

表 7-9　客户信息卡（背面）

下列项目如判定"是"则打√

是否知道顾客的名字、地址、电话？	顾客是否能叫出你的名字？	是否了解与其他厂牌竞争的情况？
是否来店参观？	是否与顾客谈些车辆外的话题？	是否知道顾客前次购车周期多久？
是否掌握顾客公司名称与工作内容？	能与顾客彼此开玩笑吗？	是否了解为家庭购车及使用状况？
是否了解顾客家庭成员状况？	顾客车子的年审日期是否知道？	与顾客商谈是否超过一小时？
是否能掌握何时、何地与顾客见面？	是否知道顾客目前车子的里程数？	是否有谈到新车颜色的选择？
大致能掌握顾客的兴趣与性格吗？	是否知道顾客的购买预算？	是否有谈到车价及配备问题？
拜访时顾客会请进家中或办公室吗？	是否知道顾客在哪里保养车子？	顾客是否有再打电话来和再来店？
去拜访时顾客是否有茶水招待？	是否与顾客约定下次洽谈的时间？	与顾客的话题是否导入付款方式？

确度评估

达到项目表	1～9 项	10～19 项	20～24 项
状况	需要再加努力与顾客接触获得情报，才能变成有望客户	需要再加把劲与顾客接触才能成交	很快就会有成交的机会

保有车辆交车领照后预订及访问记录	年	月别											
		预定											
		实际											
	年	月别											
		预定											
		实际											

下次预定（月/日）	实际访问			有望确度	经过情形	审核
	年	月	日			
/						
/						
/						

由记录意向客户信息的《客户信息卡》，销售顾问可以依据所记录的信息，了解与客户接触沟通的全过程，并可以确切了解客户的个性特点，使得沟通过程较为自然，容易建立客户信任感；企业管理者审阅《客户信息卡》，可以了解销售顾问与客户沟通情况，对于促成成交或战败做出辅导；销售顾问可以依据所记录的信息，做好客户的维系、开发及推荐工作；根据保有客户的《客户信息卡》所记录的信息，进行汇总分析，可以得出各车型保有客户的数量和相关信息，为市场部策划潜在客户开发的营销计划提供支持。

5. 潜在客户的开发

潜在客户的开发是指与具有购车需求,并且具有购买力的客户建立接触和保持有效联系的过程。

1) 成为汽车潜在客户的条件

判断一个客户是否会成为汽车服务企业的潜在客户,一般来说应看他是否具备"金钱、决定权、需求"3个条件,概括起来就是应该满足"MAN"三要素。

M代表money,也就是所选择的对象必须具有一定的购买力,买得起、用得起汽车。

A代表authority,即购买"决定权",所选择的对象对购买行为有决定、建议或反对的权利,他能独立做出购买决策。

N代表need,即所选择的对象对汽车服务企业所提供的产品及服务有需求。

销售人员在寻找签字客户时,应把握以上三个原则。

2) 潜在客户开发渠道

(1) 资料查询分析法

资料查询分析法是指销售人员通过收集市场情报和查阅有关资料以寻求潜在客户的一种方法。这种方法的关键是全面地占有资料并高效地找到所需的资料。一般而言,资料的来源大致分为两个途径,一是企业内部的各种原有客户的资料,如财务部门的资料、销售部门的资料、维修部门的资料等;其次就是企业外部资料,如统计资料、报章类资料等。

(2) 连锁介绍法

连锁介绍法是通过建立无限扩大的联系链条来寻找并发现客户的方法。基本思路是:销售人员在每一次洽谈时应当趁机再寻找几个可能的客户,并在此基础上对这些客户进行拜访,以进一步利用这些新客户的关系,使销售不断地向纵深发展,使自己的客户群越来越大。

连锁介绍法又分为间接介绍法和直接介绍法。但不管是间接还是直接,关键是要求销售人员取信于客户,因为连锁介绍主要是借助现有客户的各种关系,而现有客户并没有一定要介绍几位新客户的义务。此外正因为现有客户与其可能介绍的新客户之间有着共同的社会联系和利害关系,他们之间往往团结一致,互相负责。因此,销售人员想通过现有顾客连锁介绍新客户,首先必须取信于现有的基本客户。销售人员只有成功地把自己的人格和自己所推销的产品推销给现有客户,使现有客户满意,才有可能从现有客户那里得到未来客户的名单。

(3) 影响人物利用法

影响人物利用法是指销售人员在某一特定的范围内发展一些具有影响力的中心人物,并在这些中心人物的协助下把其影响范围内的个人或组织变成销售人员的客户或朋友,其前提是这些中心人物愿意与企业合作。

这里的中心人物是指在一定的范围内有较大的影响力和带动性,有着广泛的联系和较强的交际能力,或是信息灵通,或是与销售人员有着密切关系的人物。尤其是那些与自己在同一个市场范围内工作,但销售的产品与自己各不相同、互不竞争的"非竞争性"人员。例如销售与汽车配套或互补产品的人员,与这种人物间的合作,可以大大突破个人局限,有效地扩大寻找客户的范围。

(4) 广告开拓寻找法

广告开拓寻找法是指销售人员利用各种广告媒体传播销售信息,寻找新客户的方法。这种方法的优点是通过广告可与所有的可能客户沟通消息。对于广告做出反应的客户,销售人员应及时与其联系接触,并进一步深入介绍汽车产品的信息,掌握销售时机。广告开拓寻找法的具体形式主要有三种。

① 函询。有些潜在的客户受到广告宣传的启示,会主动函询产品的性能、价格及各种相关情况。对于潜在客户的函询,应及时进行分析研究,对于那些具有强烈的需要,销售人员有机会、有能力赢得的客户,应按其要求及时给予答复,函邮有关资料,介绍本企业的情况,并安排时间尽快亲自上门拜访。

② 邮寄。销售人员以自己所在企业的名义,直接将所推销产品的有关资料寄给经过挑选的潜在客户。

③ 电话。利用电话寻找客户比函询与邮寄的方式速度更快,更加节省时间,有利于掌握现场情况。

(5) 市场咨询寻找法

市场咨询寻找法是指销售人员利用社会上各种专门的市场信息咨询服务部门所提供的信息寻求客户的一种方法。这种方法成本低,且得到的资料较多,是一种比较好的方法。

(6) 竞争寻找法

竞争寻找法是指在寻找客户的过程中,通过分析竞争对手的销售渠道,了解竞争对手产品的购买对象。使用这种方法的关键在于:市场竞争中,销售人员所在的企业较之竞争对手更能及时满足客户不断变化的需求。

(7) 地毯式访问寻找法

该方法也叫"挨门挨户访问法",这种寻找客户方法的理论依据是"平均法则",也就是假定被访问的所有人当中,一定有销售人员所要寻找的客户,并且这些客户的数量与访问人数成正比关系。因此,销售人员在不太熟悉或完全不熟悉销售对象的情况下,可以直接访问某一特定地区或某一特定职业的所有个人或组织,从中寻找自己的客户。其优点是:首先,借机进行市场调查,较客观和全面地了解客户需求情况;其次,扩大所销售产品的影响,使客户形成共同的产品印象;最后,可以积累推销经验。这也是现代推销人员最常用的寻找客户的方法之一,但是在采用这种方法时,应注意划定适当的范围,以提高推销效率,避免盲目性。

(8) 个人观察寻找法

该方法又称"直觉寻找法"或"视听寻找法",是指无论销售人员在何处与任何人交谈,都必须随时保持高度的注意力,留意潜在客户线索的一种方法。利用这种方法的关键在于培养销售人员自身的职业灵感。此法在应用时需注意三个问题:首先,要求销售人员不仅要有娴熟的销售技巧,还必须具有敏锐的观察能力,要能够独具慧眼,在日常生活中发现潜在客户;其次,要让这一方法在销售活动中达到预期效果,销售人员必须时刻注意搜集信息;最后,在进行观察时,应特别注意各种新闻,从各种新闻媒体中敏锐地发现有用的信息,并据此寻找到新的客户。

(9) 委托助手寻找法

该方法又叫"猎鹰"或"探子"法,就是销售人员委托有关人员为其寻找潜在客户的方法。

有些公司专门雇用一些初级销售人员寻找客户,以便让那些高级销售人员集中精力从事实际的推销活动。这是一种常见的委托助手寻找法。

(10) 自媒体寻找法

随着信息社会的不断发展,各种网络社交平台的兴起,自媒体也呈现蓬勃发展的趋势。几乎每个人都有自己的"朋友圈",而且其良好的交互性是其他媒体不可比拟的,因此,销售人员合理利用自己的社交圈,通过自媒体推广产品信息,也是一种有效的寻找潜在客户的方式。

上述各种寻找客户的具体方法或途径并不能包括一切。一个合格的销售人员应认识到,寻找客户的方法是多样的,并无一个固定的程序或模式,关键在于如何灵活和创造性地运用。

6. 保有客户管理

保有客户作为汽车服务企业的资产,企业对其进行有效的经营管理,可以赢得更多、更稳定和忠诚的客户,从而保证企业获取长久而稳定的收益。

在管理保有客户的时候要特别注意以下问题:首先,保有客户是公司财产而非销售顾问的个人财产,因此要将销售顾问个人资源转换为经销商的资源;其次,保有客户的资料需要经常更新,定期盘点,确保资料的正确性;最后,保有客户的维系是有周期性的,不同阶段要有不同的维系方式,主要是以客户关怀和客户提醒为目的。

保有客户的维系方法有:

(1) 贴心服务。在顾客生日和重大节日的时候送去公司的祝福,也可以为当天生日客户进行价格优惠和赠送小礼物。

(2) 时间提醒。定期提醒客户进行车辆保养、车险续保、驾驶证年审、车辆年审等,并给出交通违章、恶劣天气等信息。

(3) 活动座谈会。4S店将各种服务或营销活动等信息通过客户服务中心电话、短信、直邮、E-mail等方式传送给客户,邀请客户参加活动、座谈会、培训会等。注意根据不同的客户群体,开展有针对性的活动,如针对新手客户,提供汽车驾驶、汽车保养、简单故障应急处理、驾驶技巧等知识讲座,针对女性客户开展驾车防盗防抢培训等。

(4) 主题沙龙。确定沙龙主题,邀请对主题感兴趣的客户一起参加。邀请的时候一定要注意细分客户群体,每次邀请年龄、职业、行业背景、收入相仿的客户,保证沙龙的质量,如邀请女性客户参加美容保养的主题沙龙,或者邀请准父母的客户参加以育婴为主题的沙龙。让客户在情感活动中增加与4S店的联系,最终实现终身客户的价值。

(5) 汽车车主俱乐部。组织客户参加企业开办的车主俱乐部,为车主提供24h呼叫服务、紧急救援、汽车维修、汽车养护、金融贷款、管家式汽车贴身服务等,增强企业与车主的沟通。

(6) 加强回访。回访是指汽车客服部门相关负责人,向本公司的客户回访有关企业的产品及服务态度等问题,从而达到更好的服务,来提升企业的形象。

(7) 邀请客户进车间活动。客户在4S店维修保养车辆的同时,服务顾问可以邀请客户进入车间参观车辆维修保养过程,并讲解相关知识和工作流程,结合工人规范的现场操作可以给客户以更直观的印象,做到明白的消费;让客户了解企业提供的服务和产品的价值。

同时这也是企业实力的一种展示,对于获得客户的长期支持非常有效。但是要明确告知客户车间可能存在的危险和与安全相关的事项。

(8)通过各种新兴信息交互平台维系客户与企业的联系。比如通过对企业公众号的推广,扩大企业在保有客户中的持续影响,同时也可以影响一些潜在客户。公众号的维护与不断更新是吸引客户关注的重点。定期或不定期推出各种客户活动,并及时更新销售信息,可以保持企业与客户之间信息的畅通。

7. 客户投诉处理

1)客户投诉的内容

《消费者权益保护法》将投诉定义为:消费者为生活消费需要购买、使用商品或者接受服务,与经营者之间发生消费者权益争议后,请求消费者协会调解,要求保护其合法权益的行为。从广义上讲,是指当客户购买商品时,对商品本身和企业的服务都抱有良好的愿望和期盼,如果这些愿望和要求得不到满足,就会失去心理平衡,由此产生的抱怨或申述行为,就是客户的投诉。

汽车服务企业人员在与客户接触时,都期望以优质的产品和服务满足顾客需求,但其中可能发生产品质量、工作上的失误或客户的误解,不可避免地造成少数客户投诉,这是汽车服务企业经常面临的问题。

导致客户投诉的原因多种多样,因事而异,因人而异,一般来说主要涉及四个方面。

(1)客户对产品或服务的期望值过高

客户的期望在客户对企业的产品和服务的判断中起着关键性的作用,客户将他们所要的或期望的东西与他们在购买或享受的东西进行对比,以此评价购买的价值。简单地用公式可以表示为

$$客户的满意度 = 客户实际感受 / 客户的期望值$$

一般情况下,当客户的期望值越大时,购买产品的欲望相对就越大。但是当客户的期望值过高时,就会使客户的满意度越小;客户的期望值越低时,客户的满意度相对就越大。因此,企业应该适度地管理客户的期望,当期望管理失误时,就容易导致客户产生投诉行为。

管理客户期望值的失误主要体现在两个方面:一是"海口"承诺与过度销售。例如,有的销售商承诺客户包退包换,但是一旦客户提出时,总是找理由拒绝。二是隐匿信息。如在广告中过分地宣传产品的某些性能,故意忽略一些关键的信息,转移客户的注意力。这些管理的失误导致客户在消费过程中有失望的感觉,因而产生投诉。

(2)产品或服务的质量问题

这主要表现在:产品本身存在问题,如质量没有达到规定的标准;价格过高;标示不符;商品缺货;产品包装出现问题,包装破损导致产品损坏;产品出现小瑕疵;客户没有按照说明操作而导致出现故障。而有时客户的投诉没有任何理由,产品虽完好,但是客户的投诉并不在于产品本身,而在于产品的实际效用,产品可能不符合客户的需求,或者产品过去符合,但是由于某种情况的变化,现在已经不符合客户的需求。

(3)企业员工的服务态度和方式问题

企业通过员工为客户提供产品和服务,员工缺乏正确的推销技巧和工作态度都将导致客户的不满,产生抱怨或投诉。主要表现在以下方面:

① 企业员工服务态度差。例如,不尊敬客户,缺乏礼貌;对客户的询问不理会或回答出言不逊;语言不当,用词不准,引起客户误解;企业员工有不当的身体语言,例如对客户表示不屑的眼神,无所谓的手势,面部表情僵硬等。

② 缺乏正确的推销方式。例如,缺乏耐心,对客户的提问或要求表示烦躁,不情愿,不够主动;对客户爱理不理,独自忙于自己的事情,语言冷淡,语气不耐烦、敷衍、似乎有意把客户赶走等。

③ 缺少专业知识。例如,无法回答客户的提问或者答非所问;解释错误;让客户等待时间过长。

④ 过度推销。例如,过分夸大产品与服务的好处,引诱客户购买;有意设立圈套让客户上套,强迫客户购买。

⑤ 企业环境不良。例如,音响过大;卫生不佳;展区摆放杂乱。

(4) 客户自身的原因

有些客户习惯于提意见;客户有时投诉仅仅是由于情绪不佳;客户由于错误的使用方法而误认为产品有问题,其自身并不知道自己的使用方法错误,这些也会导致客户投诉。

2) 客户投诉处理方法和流程

对于客户投诉,首先要保证投诉能够通过各种渠道顺畅地到达企业。常见的客户投诉渠道有:接受客户投诉的专门机构或者专人,包括客户专员、销售顾问、服务顾问、销售经理、服务经理、总经理;客户投诉热线;投诉联系地址;国际互联网。有了便利又快捷的客户投诉渠道,就可以避免客户有冤无处可诉或费尽周折才可投诉的情况,这也可避免客户不满意程度的进一步加剧,同时也迈出了与客户沟通的第一步。

对于客户投诉的内容应当详细记录并鼓励客户解释投诉问题。记录内容包括:投诉人、投诉时间、投诉对象、投诉要求等。重要的是销售人员让客户充分地解释问题而不要打断他,以尽量减少客户的愤怒和敌意。此外,销售人员还必须同样宽容、开诚布公的对待那些很少表明他们的愤怒、较少冲动但也许有着同样敌意的客户。

接下来应当判断事实真相并判定投诉是否成立。因为很容易受竭力为自己索赔讨个说法的客户影响,销售人员必须谨慎地确定有关的事实信息。用户总是强调那些支持自己观点的情况,所以销售人员应在全面、客观认识情况的基础上,找出令人满意的解决办法。当事实不能解释问题的真相,或客户和公司都有错时,是最难处理的。这种情况下,需要使客户了解获得一个公平解决办法的困难,然而,不论如何,目标仍然是使客户投诉得到公平处理。了解客户投诉的内容后,要判定客户投诉的理由是否充分,投诉要求是否合理。如果投诉不能成立,即可以婉转的方式答复客户,取得客户的谅解,消除误会。

根据客户投诉的内容,确定相关的具体受理单位和受理责任人。在倾听客户意见,并从客户的立场出发考察每一种因素之后,销售人员有责任采取行动和提出公平合理的解决办法。

销售过程中的最终推动力,尤其是售后服务,应该是以良好的商业信誉为导向的。商誉是客户对销售人员、公司以及它的产品的一种积极感情和态度。商誉有助于客户在众多有着相似质量和档次的竞争性产品中选择该公司的产品,也有助于吸引新的客户并提供参考意见,积极的口碑胜过其他任何事务,也是公司所能做的最好广告。

最后对投诉处理过程进行总结与综合评价,吸取经验教训,提出改进对策,不断完善企业经营管理和业务运作,以提高服务质量与服务水平,降低投诉率。解决客户投诉后,打电话或写信给客户,了解客户是否满意,并与客户保持联系,尽量定期拜访他们。

3) 客户投诉预防措施与管理重点

客户投诉的重要意义不在于具体投诉案例的处理,而在于通过一个案例解决一类问题或隐患,用主动的预防投诉代替被动的解决投诉。客户投诉处理的预防与管理重点表现为:

(1) 整理投诉案例,制作与投诉处理相关的培训,借鉴其中的成功经验,吸取失败教训。

(2) 对于投诉案例进行归类分析,对于不同类的投诉处理指定相应的预防纠正措施,并在相关部门会议中进行沟通、宣达。

(3) 对制定的预防纠正措施,在实际的执行过程中进行监控,以验证该措施的效果,从而不断地进行改进。

8. 顾客满意度管理

1) 汽车服务企业的顾客满意与顾客满意度

(1) 顾客满意

顾客满意的定义是指一个人通过对汽车服务的可感知的效果(或结果)与他的期望值相比较后所形成的感觉状态。即

$$顾客满意 = 可感知效果/期望值$$

能否实现顾客满意有3个重要因素:顾客对汽车服务的先期期望;汽车服务的实际表现;汽车服务表现与顾客期望的比较。如果可感知效果低于期望,顾客就会不满意;如果可感知效果与期望相匹配,顾客就满意;如果可感知效果超过期望,顾客就会高度满意、高兴或欣喜。

(2) 顾客满意度

顾客满意度是指人们对汽车服务的满意程度,以及由此产生的决定他们今后是否继续汽车服务的可能性。满意度的高低取决于汽车服务期待与汽车服务实际体验之间的关系,即

$$顾客满意度 = 汽车服务实际体验/汽车服务期待$$

可从以下几方面来真正理解顾客汽车服务需求:表达出来的需求,真正的需求,没有表达的需求,核心需求满足后的附加需求,秘密需求等。值得注意的是,对诸多需求的满足,有需求的主次性和先后满足性,其次序性、结构性并非刚性的,而是受许多内、外部因素影响。因此,顾客的汽车服务需求研究是汽车服务企业必须高度重视的工作。

(3) 顾客忠诚

① 顾客忠诚的定义

顾客忠诚,是指顾客在汽车服务满意的基础上,进一步对汽车服务做出长期的行为,是顾客一种意识和行为的结合。

顾客忠诚所表现的特征主要有以下4点:a.再次要求汽车服务;b.主动向亲朋好友和周围的人员推荐汽车服务;c.几乎没有选择其他汽车服务的念头,能抵制其他企业汽车服务的诱惑;d.发现汽车服务的某些缺陷,能以谅解的心情主动向企业反馈信息,求得解决,而且不影响再次汽车服务。

② 顾客满意与忠诚的关系

顾客满意先于顾客忠诚，并且有可能直接引起忠诚。对于汽车服务企业而言，顾客忠诚，并不是汽车服务企业要求顾客做到对其企业忠诚，而是汽车服务企业以卓越的服务理念，向顾客提供卓越的服务而感动顾客，使顾客成为汽车服务企业的伙伴、朋友，顾客自愿做到对企业"忠诚"。这种"忠诚"关系最终可以达到双赢，汽车服务企业和顾客都是受益者，汽车服务企业在服务经营上获得经济利益，顾客在所需汽车服务上受益。

2）汽车服务企业进行顾客满意度管理的意义

（1）顾客满意度决定企业市场份额和竞争优势。

在汽车服务市场中，企业为顾客提供的服务质量和水平很大程度上决定了顾客的满意度。而顾客的满意度将直接影响他们重复购买服务时的选择，可以影响企业的口碑，从而间接地影响企业市场份额的大小。

一般情况下，顾客更倾向于同那些能让自己更满意的企业打交道，同时顾客的满意通常倾向于愿意为他们所获得的利益付出较高的价格，而且对价格上涨的容忍度也会增加。这意味着企业将能获得较高的营业收入和投资回报，企业就有更多的资源用于对顾客满意度的提高上，从而形成良性循环，改善企业长期的收入状况和盈利能力。

（2）顾客满意能够降低企业的成本支出。

企业使顾客满意的过程，也包含了顾客对企业及其产品与服务的了解。因此，在顾客对企业产品与服务进行重复购买时，企业可以减少与顾客就交易条件进行费时费力的沟通所花费的时间，从而降低管理成本。同时，较高的顾客满意度将能为企业带来较高的顾客保持率和较低的顾客流失率，从而大大降低企业开拓市场的成本。另外，顾客满意水平高可以降低由于处理顾客不满意带来的失败成本。企业必须花费时间、金钱、人力等资源来处理不满意的顾客的各种行为，比如退货，投诉等。

（3）满意的顾客会产生良好的口碑效应和学习效应。

市场营销的基本任务是吸引和维持顾客并促成交易。由于汽车销售服务市场日趋成熟，竞争日益激烈，用传统的广告和促销手段来吸引顾客的难度越来越大。相反，顾客之间的口碑效应和相互学习效应对消费者选择产品与服务的影响力越来越大。

（4）顾客满意能提升企业的认知价值和总体声誉。

顾客对汽车销售服务企业的认知是指顾客对企业的经营方针、经营作风、经营战略和产品服务水准等的认识、了解和认同，顾客满意度高，顾客忠诚度高，会帮助企业树立良好的形象，引导公众对该企业正面的认知，从而提高企业的认知价值和总体声誉。总体声誉的提高，一方面能降低顾客的尝试风险而使顾客协助新产品的导入；另一方面有助于建立和保持与核心供应商、分销商、战略联盟的关系。

3）顾客满意的结构维度和形成机制

了解顾客满意影响因素的分类结构（结构维度）和形成机制，是设计一切顾客满意度管理模式和方法的出发点。营销和管理理论发展至今，不同的学者从不同角度对顾客满意的结构维度和形成机制进行了阐述。

（1）顾客满意的结构维度

顾客满意的结构维度是指顾客满意决定因素的结构层次。关于顾客满意和不满意具有何种结构，有三种观点：单维结构、双维结构和三维结构。这里介绍第三种。

三维结构是根据人需求的三个层次,将影响顾客满意和不满意的因素分成三类:基本属性、绩效属性和激励属性。

① 基本属性是指顾客的一些基本需要,这些需要如果没有得到满足,将会导致高度的不满意,而如果得到满足,也几乎不会产生满意。究其原因,是因为基本属性是顾客预期将要得到的。例如,当顾客来到汽车销售服务企业维修汽车时,他们都期望服务人员为其排除车辆的故障,如果企业不能顺利为其解决这一问题,顾客将会感到不满,甚至会抱怨;但如果汽车销售服务企业只是仅仅为顾客修好了车辆,顾客一般也不会给予特别的赞扬。

② 顾客需要的第二种类型是顾客满意程度正比于产品或服务属性的绩效水平,这种属性称为绩效属性。一般来说,绩效属性能够产生线性的反应,提高绩效属性表现水平将带来相应满意水平的提高。如上例中,服务人员越是能够迅速而准确地排除故障,顾客就会越满意。

③ 激励属性是指顾客得到的一些他们没有期望、没有要求,甚至认为不可能的产品或服务属性,这些属性的获得使顾客感到兴奋、愉悦。激励属性在任何执行水平上,都可以产生积极的顾客满意。例如,汽车销售服务企业在顾客没有要求和事先没有公告的情况下,在车辆故障排除后,免费为顾客提供车辆安全系统检测和清洗服务(特别是竞争对手尚不提供类似服务时),顾客将会感到意外的惊喜和愉快。激励属性能使顾客产生指数级反应,它的小小改进将会产生相对较大的满意提升。

值得注意的是,人的需要会随着时间的推移而变化。比如随着激励手段不断重复和被竞争对手模仿,激励属性就变成了顾客所期望得到的属性了,并很可能变成基本要求。

(2) 顾客满意的形成机制

影响顾客满意的形成机制有许多理论模型,比较有代表性和操作性较强的有以下几种。

① 传统顾客满意模型

传统顾客满意模型是一个将感知价值与顾客满意联系起来的模型。在这个模型里,感知价值是顾客根据产品或服务的感知绩效与产品或服务的属性或整体绩效标准相比较后而形成的。感知价值对满意有三种影响效果:积极的影响、消极的影响、零影响。从效果上看,顾客的满意程度会影响到顾客的购买决策。

其中的感知绩效通常不同于产品本身的客观实绩或技术实绩,特别是当产品或服务非常复杂,且顾客不熟悉时,尤为如此。比较标准可以有不同的来源,这些来源可能因个人、产品或服务类型的不同而广泛变化。

这个模型认为满意感是一种心理状态,顾客对消费产品或服务的不同部分可能有不同的满意层次。满意感的结果包括重购意向、口碑和抱怨。但是应该注意到这样一个问题:满意感的结果中的重购意向、口碑和抱怨等这些结果是否发生,还要受到其他变量的调节。例如,非常不满未必产生抱怨行为,尤其是当顾客相信抱怨将没有任何作用时,他们几乎会放弃这种行为。

② 期望一致/不一致模型

该模型是目前顾客满意模型研究中的一种主流观点,其思想源于期望理论。这个模型认为,顾客在购买之前先会根据过去经历、广告宣传等途径,形成对产品或服务绩效特征的期望,然后在购买和使用中感受到产品或服务的绩效水平,最后将感受到的绩效与顾客期望进行比较。比较结果有三种可能情况:如果感受到的绩效低于期望,此时产生负的不一致,顾客就会产生不满；如果感受到的绩效超过期望，此时产生正的不一致，顾客就会满意；如果感受到的绩效与期望相同，不一致为零，即简单一致。

③ 绩效模型

一些学者指出，达到和超过期望值一定导致满意的观点在逻辑上是不一致的。例如，设想一个顾客购买一个产品，期望其性能很差，事实上的确很差的性能也达到了期望值，但大多不可能产生满意。顾客实际感受到的产品绩效也是影响其满意与否的一个重要决定因素，由此产生了绩效模型。在绩效模型里，顾客对产品或服务绩效的感知是顾客满意的主要预测变量，他们的期望对顾客满意度也有积极的影响。这里的绩效是相对于他们支付的货币而言，顾客所感知的产品或服务的质量水平。在绩效模型中，期望对顾客满意度有直接的积极影响。绩效和期望对满意度的作用大小取决于它们在该结构中的相对强弱。相对于期望而言，绩效信息越强、越突出，那么所感受到的产品绩效对顾客满意度的积极影响就越大；绩效信息越弱、越含糊，那么期望对满意度的效应就越大。

4）汽车服务企业的顾客满意管理战略

顾客满意战略的核心思想是企业的全部经营活动都要从满足顾客的需要出发，以提供满足顾客需要的产品或服务作为企业的责任和义务，以满足顾客的需要、使顾客满意作为企业的经营目的，从而实现企业的价值。因此，汽车服务企业推行顾客满意战略的关键是提高服务过程中顾客感知利得和感知利失之差。为此，从管理的角度推行顾客满意战略，其基本程序一般包含如下几个步骤。

（1）汽车服务企业顾客满意现状调查与诊断

汽车服务企业进行顾客满意现状调查与诊断是导入顾客满意战略的基础。其目的是为了深入了解企业组织与管理现状。具体包括调查和研究组织的结构、组织的效率与活力、组织的管理流程、员工的观念、服务观念与意识、服务行为与服务心态、服务培训、服务传播与相互沟通等方面。只有了解企业组织与管理现状，才能制定针对性策略，优化企业架构与企业管理流程以适应顾客满意战略的需要。

企业顾客满意现状调查与诊断的基本方法主要是企业各层级深度访谈、企业部门小组访谈以及有关企业内外针对性专题问卷调查及有关客户资料的分析。调查与诊断要从组织架构、服务观念与意识、服务行为与服务心态、服务培训、服务传播与沟通等多个方面进行。

（2）基于顾客满意战略的企业组织架构优化

创造顾客满意，需要一个以顾客满意为目标、协调高效、应变能力强的服务组织体系。传统的组织结构，往往不同程度地存在着上下级之间单向沟通（往往表现为由上而下的"下行沟通"）、部门与部门之间互动协调不力、监控支持系统与市场监控系统不完善、内部反馈系统流于形式等弊端。因此，要改善顾客满意，必须在组织结构上做出适当安排，通过扁平化、网络化和适当的组织弹性，提高对顾客需求做出反应的效率，进而实现企业整体顾客满意的改善。

（3）企业顾客满意度动态测评模型及其运用

企业顾客满意度测评为企业提供了对顾客满意服务状况迅速、有益和客观的反馈。通过测评，企业决策人可以清楚地了解目前工作做得如何，如何改善和提高。因此，汽车服务企业应根据自己所开展业务的具体特点和竞争的实际状况，建立一套适合本企业的测评模型，这将大大有助于建立、健全满意服务标准，并指导企业的满意服务工作。

(4) 企业顾客满意动态监控体系的建立与维护

汽车服务企业建立顾客满意动态监控体系,主要目的是通过专业的动态调查、监控手段,搜集、监控企业自身顾客服务满意状况及竞争对手满意服务状况,提供企业顾客满意服务与竞争对手满意服务的动态分析报告,作为企业进行顾客满意度管理的依据。在实施过程中,汽车服务企业可设立专门机构对企业顾客的满意服务进行动态监控,也可以委托专业的第三方进行,但企业必须有人对该监控体系的运作方案和实施情况进行审核和监督。

(5) 企业顾客满意服务标准的确定与执行

高品质顾客服务包括服务程序和服务提供者两个方面。其中服务程序涵盖了满意服务工作如何进行的所有程序,提供了满足顾客需要、令顾客满意的各种机制和途径;服务提供者则是指服务过程中的人性的一面,涵盖提供满意服务的过程中与顾客接触所表现的态度、行为和语言技巧。从管理的角度看,为了保证服务的可靠性、相应性等影响服务质量的因素,对服务岗位执行满意服务的规范是十分必要的,特别要注意的是,满意服务标准并非恒定不变的,而是动态的,随着客户对服务要求的提高,必须对满意服务标准做出阶段性更新和提升。

5) 提高顾客满意度的途径

(1) 要充分认识到顾客购买的汽车服务是价值。

怎样既能使顾客满意又能赚钱,就是要满足顾客的需求,并能获利,让顾客感觉钱花得值得,这里"钱"代表了价格,"值得"代表了顾客所享受到的汽车服务的价值。关键在于要使顾客所享受到的汽车服务价值高于或至少等于顾客所花费的总成本。

顾客购买的总价值由汽车产品价值、汽车服务价值、人员价值和形象价值构成,其中每一项价值因素的变化均对总价值产生影响。

① 车辆及其配件的价值,是由车辆及其配件的功能、特性、品质、品种与式样等所产生的价值,是顾客需要的中心内容。

② 汽车服务价值,是指伴随车辆及其配件的出售,汽车服务企业向顾客提供的汽车维修、保险、质量保证等服务。

③ 人员价值,是指企业员工的经营思想、知识水平、业务能力、工作效益与质量、经营作风、应变能力等所产生的价值,比如中级工、高级工、技师或高级技师、行业技术能手在汽车服务中产生不同的价值,并存在汽车服务差异。

④ 形象价值,是指汽车服务企业及其汽车服务在社会公众中形成的总体形象(品牌形象)所产生的价值,这是一种无形资产。

顾客购买的总成本不仅包括货币成本,而且还包括时间成本、精神成本、体力成本等非货币成本。

① 货币成本。一般情况下顾客购买汽车服务时,首先要考虑的是货币成本的大小,这是构成顾客购买总成本大小的主要因素,表现出来就是汽车服务的价格。

② 时间成本。它是顾客为了得到该汽车产品或享受该项汽车服务所花费的所有时间。

③ 精力及体力成本。它是指顾客购买汽车服务时,在精神、体力方面的耗费与支出。

顾客总价值和顾客总成本之差就是顾客让渡价值[1]。因此,汽车服务企业在制定经营

---

[1] 顾客让渡价值是指顾客总价值与顾客总成本之间的差额,是企业转移的、顾客感受到的实际价值。

决策时,应综合考虑构成顾客总价值与顾客总成本的各项因素之间的这种相互关系,用较低的成本为顾客提供具有更多顾客让渡价值的汽车服务。

不同顾客群体对汽车服务价值的期望与对各项成本的重视程度是不同的。例如,对于工作繁忙、收入较高的消费者而言,时间成本是最重要的因素;而对于收入偏低的顾客而言,货币成本是他们在购买时首先考虑的因素。因此,汽车服务企业应根据不同顾客群的需求特点,有针对性地设计增加顾客总价值、降低顾客总成本的方法并分类服务,提高顾客的满意水平。

因为顾客让渡价值最大的汽车服务总是会成为顾客优先选购的对象,所以汽车服务企业应有针对性地设计和增加顾客让渡价值。当顾客让渡价值大于或等于零时,顾客就会感到获得了超值的享受或觉得"钱花得值得",因而也就会感觉到满意。顾客让渡价值的真谛就是"值得的东西再贵也是便宜的,不值得的东西再便宜也是贵的"。

(2) 汽车服务应永远超前于顾客预期。

汽车服务要永远超前于顾客对它们的预期要求。这就要求:一方面,应把汽车服务标准提高到顾客现有预期之上,使顾客不仅感到满意,而且是由衷的高兴;另一方面,要在顾客预期之前就引入新的汽车服务形式,积极主动为顾客服务,不仅向顾客提供他们想要的东西,而且要提供连他们自己都没有意识到会喜欢的东西。

(3) 鼓励顾客抱怨,并为顾客提供反馈信息的机会。

汽车服务的提供者应建立信息反馈机制,并千方百计为顾客提供信息反馈的渠道。通过信息反馈机制,可以解决顾客如何与汽车销售、维修人员进行交流,顾客又用什么途径获取服务信息的问题;汽车服务企业也可以及时了解顾客对企业满意的程度以及对企业的意见;企业还可以利用这种沟通的方式掌握顾客的相关信息,形成顾客数据库,以针对其特点更好地开展业务。这样就会形成一个企业与顾客互动的过程,对提高顾客满意水平、促进企业的发展与进步具有重要意义。

汽车服务企业还应积极鼓励顾客抱怨,让顾客抱怨的原则是顾客不放弃汽车服务企业的服务及不影响其他顾客接受汽车服务企业的服务。没有抱怨并不意味着质量没有问题,也许顾客只是懒得说,或许是没有抱怨的渠道;而最糟糕的可能就是顾客已对企业完全失去了信心。因此,要注意倾听所有顾客的抱怨。在处理顾客抱怨的过程中,尽量向顾客了解为什么服务不能满足顾客的需要,顾客想要什么样的服务。如果能得到这些信息,就意味着向理解顾客的需要和期望迈进了一步。同时,如果处理得当,还可以发展同顾客的关系。曾经抱怨过的顾客,在企业为其解决问题而做出努力后,可以转变为一个满意甚至是忠诚的顾客。

(4) 提高顾客让渡价值。

消费者在购买服务后是否满意,取决于与购买者的期望值相关联的供应品的功效,可以说,满意水平是可感知效果和期望值之间的函数。要提高顾客的满意水平,应从提高汽车服务的可感知效果入手。顾客让渡价值在某种意义上等价于可感知效果。因为,顾客在选购汽车服务时,往往从价值与成本两个方面进行考虑,从中选出价值最高、成本最低,即"顾客让渡价值"最大的汽车服务作为优先选购的对象。因此,提高顾客让渡价值是提高顾客满意水平的主要手段。提高顾客让渡价值有两个可供选择的途径:尽量增加总的顾客价值或减少总的顾客成本。由于总的顾客成本不可能无限制地缩减,因而作用有限。所以更积极的方法是增加总的顾客价值。

① 增加总的顾客价值。

a. 增加汽车服务价值。

汽车服务项目的开发应注重市场调研及客户需求的识别,应面向市场,以顾客需求为中心。通过市场调研,倾听顾客的声音,挖掘出消费者的潜在需求,进而结合自身情况进行市场细分,确定目标市场(即目标消费群),然后,根据目标市场进行汽车服务项目的开发。

重视汽车服务的质量。质量是企业的生命,提高汽车服务质量是提高汽车服务价值、维护汽车服务企业信誉的主要手段。汽车服务企业应建立有效的质量保证体系,满足顾客的需要和期望,并保护企业的利益。

b. 提高汽车服务价值。

注意汽车服务的定位与汽车服务差异化,在顾客心目中创造出有别于竞争者的差异化优势。

为顾客提供全过程和全方位优质汽车服务,做到细致、周到、充满人情味。全过程汽车服务是从车辆销售前消费者产生消费欲望的那一刻起,到车辆使用价值耗尽为止的整个过程,都对消费者细心呵护,使消费者与自己的品牌紧密相连,让消费者在每一层面都感到完全满意。全方位汽车服务是指为汽车消费者提供所需的全面服务,也称保姆式服务,即将消费者当作婴儿一样细心呵护。

c. 提高人员价值。

汽车服务企业员工直接决定着企业为顾客提供汽车服务的质量,决定着顾客购买总价值的大小。汽车服务员工的技能、顾客导向和服务精神对于顾客理解企业、购买汽车服务是相当关键的。企业每个员工的态度、精神面貌、服务等都代表着企业的形象,都直接或间接地影响"顾客满意"。那些得到了热情、全面、耐心、细致服务的顾客,将会对企业所提供的汽车服务留下良好印象,有可能再次购买并向其他人推荐,可以说,与顾客的真实接触是"顾客满意"实现的关键。因此,汽车服务企业要努力提高人员的价值。

d. 提高形象价值。

良好的汽车服务企业形象具有财务价值、市场价值和人力资源价值,因此,必须做好企业形象管理。汽车服务企业形象通过车辆质量水平、品牌特征和汽车服务三个方面表现出来。运用这三个要素营建并保持坚实的顾客关系,关键是在同所有与企业有关的人员的交往过程中表现出一致性。做好汽车服务企业形象管理,还需妥善处理危机事件,维护企业形象。一旦危及汽车服务企业形象的事件发生时,一定要妥善处理,尽量缩小影响面。

② 降低总的顾客成本

a. 降低货币成本。

顾客总成本中最主要的成本就是价格,低价高质的汽车服务是赢得顾客的最基本手段。要想赢得市场,必须严格控制成本,对本企业的汽车服务的各个环节进行成本控制,设身处地以顾客的目光来看待成本的高低和价格的可接受度。

b. 降低时间成本。

首先,通过各种有效渠道发布汽车服务信息,减少顾客搜集信息所需的时间,使顾客可以比较轻易地获得选购汽车服务前所需的资讯。其次,维修技术服务要尽量缩短停厂维修周期,减少配件材料缺货现象,将能大大减少顾客的时间成本,提高顾客所获得的让渡价值。

c. 降低精力和体力成本。

可以通过加大宣传力度,使顾客可以轻易得到所需的汽车服务资料,减少在搜寻信息方面花费的精力与体力;合理布局汽车服务企业网点,使顾客可以就近得到汽车服务;为顾客提供一条龙、一站式汽车服务,最大限度地减少需要顾客完成的工作,减少顾客精力与体力的付出。

(5) 确立"顾客第一"的观念。

实施顾客满意战略,推行顾客满意经营,首先必须确立"顾客第一"的观念。坚持"顾客第一"的原则,是市场经济的本质要求,也是市场经济条件下汽车服务企业争取顾客信赖、掌握市场主动权的法宝。现代汽车服务企业生产经营的目的是为社会大众服务,为顾客服务,不断满足各个层次消费者的需要。

"顾客第一"和"利润第一"一度曾是相互对立的两种经营观念,随着商品经济的发展、买方市场的形成、市场发育的完善和营销观念的深入,人们意识到"顾客第一"和"利润第一"实际是统一的。任何一个汽车服务企业都是以追求经济效益为最终目的,然而,如何才能实现自己的利润目标,从根本上说,就是必须首先满足顾客的需求、愿望和利益。所以,汽车服务企业在经营活动的每一个环节,都必须眼里有顾客,心中有顾客,全心全意地为顾客服务,最大限度地让顾客满意。这样,才能使企业在激烈的市场竞争中站稳脚跟,进入"义利合一"的境界,才能得到持久的发展。

(6) 树立"顾客总是对的"的意识。

在企业与顾客这种特定的关系中,只要顾客的"错"不会构成企业重大的经济损失,那么就要将"对"让给顾客,这是企业顾客满意意识的重要表现。"得理也让人",既是顾客满意经营观念对员工服务行为的一种要求,也是员工素质乃至企业素质的一种反映。所以,顾客满意经营观念要求员工必须遵循三条原则:一是应该站在顾客的角度考虑问题,使顾客满意并成为可靠的回头客;二是不应把对汽车服务有意见的顾客看成"麻烦顾客",应设法消除他们的不满,获得他们的好感;三是应该牢记,同顾客发生任何争吵或争论,企业绝不会是胜利者,因为你会失去顾客,也就意味着失去利润。

因此,汽车服务企业在处理与顾客的关系时,必须树立"顾客总是对的"的意识,这是建立良好的顾客关系的关键所在。尤其是在处理与顾客的纠纷时,无论是企业的普通员工,还是企业的管理者,都应时刻提醒自己必须遵循上述三条黄金准则,站在顾客的立场上,想顾客之所想,急顾客之所急,从而对自己提出更高的要求。实际上"顾客总是对的"并不意味着顾客在事实上的绝对正确,而是意味着顾客得到了绝对的尊重,品尝到了"上帝"滋味的时候,就是企业提升知名度和美誉度的时候,也就是企业能拥有更多的忠诚顾客、更大的市场以及发展壮大的时候。

(7) 建立"员工也是上帝"的思想。

顾客是上帝,已成了汽车服务企业家的口头禅。然而,从顾客满意战略的观点来看,员工也是上帝。企业只有做到员工至上,员工才会把顾客放到第一位。一个不满意的员工,决不会使他所服务的顾客得到满意的感受。实质上,员工至上与顾客至上并不矛盾,在顾客满意理论中,它们是统一的、相辅相成的,共同的目标都是使顾客满意。

"员工也是上帝"的思想告诉人们,一个企业家,只有做到善待你的员工,员工才会善待你的顾客,满意的员工才能创造顾客的满意。

因此，现代汽车服务企业要想使自己的员工让汽车消费者百分之百的满意，首先必须从满足员工求知的欲望、发挥才能、享有权利和实现自我价值等需要出发，关心、爱护和尊重员工，调动员工的积极性，激发员工的主人翁精神和奉献精神，树立员工的自尊心，使他们真正成为推进企业顾客满意战略、创造顾客满意的主力军。企业家必须用自己希望员工对待顾客的态度和方法来对待自己的员工。

（8）建立以顾客满意为核心的企业文化。

汽车服务企业运作过程中，不仅仅管理者和一线员工的行为影响顾客满意，企业中任何一个成员的行为都影响着整个服务系统的运行效率和顾客对服务的认知，因此，在建立相应管理制度的同时，必须构建以顾客为中心的企业文化，并通过"内部营销"的手段，将企业管理层的经营理念、经营思想和各种制度措施传播至每一个员工。让企业文化和管理制度相辅相成，规范和引导全体成员的行为，使顾客在享受企业服务的每一个环节都能切实感到汽车服务企业的真诚关怀，从而实现顾客满意。

（9）为顾客提供个性化的汽车服务。

不同顾客有不同的消费心理，顾客的个性需求是提高顾客感知价值，进而提高让渡价值的重要手段。汽车服务企业可在进行顾客调查的基础上，建立顾客信息数据库，开展客户关系管理。利用顾客数据库探索满足顾客需求的途径，并按顾客满意的要求选择适当的方式改造企业的经营理念、汽车服务等。同时汽车服务企业可运用顾客数据，分析顾客的消费心理和个性需求，创造能满足顾客个性需求的汽车服务及接近顾客的渠道，利用明显的区别优势吸引未来的新顾客，而且要尽可能地阻止老顾客的转向。

（10）提供优质汽车服务。

感知服务质量是影响顾客满意的一个重要因素，当顾客预期被清楚地了解后，能否提供符合顾客要求的高质量汽车服务对创造顾客满意具有决定性意义。因此，汽车服务企业应从汽车服务系统设计开始，系统地进行汽车服务质量规划与控制，不断改善汽车服务质量，向顾客提供优质汽车服务。

6）顾客满意经营战略的 3R 理论

（1）留住老顾客（retention）

满意的老顾客能最大限度抵御竞争对手的降价诱惑，企业比较容易为满意的老顾客服务，相对于发展新顾客，费用大大降低。

（2）推出汽车新产品和相关新服务（related sales）

满意的老顾客对汽车服务企业新推出的汽车新产品和相关新服务最容易接受，在汽车服务多样化的今天，此举尤显重要。任何汽车服务企业只有不断地推出汽车新产品和相关新服务才能生存，而满意的老顾客往往是汽车新产品和相关新服务的"第一个吃螃蟹的人"。他们的存在，大大节省了汽车服务企业推出汽车新产品和相关新服务的费用。

（3）用户宣传（referrals）

在购买汽车服务决策的过程中，为了降低自己感觉中的购买风险，用户往往会向亲友收集信息，听取亲友的意见；同时，顾客购买汽车服务之后，总会情不自禁将自己的感受告知他人。"满意"与"不满意"的顾客对企业招来或是阻滞新顾客影响重大，精明的汽车服务企业家总会巧妙地利用"满意"的顾客作为其"业余营销员"，为自己的企业进行"口碑宣传"，从而带来大量的新顾客。

7.1.3 经销网络管理与销售资源保障

1. 销售网点准入制

通常将直接与供货商签订协议的经销商称为一级经销商;将与供货商和一级经销商三方共同签订经销协议,并与该一级经销商发生业务往来的经销商称为二级经销商。一级经销商和二级经销商统称为销售网点。

对于供货商而言,经销商入网审查确保符合公司发展要求的经销商才能进入销售网络,以促成销售目标的实现;对销售网点的续约和变更的审核,能确保经销商满足供货商持续性发展的要求,提高产品的市场竞争力。

销售网点的建立一般遵循以下原则:

(1)稳定原则。销售网络的建立应以提升产品销量和市场占有率为最终目标,同时保护经销商合理的利益,不应对销量产生负面影响。

(2)发展原则。区域内经销商类型及数量要考虑到未来该地区需求量的变化。

(3)地域原则。在选点时,综合考虑地区经济发展水平、产品购买及使用特点、社会环境、用户差异等因素;在空白地区优先发展;对新增网点严格控制其与现有网点的距离。

(4)竞争原则。在产品容量较大的区域,发展多个一级经销商;新增销售网点时,争取当地综合实力最强的经销商加入以提高竞争力。

经销商入网审查的一般流程是:供货商销售服务部门对有经销公司产品意向、具备相应条件的销售网点进行评估,并对销售网点提交的申请材料进行审核;然后销售服务部门向公司网络管理部门提交《公司销售网点考察评估表》,公司网络管理部门据此对申请单位进行实地(或委托)调查,提出评估意见;公司销售部根据销售服务中心、网络管理部门意见,结合网络规划和区域网络现状对销售网点准入进行公司暂授权销售网点审批;获得暂授权资质的网点足额缴纳市场保证金、定金后,与供货商签订经销协议,并进入一定时期的暂授权考察期。在暂授权期结束时,完成供货商考核后,如考核达标,其正式成为一级经销商;如考核不达标,供货商有权终止协议,并按照销售网点退出制度执行相关程序。

销售协议到期时(一般是一年期),供货商会对销售网点提供的续约资料进行审核,并按照销售网络规划及年度经营目标确定的区域及销量,与销售网点签订新年度的销售协议。

2. 经销商退网

退网有两种情况:经销商主动要求退网,供货商要求经销商退出。

供货商根据经销协议要求经销商退出网络,并终止与经销商的经销关系的情况一般有以下几种:

(1)政策性退出。这种情况是因为经销商违反供货商商务政策,或者违反其他与营销管理有关的政策规定。

(2)网络规划退出。指供货商根据公司各时期对区域销售网络规划要求经销商退出。

(3)其他情况。比如经销商陷入经营困境,无力再进行正常业务往来;经销商经营业绩长期达不到公司预期目标和要求;经销商陷入法律纠纷,可能危及公司信用或资产安全的；经销商在业务往来中存在欺诈行为的，等等。

3. 经销商金融支持项目管理

经销商金融支持项目是指供货商为促进销售与银行、经销商、租赁公司和客户开展的金融服务项目，包括授信、库存融资、终端融资、监控车等。供货商通常会对经销商进行信用评估，并将其纳入信用评估额度管理体系。

授信是供货商向符合条件的经销商提供的一定价值额度的车辆，经销商接受车辆后在约定的期限内付清车款。

库存融资是经销商缴纳一定保证金给银行，银行出具100%的承兑汇票给供货商，供货商将100%的车辆或者部分车辆和合格证交付给经销商，经销商按期还款的融资方式。若经销商不按时还款，则供货商承担差额退款责任。这种方式具体形式很多，区别在于交付货物的比例以及何时平仓。

终端融资分为消费贷款和融资租赁两种形式。

消费贷款：销售单位向厂家购买用户所需车辆，银行审核通过用户消费贷款申请，放款给经销商，用户每月向银行归还按揭款，贷款期间车辆归银行所有，还款完毕则车辆归客户所有，厂家为销售单位向金融机构承担连带担保责任。

融资租赁：租赁公司按照销售单位推荐用户的要求，从厂家购买车辆租赁给用户，用户每月支付租金，租赁期间车辆归租赁公司所有，租赁期满租金支付完毕则车辆归客户所有，厂家为销售单位向金融机构承担到期未还款部分差额退款责任。

还有一些汽车生产厂家会根据经销商的具体情况，给予一定数量、一定期限的车辆用于缓解其资金压力，车辆在未付清车款前所有权归厂家，周转期限届满前经销商须付清全款。这种方式被称为监控车。

7.2 汽车售后服务管理

7.2.1 汽车售后服务概述

汽车售后服务泛指汽车销售部门为客户提供的所有技术性服务工作及销售部门自身的服务管理工作。就技术性服务工作而言，它可能在售前进行，如车辆整修与测试；也可能在售中进行，如车辆美容、按客户要求安装和检修附件、对客户进行的培训、技术资料发放等；还包括在车辆售出后进行质量保修、维护、技术咨询及配件供应等一系列技术性工作。因此，售后服务不仅局限于汽车销售后的用户使用环节，也存在于售中和售前。

汽车售后服务的内容很多，既包括汽车生产商、汽车经销商和汽车维修企业所提供的质量保修、汽车维修维护等服务，也包括社会其他机构为满足汽车用户的各种需求提供的汽车保险等服务。总的来说，汽车售后服务可以归纳为以下主要内容：

(1) 由汽车生产商提供的汽车服务网络或网点的建设与管理、产品的质量保修、技术培训、技术咨询、配件供应、产品选装、信息反馈与加工等；

(2) 为汽车整车及零部件生产商提供物流配送服务;

(3) 汽车的养护、检测、维修、美容、改装等服务;

(4) 汽车配件经营;

(5) 汽车故障救援服务;

(6) 汽车租赁服务;

(7) 汽车保险与理赔服务;

(8) 二手车交易;

(9) 汽车召回、汽车驾驶培训服务、汽车市场和场地服务、汽车广告与展会服务、智能交通信息服务、汽车文化服务等。

服务产品同其他有形产品一样,也强调要能满足不同的消费者需求。消费者需求在有形产品中可以转变成具体的产品特征和规格,但是对于服务产品来说却不适用。因此服务企业需要明确其"服务产品"的本质或"服务理念"才能形成保证服务质量的基石,并区别于其他竞争者。

服务理念作为企业的最高层思想系统和战略系统,包括经营宗旨、发展战略、企业特有的精神和信条,以及企业思想、哲学与方针政策等。它对内可以形成凝聚力,对外可以形成吸引力,是现代企业适应市场经济变革而做出的调整中最困难的部分。在市场竞争中,任何没有独特经营理念的企业、没有优秀文化的企业,就创造不出先进的经营成果,培养不出良好的业绩,也催生不出优秀的管理行为。服务理念必须是可以操作的,同时又要有特色。一个具有独特个性的优秀理念应该是在借鉴中外著名企业的经营思想和管理经验的基础上,融合本企业的特点经长期实践、高度提炼而成的。

7.2.2 配件供应管理与销售配件呆滞库存处理

1. 配件供应管理

配件的质量也是产品的质量,规范配件供应管理,有利于提高配件总体质量,最终提高用户的满意度。

配件供应管理首先应当明确各个相关部门的职责。经营控制部门负责配件调拨和销售价格的成本效益分析;财务部门负责相关配件的结算和账目的管理;供应链负责按照售后服务部调拨计划协调相关部门进行生产并向售后服务部提供配件;采购部负责采购合同的管理;售后服务部负责经销商的配件订单的审核执行,以及业务档案的建立和技术咨询,同时管理配件的调拨、采购以及库存和发运。

2. 销售配件呆滞库存处理

配件呆滞库存是指库存在一定时间以上,过去一定时间内的销售量不大于一定库存比例的配件、状态不适合销售的问题配件、因一模两件必须成套采购而单边销售后导致的单边配件。对配件呆滞库存的处理有助于减少配件呆滞库存对配件资源的占用,提高配件资源使用率。

配件管理部门应该定期对需处理的配件呆滞库存进行分类收集,对呆滞库存产生的原因进行分析,提出处理申请,并由规划部门、纪检部门、财务部门等共同组成招标委员会,对配件呆滞库存进行招标处理,按照废旧物资、呆滞物料对外处理流程进行回收。

7.2.3　缺陷产品召回与售后特殊事件管理

1. 缺陷产品召回

缺陷产品召回制度是指在产品存在有危害消费者安全与健康的危险场合,如果经营者自行或经他人通知发现这一情况,经营者(包括产品的制造者)应主动将此商品回收,以免使消费者实际权益遭受损害;如果经营者发现该危险,但却不加以处理,此时,为保护消费者权益,并维护消费者人身或财产安全,相关主管机关可强制经营者回收商品的制度。因此,召回包括主管部门强制召回和制造商主动召回两种情况。主管部门一般是指国家质检总局缺陷产品管理中心。

供应商应该制定缺陷产品召回制度及办法,建立公司缺陷产品召回管理机构,明确常设办事机构及参与部门,同时明确职责与流程。常设部门通常由质量部门担任,它需要定期收集批量和涉及安全的缺陷汽车产品质量问题,销售部门负责提供售后服务中涉及安全的缺陷产品的情况,并定期向质量部门汇报。其他部门发现类似问题,也可向质量部门反馈。质量部门按照《召回基础数据信息支持流程》规定,收集缺陷产品涉及的范围和数量,编制《拟实施缺陷产品召回建议报告》,明确预计召回缺陷产品的范围、数量、分布地点、涉及部门、金额等内容。公司召开质量委员会会议,对该报告进行评估,若认为不符合召回条件,不需实施召回,应按照《售后特殊事件管理流程》进行处理;若认为需要实施召回,则应形成初步的召回决议,并与股东方或决策层沟通,若决策层同意召回,则启动召回工作。

若国家质检总局缺陷产品管理中心强制召回,供应商应当在最短时间内将召回要求转发至相关部门,并通知经销商停止销售,供应链停止发送,启动实施召回。

实施召回时,质量部门需要制定关于缺陷产品的报告,包括缺陷种类、数量、产生原因;并有效停止缺陷产品继续生产和销售;提出消除缺陷产品的措施;提出有效通知车主的措施;提出公共关系应对方案;以及进行召回效果的预估。并在规定时间内上报国家缺陷产品管理中心。

召回信息发布后,销售部门在国家指定媒体上发布召回公告,向经销商和终端用户发出召回通知书,启动召回程序;技术部门负责制定和更新召回技术方案;质检部门采取有效措施,对生产现场的缺陷产品进行控制,防止产品非预期流传;制造部门负责制定召回相关的工艺,并对缺陷产品进行返工、返修和零部件更换等工作,并组织对消除缺陷后的车辆进行检验、确认;供应链部门负责对库存的缺陷产品采取隔离措施,确定具体数量、位置等信息,报质量部;质量部组织相关部门实施返工、返修等处理。对已出库的缺陷产品,由销售部门按召回通知书予以执行,具体实施的维修商填写相应的记录单。质量部门需要对召回的整体工作进行督促、跟踪,并按照国家相关要求编制召回阶段性进展报告,向管理部门报告召回进展情况,对计划的实施有变更修改的,应当做出说明。

按照计划完成缺陷产品的召回后,质量部门应当组织对召回效果进行评估,编制总结报告,并上报管理中心。

2. 售后特殊事件管理

售后特殊事件是指在售后服务过程中,用户投诉的涉及危害人身安全、车辆损坏严重或造成车辆以外的财产重大损失以及对品牌声誉有重大影响、使产品销售受到严重威胁的事件或不在正常三包索赔范围内的让渡服务。售后特殊事件的规范管理,有助于明确各部门在处置售后特殊事件过程中的职责和流程,在事发后能及时、有效地处置售后特殊事件,尽量减少用户和企业的损失,提高用户满意度。

在售后特殊事件处置过程中,服务商、经销商协助销售部门负责对事件进行调查、取证。销售部门根据相关信息提出相应的处理对策;确认责任单位和技术方案;事件处理完毕后向相关部门提供索赔的依据。质量部门负责成立事件调查组,出具分析报告,并负责质量责任的最终裁决和追赔;技术部门提供技术支持;管理部门提供实践的法律咨询和支持。

7.2.4 市场调研项目管理

市场调研是指针对(不限于)品牌认知、用户满意度、用户需求、市场动态、市场未来发展趋势等内容开展的自行调研、第三方委托调研及股东方联合调研,其中用户满意度是用户对企业产品、销售、售后等方面综合评价的满意度。

自行开展的市场调研活动涉及相应人员职责划分和相应真实性问题;外包的调研涉及较高的费用、过程和时间节点的控制,以及第三方能力及专业性等风险。因此对市场调研项目的管理,必须有效地控制以上风险。

市场调研由市场部负责项目的立项与审核、调研方案的制定、确定调研的目的和方法,以及核实第三方调研公司是否满足需求。对于内部调研,市场部负责调研问卷的分析及报告;对于第三方调研,采购部负责确定第三方调研公司名单并进行商务谈判和签订采购合同,市场部负责调研方案的评审,调研进度的监控和调研报告的评审;对于联合调研,市场部负责支持协助确定调研方案和问卷,负责结果的收集和反馈。对于调研结果,市场部应当根据用户满意度调研报告将改进任务分解到各个责任部门,收集各个责任部门满意度提升措施,并反馈汇总后提交管理层。

7.2.5 服务单验证回访管理

服务单验证回访制度是为了通过回访,全面了解顾客的服务需求,同时对企业售后服务体系的运行进行监督。顾客服务中心负责对服务单进行回访、记录和汇总,同时核查服务单据的真实性。

回访内容包括从顾客进站维修(或到现场维修)开始直至维修结束,服务环节中的所有内容,以及在维修后的使用情况跟踪,并对整个服务过程进行满意度评价。

回访的标准流程如下:

(1) 介绍自己,表明回访原因或所需时间,询问顾客是否方便/愿意接受访问;

(2) 若顾客不便,需记录下次访问的时间,再次访问;

(3) 无法联系则可以次日或其他时间再次访问;

(4) 根据维修内容或关注内容按照问卷逐一访问,并详细记录顾客反馈内容;

(5) 若顾客情绪激动或比较抱怨,则需安抚顾客,将顾客的不满详细记录,并及时反馈,若能及时为顾客解答的,则可立即做出答复;

(6) 回访完毕后,应对顾客表示感谢。

7.2.6 返工及返工物流管理

产品在制造、运输、加工、包装和存储过程中不可避免地会产生可疑物料(与标准有偏差,无法判断是否可用的物料),因此返工、返修和改制以及拆换下的总成件的二次利用就不可避免。而可疑物料的返修作业及各单位的职责则需要进行明确,以规范返工作业行为。

在可疑物料返工的过程中需要确定各个部门的职责。使用单位(发现可疑物料的单位)牵头组织工厂、质量、技术和供应链部门共同对可疑物料进行料废、工废、合格及返修的判定,并组织返工方案的确认;负责返工零件的转运、系统数据处理,返修单据及信息的传递、交接;对质量判定合格的无需求物料实施良品退库,有后续需求的物料优先消耗。

供应链部门负责返工物料的存储管理:核实可疑物料的价值、后续需求等信息;负责返工申请单的确认、确定返工工时及费用的报账。

质量部门需要提供并参与零件返工方案的确认;负责对返工原材料、完工的返修物料进行质量判定。返修完后,质量部门验收,对返修不合格物料,进行二次返修或根据质量部门的判定报废或按照合同规定追究供应商责任。

若涉及供应商,采购部门需要负责返修供应商的选择和返修合同的签订。

复习思考题

1. 汽车是如何进行定价的?它的价格受到哪些因素的影响?
2. 为何要进行客户管理?客户管理的内容是什么?
3. 汽车的销售方式有哪些?
4. 提高客户满意度的途径有哪些?
5. 简述汽车服务企业的顾客满意管理的基本程序。
6. 汽车服务企业顾客满意经营战略的实施有哪几个方面的注意点?
7. 什么是缺陷产品召回制度?如何进行召回?
8. 简述顾客满意经营战略的3R理论。

第8章

汽车服务企业文化和公共关系

8.1 汽车服务企业文化

8.1.1 企业文化的定义

围绕企业文化的内涵和外延,从西方管理学的角度,很多学者都在不断地探讨、不断地研究。到目前为止,关于企业文化的定义已经数以百计,以下我们选取了一部分学者的观点。

(1)美国学者约翰·科特和詹姆斯·赫斯克特指出,企业文化是指一个企业中各个部门,至少是企业高层管理者们所共同拥有的那些企业观念和经营实践;是指企业中一个部分的各个职能部门或地处不同地理环境的部门所拥有的那种共同的文化现象。

(2)威廉·大内认为,企业的传统和氛围产生一个企业的企业文化。企业文化表明企业的风格,例如激进、保守、创新等,这些风格是企业中行为、言论、活动的固定模式。管理人员以自己为榜样,把这个固定模式传输给一代又一代的企业员工。

(3)迈克尔·茨威尔在其著作《创造基于能力的企业文化》中谈到,从经营活动的角度来说,企业文化是组织的生活方式,它由员工代代相传至今。大多数的人几乎没有意识到企业文化的存在,只有当他们接触到与自己不同的文化后,才会感受到自己文化的存在。企业文化是在组织的各个部分得到体现与传播,并被相传到下一代员工的组织运作方式中,其中包括组织成员所拥有的组织信念、行为方式、技术、实践以及目标和价值观。

企业文化是社会文化体系中的一个重要组成部分,它是民族文化和现代意识在企业内部的综合反映和表现,是民族文化和现代意识影响下形成的具有企业特点和群体意识以及这种意识产生的行为规范。

如果要给企业文化做个定义,那么就应该是:企业文化是指企业员工普遍认同并自觉遵循的一系列理念和行为方式的总和,这种文化以人为核心,以财富创造和幸福体验为目的,通常表现为企业的使命、愿景、行为准则、道德规范和沿袭的传统与习惯等。

8.1.2 企业文化的意义

随着现代经济市场的快速发展,企业间的竞争已由原来的商品物质竞争过渡到企业文化、企业服务等综合实力的竞争,特别是在市场机制不成熟且发展空间大的国内市场,汽车服务企业和其他民营企业、国有企业一样，开始向着股份制公司或现代化营销企业转型，原始的经营手段和世代相传的家长制度管理方式已经不符合这个新时代、新市场的需求。所以企业文化的重要性日益突出。

企业文化所存在的价值，伴随着市场竞争愈演愈烈而日益凸显，许多企业领导者都逐渐意识到：没有自己理念与文化的企业可以红极一时，但却不能经久相传。优秀的企业都有着优秀的企业文化。大量的案例证明，在企业发展的不同阶段，企业文化的再造是促进企业发展的原动力，并且通过对企业文化的建设、企业理念的营造可以增强企业的核心竞争力。哪一个企业能够在企业文化建设方面领先，那么它就将先建立起竞争优势。目前汽车技术已经逐渐进入到高级智能化阶段，国内汽车市场发展空间也特别大，汽车服务行业特别是汽车维修行业，本应该顺应时势，发展成为一个高科技产业，可是就目前的情况来看，汽车维修行业给人们的印象依然是修理水平和服务水平低下并且工作环境肮脏的行业。如今在汽车维修行业中，行业管理水平低下，人才缺乏，技术缺乏，探其根本是该行业缺乏一种良好的文化理念。

企业文化的力量是很强大的。在一个企业中，企业文化通过个体文化的引导、规范，达到意识群体的和谐统一，通过思想的共鸣，达到行为的同步，通过精神的内化，达到物质的扩张，导致企业、社会的一致性，使企业管理由过去的主要依靠具有强制行为特征的制度管理，升华到把人放在核心位置，精神引导和制度约束相结合的现代化管理，正是企业文化在更深层次的领域解放了人的潜能，使企业拥有了比以往任何时候都强大的生存力和竞争力。在这样的前提之下，企业文化必定会给企业带来更大的经济效益。所以，良好的企业文化可以激发员工的创造潜能，调动员工对企业的热情，产生更好的经济效益，增强企业竞争力。

8.1.3 企业文化的功能

一个企业的企业文化之所以能够成为该企业的竞争优势，之所以能够给企业带来经济效益，是因为企业文化具有以下功能：

(1) 导向功能。汽车服务企业的各个部门虽然承担着不同的工作，却有一个共同的目标。企业文化在其中统一着整个企业和全体员工的行动方向，使大家深化共同的利益和目标，同时整个汽车服务行业也会被带向一个更高的水平。

(2) 凝聚功能。企业文化会使一个企业的各方面都凝聚起来。企业的全体员工在企业文化的熏陶下，拥有了共同的目标和信念，面对困难风雨同舟。企业文化能够使成员们意识到共同的利益高于个人利益，企业的共同利益是大家的根本利益，尤其是在这个经济发展迅速的时代，企业的兴衰更是切实关系到企业的全体成员，在这个时候企业文化凸显出其重要性。

(3) 约束功能。企业文化通过建立共同的价值体系，形成统一的思想和行为，对企业中每一个员工的思想和行为都具有约束和规范作用，使得企业的员工做到协调统一，自我控制。

(4) 统一企业语言功能。在企业中，有没有共同语言对员工来说十分重要。企业文化在企业中形成的共同语言为全体人员营造了一个和谐的工作环境，让全体员工和谐地结合在一起，产生企业大家庭的归属感，创造了良好的上下级、同级之间的关系，升华了共同的革命友谊。在工作中,很多人珍惜这样的共同语言而放弃了更高薪的职位。

8.1.4 企业文化特征

企业文化的特征是由其结构与功能决定的,通过对企业文化进行抽象概括,可以发现其具有以下特征:

(1) 社会性。企业文化是企业这个经济社会群体共同的价值取向、行为准则以及生活信息等,它是一种社会群体心理文化、物理文化和行为文化。

(2) 集体性。企业的价值观念、道德标准、经营理念、行为规范和规章制度等都必须是由企业内部的全体员工共同认可和遵守的,企业文化是依靠企业员工的共同努力才建立和完善起来的,所以企业文化具有集体性。

(3) 人文性。企业文化的核心是以人为主,企业内外的一切活动都是围绕人展开的。在企业的角度来看,企业不应是单纯地制造产品、追求利润的机器,员工不应该是这部机器上的零件,企业应该成为让员工能够发挥聪明才智、实现事业追求、相处和睦的大家庭。从企业的外部来看,企业与社会不应该只是单纯地商品交换关系,企业生产经营的最终目的是为了满足广大人民的需要,是为了促进人类社会的发展。

(4) 个体差异性。任何企业都有自己的特殊品质,即使是生产同类产品的企业,也会有不同的文化、不同的行为规范和技术工艺流程,所以每个企业的企业文化都有其鲜明的个体性。

(5) 规范性。企业文化是由企业内部全部成员所创造出来的,具有凝聚功能。这就要求企业内个人的思想行为至少是与企业利益密切相关的思想和行为,应当符合企业的共同价值观,与企业文化认同一致。当企业员工的思想与行为同企业文化发生矛盾时,应当服从企业整体文化的规范要求,在这一规范下,企业力图使个人礼仪与集体利益、个人目标与企业目标统一起来。

8.1.5 企业文化建设

就如今很多发达国家而言,很多企业已经发展成这个国家的代表,成为了这个国家的文化的一部分,融入人们的生活中,与之密不可分,如美国的麦当劳快餐企业、好莱坞影视基地等。我们应该承认,如今汽车服务企业的企业文化还远远没有发展成为社会文化之势,所以在汽车服务企业的企业文化的建设方面还是一个全新的领域。那么面对这广阔的前景,应该怎样去进行汽车服务企业的企业文化建设呢?总的来说,可以从以下几个方面建设:

(1) 自上而下灌输,为全体员工树立正确的价值观。文化的核心是人,文化的传播者也是人。对于企业中的一些优秀分子,如企业领导者、经营者等,其自身对于企业的期望、理念、创造性等都是自我形成的,所以在企业建设企业文化的过程中,他们起着带头作用,可以在工作实践中通过报告会、树典型等形式宣传企业精神、企业文化以及企业形象,为全体员工树立起正确的价值观。作为汽车服务行业员工应该知道企业把维修、服务、为社会创造价值看成是最有价值的。一个服务行业中,员工树立了正确的价值观,可以为企业塑造良好的形象,营造良好的企业风气,而且还能在客户中和社会上产生良好的效果,为企业的进一步发展和经济效益的提高奠定基础。

（2）更新观念，引进全新的经营理念。文化本身就具有多样性、交叉性、渗透性、广泛性，如果能将其他行业的理念、特色、运作方式等以恰当的方式引进到汽车服务行业中来，必将给汽车服务行业注入新的血液，带来新的崛起。某一家汽车维修公司，投资了 2000 万元建起了一个一类的汽车维修企业，可是经营初期车源稀疏，于是该公司想办法引进了全新的营销理念融入车源的开发上，成立了业务开发部门，组织员工开发车源业务，找准投资重点，加大开发力度。不到三个月，该企业的车源迅速上来了，经济效益很快转好。经营管理者在企业文化建设过程中，一定要注重多方吸收各个行业的文化风格，并与自身企业实际情况相结合，创造出具有本企业特色的企业文化。

（3）树立集体意识，创建共同目标。企业可以开展一些集体活动、团体活动等，来培养员工的群体意识，让他们在一次次活动中了解，只有通过集体中的每一个人的努力与协作才能取得最终的成功。一盘散沙似的企业与关系协调融洽的企业的经营业绩是大不相同的，两种不同的企业状况反映出不同的企业理念。企业的凝聚力强，说明该企业注重企业内部员工的干部教育、员工教育，全体员工群体意识强烈，将个人情感、个人命运与企业的命运紧密地联系在一起，使他们富有企业责任感，从而与企业风雨同舟，同甘共苦。好的企业理念不仅使企业领导之间，也使干部与员工之间产生凝聚力，更使得员工有一种归属感。在强大的凝聚力、向心力的作用下，促进企业发展与壮大。企业在竞争中取胜，不仅仅依靠产品服务，还要依靠营造精神文化优势，并努力激发全体员工的集体精神，激发他们对企业的热情、忠诚和有利于长远发展的团体意识。所谓的集体意识就是树立一种以企业为中心的共同价值观，把自己看成企业的一员，同企业命运与共，从而对企业产生一种强烈的集体意识，真正实现"人企合一"。

在目前国内的汽车服务行业中，私人企业占的比例越来越大，每个私企经营者都有自己的价值目标，他们不将利润作为唯一指标，不局限在赚取最大利润，而是形成一种确定的理念，使自己的工作具有超出赚钱的更高的价值。只有以这样的理念为宗旨，现代企业才能长久地发展。举一个跟汽车服务行业不相关的例子，在日本有一家著名的制陶公司——京都制陶公司，公司初期业务发展得很快，该企业管理者常常要求员工加班，每天干到深夜，周末也不休假，但是对员工的薪酬、福利待遇以及工作环境的改善问题都不考虑，逐渐地员工开始产生不满情绪，最后造成企业员工大规模罢工，结果把企业推向了极为困难的境地。后来企业管理者进行深刻反思，终于意识到了企业的生存发展离不开全体员工，任何对员工的忽视、漠不关心与怠慢都会给企业带来巨大的损失。

人的天性中不仅仅有对物质的追求，还有对精神价值的追求，每个人都希望在自己的岗位上实现自我的价值，想要把工作做得更有意义。如果企业领导者能关注到这一点，并将员工的这一方面调动起来、整合起来，向着同一个方向努力，那么员工就会在自己的工作岗位上为实现自我人生目标而不断努力。这样的话，企业的价值目标也会上升一个层次，企业员工才能焕发出积极奉献的精神，企业的扩张也因此有了永不衰竭的动力。

（4）营造企业文化氛围。所谓氛围，一般是指特定环境中的气氛和情调。能够形成氛围，必定使人产生一种强烈的感觉，这种感觉来自特定环境中所体现的精神。企业文化氛围是指笼罩在企业的整体环境中，体现了企业所推崇的特定传统、习惯及行为方式的精神格调。企业文化氛围是无形的，以其潜在运动形态使企业全体成员受到感染，体验到企业的整体精神追求,从而产生思想升华和自觉意愿。因此,企业文化氛围对于企业成员的精神境界、气质风格的形成都具有十分重要的作用。

(5) 增强广告意识。当今社会已逐步踏入了一个信息时代,广告效应已经逐渐进入到人们的生活中、意识中。对于日趋正规化的汽车服务企业来讲,想要扩大影响,赢得更多的客户,就必须将营销理念引入到汽车服务企业中来,改变以前的依靠人际关系或者有限宣传的方式,而转向加强企业品牌、包装企业、宣传企业、提高广告意识的方式。

(6) 投入感情,创造服务特色。人是有思想的,并且拥有丰富的感情,有特色的思想工作能体现出企业管理者的人文情感,具有极大的感召力与凝聚力。在企业成立初期,企业经营者依靠自己的人际关系可以在一段时间内为企业带来稳定客户。可是在当今市场经济下,单纯地依靠金钱效应和人际关系已不能满足企业后续发展的需求,而且企业没有进行企业文化的建设,就无法树立企业自身的形象与品牌,没有企业文化作为依托,必定无法吸引新的客户,也无法稳定老客户。汽车服务企业属于服务性企业,要为千千万万的汽车客户提供优质的服务,所以在企业发展的过程中,要不断地提升企业技术,并且还要创造出具有感情的服务。要将现代技术和情感与企业文化理念结合起来,以实现市场需求的高品质服务。

案例:
吉利集团:企业文化塑造了更多"奋斗者"

【企业文化概述】
吉利文化主题:认准一个方向,坚定一个信念,凝聚一股力量,提炼一种精神,完成一个使命

吉利方程式:吉利＝人才＋创新,吉利＝高品质＋核心技术＋优质服务,吉利＝受人尊敬的一个极具品牌提升空间的世界汽车工业的未来新星

吉利使命:造最安全、最环保、最节能的好车,让吉利汽车走遍世界

吉利核心价值理念:快乐人生,吉利相伴

吉利精神:团队精神、学习精神、创新精神、拼搏精神、实事求是精神、精益求精精神

吉利企业文化建设方向:人性化神经管理,军事化高效执行

吉利发展战略:总体跟随、局部超越、重点突破、招贤纳士、合纵连横、后来居上

"企业文化最大限度地统一了员工的意志,规范了员工的行为,凝聚了员工的力量,是企业发展宝贵的精神财富和文化积累。"这是吉利控股集团总裁杨健对于企业文化的理解。

从造车伊始,吉利就提出了企业使命、愿景、价值观等。经过不断地实践、调整,已经形成了成熟、完备、凝聚共识、全员知晓的文化理念。

30年来,吉利人秉承着"快乐人生,吉利相伴"的核心价值理念,发扬着吉利"团队、学习、创新、拼搏、实事求是、精益求精"的企业精神,为实现"造最安全、最环保、最节能的好车,让吉利汽车走遍全世界"的美丽追求而奋斗。

探寻
吉利精神植根人心,人才机制根深叶茂

吉利从成立之初就有自己的司徽、司歌,经过多年演变,逐步简约化、全球化,形成了以"GEELY"字母为主的企业标识系统,上到企业门面,下到员工工装、名片,均为统一的形象。

除了司歌《为了一个美丽的追求》外,吉利还有十多首员工耳熟能详的歌曲,如《力量》《送你一份吉利》等,均由李书福董事长亲自作词。此外,还有自己的企业形象宣传片、企业

介绍画册、中英文官方网站以及《吉利汽车报》《吉利汇报》等企业内刊。

而在"互联网+"日益发达的现在，吉利也跟随时代脚步，在集团微信、微博等平台，每天发送网络刊物，与员工分享互动。

1998年8月8日，吉利第一款车豪情在浙江临海下线，开启了中国第一家民营企业造轿车的历程。此后10年，吉利汽车的发展理念一直是以低价取胜。从1997年一直到2007年，吉利的产销突破了20万辆，位列乘用车企业的前十强。但是，吉利从自身的实践中预感到，汽车这个行业靠价格便宜、打价格战，已经很难维持下去了，必须要从战略上进行彻底改变。

2007年5月，吉利毅然决定把技术领先、品质领先和服务领先作为吉利在新的历史时期的发展战略和企业战略转型的核心思想，提出"造最安全、最环保、最节能的好车"。为此，吉利果断停止尚有较大销量但受到品质所限的豪情、美日、优利欧的生产，设计推出了全新的"全球鹰""帝豪""英伦"三大品牌。

20世纪90年代末，几乎和盖汽车厂房同步，吉利在临海划地建校，办起了培养专业技工的浙江吉利技师学院、浙江吉利汽车工业学校等职业学校。随后陆续办起了北京吉利大学、海南大学三亚学院、浙江汽车工程学院、湖南大学湘江学院等院校。

经过多年的苦心经营，吉利不拘一格培养人才的机制不仅开花结果，而且根深叶茂。目前，吉利旗下的民办学校中，在校学生已多达4万余人，涵盖了中职中专、大专、本科、硕士、博士等各个层次，还拥有了博士后科研流动站。每年都有成百上千名吉利院校的毕业生进入到集团的各个层面，成为企业最富生气的生力军。

转变

充分提供给员工施展空间，不断提升文化理念

吉利在路桥的汽车生产基地浙江金刚汽车有限公司总经办副主任方勇说，吉利的企业文化已经经过了"改善提案""元动力""快乐经营体"三个阶段，2016年大步向前的是"以奋斗者为本"的企业文化精神。

改善提案

它是吉利最初提出的企业文化理念，为的是培养一线员工的自主经营意识，用小班组的形式，让员工行使最大的自主权，相当于一个小公司管理，包括人员调配、设备费用等，都由他们决定，产出的产品效益、合格率等，都由这个小班组自主负责。

这样做的好处，是减少了生产中不必要的浪费，同时也提高了员工的工作效率。

元动力

吉利最为出名的企业文化理念之一，就是元动力。

"元"是指企业的元气，是指企业生命体的力量源泉与核心要素。什么叫元气？企业与人一样，生命力是否旺盛要看其元气是否旺盛。员工是企业真正的主人，是形成企业战斗力的核心力量。伤害了员工的心，就是伤了企业的元气。

元动力工程的建设与发展，就是理顺员工的气，凝聚员工的心，发挥员工的主动性、创造性，调动员工的工作积极性，把员工的所思所想化为企业的发展动力，化为企业的市场竞争力。

快乐经营体

这样的企业文化管理模式，是在"改善提案"和"元动力"的基础上，继续划小经营核算单位,自上而下形成经营链、价值增值链,打造利益共同体,不断挖掘内部潜力,降低运营成本,提升工作效率。

金刚公司通过构建评价、分配、培养三大体系,引导员工积极进行管理创新,促进持续改进管理良性循环。

以奋斗者为本

继以上三个企业文化主题后,今年,吉利又提出了"以奋斗者为本"的新主题,要求员工必须具备吉利奋斗者的优秀品质。

"作为一个吉利人,要绝对认同吉利事业,保持高度忠诚;要对工作充满激情,对公司发展富有责任感与使命感;要有奋斗向上的精神,能为公司创造实实在在的价值;要有危机意识,敢于挑战、不断学习、勇于突破、永不满足……"这些品质,都是一个合格的吉利奋斗者必须具备的,吉利希望全体员工都有成为吉利奋斗者的决心,并付诸行动,向奋斗者转变。

吉利的企业文化模式,可以为全员实现自主管理、自主经营搭建平台,在充分发挥资源增值最大化、关注投入产出的同时,形成组织经营效益与个人经营收益挂钩的管理机制,实现"全员共同参与经营,人人都是经营者",最终提高员工的幸福感和实现公司效益的最大化。

从金刚公司近几年的相关数据上就能看出,通过企业文化的管理,不仅让公司留住了人心,也为其减少了浪费,增创了收益:2012年创收709万元,2013年创收1631万元,2014年创收1492万元,2015年创收1479万元。

8.1.6 汽车服务企业文化

1. 汽车服务企业文化与领导者的关系

企业领导对一个企业是非常重要的,领导者掌握着企业的生产经营、日常管理、发展方向,在企业生存发展中往往起着举足轻重的决定性作用,常常因为一些企业领导人的决策失误或腐败,把一个优秀的企业搞垮,而有时一个濒临倒闭的企业也可能因为领导人的更换而绝处逢生。可见,企业领导与企业文化之间也必定有着非常重要的关系。优秀的企业已经形成的文化体现了企业的价值观和杰出领导人的实践活动,而企业领导的真正任务是塑造并管理企业的价值观。

企业领导在塑造企业硬实力和软实力的过程中具有决定性作用,这就决定了其对企业文化的重要影响。很多的知名企业中,企业领导者也是企业的创始人,领导者在位时对于企业文化的塑造影响十分明显。在企业中每一任的领导者都会自觉或不自觉地对该企业的企业文化发展产生一定的影响,所以说企业文化与企业领导是息息相关的。一方面,企业文化是由企业领导所塑造、倡导的,居于从属地位;另一方面,它又能动地作用于企业领导。企业文化一旦形成,它就可以发挥其导向、约束、激励等功能,使得企业的价值观念、企业精神等影响更为突出,增强企业软实力。

2. 汽车服务企业文化与汽车企业的关系

汽车产业由于与其他产业的高关联度被誉为工业中的工业,被各工业国视为支柱产业,在经济发展的过程中起着举足轻重的作用。汽车产业的发展带动了汽车服务企业的兴起,汽车服务企业在发展中也营造了自己的企业文化。以往,汽车服务企业的服务对象是针对汽车,但是在企业文化的建设过程中,企业逐渐由"服务"汽车单线发展到"服务"汽车和服务汽车持有者双线,汽车服务企业不仅仅是要以高超的技术为汽车做好"服务",同时也要为消费者做好服务,让他(她)们在服务中感受到企业的人文关怀,让他(她)们愿意来消费,信任这个企业。所以汽车服务企业以汽车为纽带,将消费者与企业发展联系起来,为企业带来客源,同时汽车的发展也提醒着汽车服务企业在汽车服务技术方面不断更新和创造。

8.1.7 汽车服务企业文化的体现

1. 服务管理上的体现

汽车服务企业文化在管理上的体现,主要在于企业文化对于企业管理潜移默化的作用。汽车服务企业文化可以说是非正式的控制规则,可以部分地代替发布命令和对职工的严密控制,有效地实行内化控制。所谓内化是指个人接受团体或社会价值观念为其人格一部分的过程,也就是个人社会化的一个方面,内化控制就是通过价值观念进行的自我控制。所以,企业文化作为企业全体成员所共同拥有的价值观念体系,对职工的行为可以起控制调节作用。另外,企业文化类似于一种黏合剂,可以减少内耗,增强内聚力,全体成员拥有一套共同的价值观念体系,对目标有共同的理解,个人目标与企业目标统一起来,产生一种合力使企业内部组织一体化,朝一个方向努力。一种好的企业文化使得企业在管理上更显得人性化,更具人情味,职工工作上显得更主动、更积极。在企业对外的服务上,服务的品质体现了一个企业的企业文化水平的高低,好的企业文化在对客人的服务上体现出好的人文关爱,体现在更能设身处地地为客人着想,不仅在物质上使客人感到满意,更是在消费的过程中令客人得到精神享受。例如,在客人等待修车的过程中,不要让客人一味地干等,可以在休息区设立下午茶点或者一些汽车新科技展示区以及新产品试用区,让客人可以轻松地度过这段时间,而不会在等待中产生焦躁的情绪。这也是稳定客源,吸引客人的一方面。

2. 员工上的体现

企业文化将员工的个人目标与企业目标相统一,使得组织内部一体化,向一个共同的方向努力。所以一个企业文化氛围浓郁的企业里,员工们都是团结友爱、积极向上的,对工作充满着热情。汽车服务企业的企业文化使员工们进一步认识到工作的意义,培养员工献身于服务事业的精神,从而更努力地工作,发挥主动性和创造性,有了好的汽车服务企业文化,员工的服务也会更加精益求精。汽车服务企业文化有利于增强员工的职业荣誉感,员工在工作中会注意自己的言行,注意自己的服务礼仪,因为他(她)们知道自己就代表着企业的形象。在这样的汽车服务企业文化的熏陶下,员工带给顾客的服务也会是令人满意的。

3. 形象上的体现

汽车服务企业文化面对大众最直接的方式就是该企业的企业形象,一个汽车服务企业想要在服务行业中脱颖而出,就必须在消费者中树立起形象。企业形象能够从多角度、全方位、深层次反映企业文化,最直观、最形象、最具传播力和感染力地表现出企业文化内涵,将企业文化信息运用视觉形象识别表达的形式进行规范管理和宣传推介,从视觉上表现了企业的价值理念。企业形象就是一个企业的代表,就是一个企业状况的综合反映,同时也是判断一个服务企业的服务品质的参考因素。良好的企业形象可以在消费者中树立一个好的口碑,让消费者了解到企业的文化理念,建立起消费者对于服务企业的一种信任。树立良好的企业形象既可以稳定客源,也可以吸引顾客,同时也是时代发展和社会发展对于汽车服务企业提出的迫切要求。

8.2 汽车服务企业的公共关系

8.2.1 汽车服务企业形象塑造的意义

在世界经济一体化形势下,各个企业之间的竞争已经由从前的产品、产量等的竞争走向了企业品牌、企业文化、企业形象等的竞争。经营者们越来越意识到一个企业的企业文化和企业形象已经上升到关系一个企业发展的重要战略地位。如今,汽车服务企业塑造企业形象已是当代市场和社会发展对企业的迫切要求。

塑造企业形象的意义分为以下三点:

(1) 企业形象的塑造可以提升一个企业的社会存在感,可以吸引社会大众和其他资源的注意,可以为企业带来经济效益和开发需要的资源。在有了企业形象影响的前提下,企业可以获得更多支持发展的力量。

(2) 企业形象是一个企业的文化、企业价值观、企业道德、企业精神等的一个综合形象,是一个企业的全体员工对于企业的各方面的一个共同认可。企业形象一旦形成并与劳动生产要素相结合,便会产生巨大的力量。企业形象会在企业中产生强大的向心力与凝聚力,使全体员工产生强烈的主人翁意识与责任感,促使员工产生积极向上的动力。

(3) 企业形象是直接面向社会大众的,它的好坏会受到社会大众的监督和影响。同时这也是对企业本身的一个考验,考验一个企业对待社会大众、对待自身产品等的责任感。如果这个企业产品好、服务好,那么在社会大众中就会有一个好的口碑,该企业的企业形象自然也是反映的好的一面,对企业的发展也是一个好的推动,反之亦然。企业形象的塑造也是一个企业品牌的塑造,所以塑造企业形象也是为企业增添了竞争实力。

8.2.2 汽车服务企业形象的特点

汽车服务企业形象作为某一特定范围内人们对于企业印象的综合,它既不等同于企业所发生的所有客观事实,也不等同于某个个体的印象,而具有其自身的一些特征。

1. 整体性

企业的形象是社会公众对企业综合认识的结果,绝非人们对于某个企业的个别因素的认识结果，是综合多方面的因素形成的。主要表现在以下5个方面：

（1）综合因素，包括企业的发展历史、社会知名度、美誉度，以及市场占有率、经济效益、社会贡献等。

（2）企业人员素质及服务水平，包括人员知识结构、文化素养、服务态度、服务方式、服务功能、服务质量等。

（3）生产与经营管理水平，如产品品种、产品结构、质量、经营方式、经营特色、基础管理、专业管理、综合管理水平等。

（4）物质设施，包括厂址、设备、营业场所陈列和布局等。

（5）公共关系，如公关手段、信息沟通方式、广告宣传形式及置信度等。

这些因素无时不对企业形象产生深刻的影响，而且在现今产品质量和服务水平的差异性越来越小的市场竞争中，这些因素较好的企业定会占据优势。

2. 客观性

企业形象是主、客观因素相互作用的产物。企业形象是人们对企业各种具体的客观状态感知和认识后所形成的总印象，并不是某人凭主观臆造出来的东西，是企业各方面活动和外在表现等一系列客观状况的反映，具有鲜明的客观性。而客观状况的结果在很大程度上影响了企业形象的形成。但是企业形象是人们对于企业综合认识的一种总的印象，在表现上反映了该企业的主观性特点，而企业的客观现实是由人们的主观认识综合形成的。所以，因为人们的思维方式、价值观念、审美观等不同，所以他们对待同一企业所产生的感知和认识也不同。

3. 相对稳定性

一个企业的形象一旦在公众的心目中形成，相对而言，这一形象就不会轻易的或很快的改变，反映出企业形象是企业综合行为的结果。企业的行为可能会发生变化，但是这些变化不会立即改变企业已经存在的形象模式，也不会使得大众立即改变对企业的看法，因为企业和大众都比较倾向于原有的企业形象。因此，相对稳定的、良好的企业形象有利于稳定地开展经营管理活动，可以借助已存在的有利条件为企业创造更多的经济效益和社会效益。相对稳定的、不良的企业形象则会使企业一时难以摆脱不良影响的阴霾，这就需要企业长时间努力去改变或挽救企业形象。

4. 传播性

企业形象的塑造有其客观性，但其感受者是公众。企业为了能够主动地在广大公众的心目中建立良好的企业形象，必须借助传播这一主要的渠道和手段。传播是一种联结企业与社会公众的桥梁，企业的信息如果不通过公众的或非公众的媒介传播是不能到达社会公众的。企业的客观事实无法使公众感知和认识，也就不能在公众的主观印象中建立良好的企业形象。如果不能利用传播媒介进行有效的、广泛的传播，那么企业对树立形象的过程就会失去引导和控制。所以，企业形象塑造过程离不开传播，这使得企业形象的塑造具有了传播性的特点，不同层次的公众对企业形象的看法可以通过个体传播媒介——如聊天、交谈的方式产生相互影响，也可以通过大众传播媒介——如报刊、广播和电视产生相互影响。

8.2.3　汽车服务企业形象塑造

　　塑造企业形象需要一个完整的、科学的、可操作和可控制的系统化战略体系。企业形象战略是在企业总体战略和总体目标的指导下,以提高企业整体形象为目标,通过规范员工的动态行为和静态的企业视觉系统,从而构筑使社会和员工共同认可的、个性鲜明的企业整体形象,以此来提高企业内部员工的凝聚力和市场竞争力,以推动企业发展。

　　企业形象战略分为三个部分：理念识别、行为识别和视觉识别。

　　理念识别包括企业理念、企业精神、企业价值观、道德观等。对这个部分的形象化设计包括经营宗旨、经营方针、经营哲学、企业价值观的设计以及企业精神的表达与提炼,用以确定企业的战略发展目标,以及为实现这一目标所规定的指导思想、精神规范、道德准则和价值取向。

　　行为识别包括企业岗位规范、行为规范和仪表着装等。行为部分的形象化设计包括内部行为系统设计和外部行为系统设计。内部行为系统是指企业内部的组织制度和员工的行为规范,外部行为系统是指企业的营销活动和公共关系活动。

　　视觉识别包括以企业标识、标准色为基础派生出的一系列企业外部包装。在视觉部分的形象化设计是确立汽车服务企业自己的标识等,并且包括企业员工群体形象设计、企业内外环境形象设计以及技术形象设计。

　　企业的形象设计完成之后,就要通过各种媒介传播出去,有组织、有计划地传达给社会大众,在公众心中树立起企业统一的视觉形象。而且企业还要在不同的方面、不同的角度让社会大众了解到企业的信息,通过大量的企业信息的补充逐渐在社会大众中树立起企业形象。

　　汽车服务企业形象塑造需要注意以下几个方面：

　　(1) 准确的企业形象定位是企业形象塑造的指南针。

　　形象定位是企业形象选择性特征的基本要求。企业形象定位的目的就是打造企业个性化,以企业发展战略为基本依据,从企业和市场实际情况出发确定企业形象的基本方向和基本模式,实现企业形象的个性化和差别化,提高企业竞争力。并且进一步分解和细化企业形象战略目标,就产品形象、经营形象、员工形象、环境形象、文化形象、标识形象等企业形象的基本因素和它们之间的衔接配合做出规划,有计划地实施形象塑造工程,并对企业的名称、标志、标准色、产品包装、广告宣传等一系列视觉传播媒体设计做出统一的安排,强化企业个性鲜明的企业形象。

　　(2) 以科学的企业理念为企业形象的尺度。

　　企业理念的核心是企业价值观,是企业形象自主性的集中体现,它还包含了企业目标、企业精神等方面。企业理念之所以成为企业形象的尺度,是因为它从各个方面规定了企业的价值取向。企业理念中的企业目标指的是企业的最高目标,它是全体员工的共同追求。企业目标是企业凝聚力的焦点,充分发挥了员工的积极性和激励性,同时反映了企业追求的层次、方向。企业价值观是企业在追求经营成功过程中所推崇的基本理念和奉行的目标,企业的其他理念都要受到它的影响和约束,它是企业文化的核心理念。当企业创新、服务和利益发生矛盾时,企业行为选择会很明显地受到企业价值观支配。以利益为主的价值观会牺牲企业的其他方面来维持企业的收益；而以服务为主的价值观，则会偏向提升服务质量而牺牲企业收益。企业精神是企业文化发展到一定阶段的产物，是对企业现有观念意识、传统习惯和行为方式中的积极因素的总结、提炼和倡导。企业精神要恪守企业价值观，是企业内部最闪光的、全体员工共有的一种积极的精神状态。

(3) 优质的产品形象是企业形象的首要任务。

产品形象综合体现了企业形象特征的自为性原则和客体性原则。在市场经济条件下，企业最终是通过提供高质量的产品占领市场、建立信誉的。因此打造品牌产品对提升企业知名度、信誉度进而提升企业形象，至关重要。品牌是识别特定产品和服务的标识，代表着特定的质量水平、消费观念和个性化的价值体系，意味着一批忠实用户以及未来的经济效益，是企业主要的无形资产。随着市场经济在各国的发展，国际市场竞争已经发展到品牌竞争的新阶段，这包含高质量、高科技创新、高管理水平、高服务质量、高文化质量等的竞争。

(4) 提高员工素质是企业形象的基础。

企业员工是企业全部生产要素中最积极、最活跃的因素。企业员工的整体形象是企业内在素质的具体表现，既是企业形象的重要成因，又是企业形象不可分割的一部分。提高员工素质应该从以下方面入手：一是引进人才；二是培养人才，加大力度，开展多方位、多层次的全员培训，帮助员工提高工作技能，丰富和完善员工自身的知识结构和促进其个性发展；三是尊重人才，反对把员工看作"工作的机器"的不人道观点，要以人为本，公平、公正地对待人，体现对人的尊重和理解，并极力实现人的全面发展；四是合理地使用人才，强调员工参与工作的主导地位，满足员工在物质和精神上的需求，营造适应企业发展的良好氛围，同时在人才中还要采取优胜劣汰的原则，将培养人才和淘汰人才结合起来，才能建立既有凝聚力又有竞争性的人才机制。

8.2.4 企业形象的宣传

企业要赢得顾客的忠诚、合作伙伴的信任和政府的支持，除了有领先的技术和质量可靠的产品外，建立和巩固良好的企业形象尤为重要，一套行之有效的企业形象宣传策略是必需手段。

策略一：人物形象宣传

在有别于个人树碑立传式的公司形象建设中，应把企业领导层个人宣传和企业的战略目标、公关目标结合起来以达到好的宣传效果。国内的小企业有相当多的管理者是技术人员出身，这对公司的管理和发展并不完全是好事，从技术人员到管理者之间角色的转变往往要付出巨大的代价。可以建立、开发可提高企业管理者声誉的平台来实现宣传效果。比如在一些国际、国内有影响力的高层次会议上为企业管理者争取一些演讲机会；将蕴含高层管理者有代表性的战略思想和管理策略的文章提供给媒体发表；定期或不定期举办专家研讨会、座谈会等，建立良好的声誉。塑造企业形象要谨防急功近利的暴发心理，期望短期内树立良好企业形象是不现实的。一些人以怪异手法和老总们"传奇式"的故事推销形象，希望能博得一时轰动和惊叹，力度过大过多则会引起人们反感，这时可以采用模式化管理。在企业领导人形象管理中，虽然有其需要按照本人特质加以表现的地方，但同时更需根据自己所面对的客户来调整与完善自己。而且，客户本身是多种类与多层次的，需要确定实现其平衡性的规则和需要着眼的重点。这里包含3个模块：一个是依据个人特质（知识、能力、情绪、行为表现等）、常规表现（在员工、消费、商业合作伙伴等中）、关联表现方面的测评而形成的现有形象模块；一个是依据不同类型受众（家庭、员工、管理层、合作关系、消费者、公众）期望开发而形成的理想形象模块；一个是基于负责人个人条件分析与其他案例的最佳实践结合而成的形象改进与提升策略模块。借助于这种三合一工作方式，与持续跟踪测评、形象塑造与传播规划、事件管理，有效地借助于受众控制原则，使企业负责人的形象处于科学的管理之下。

策略二：文化形象宣传

企业成功的形象宣传首先要利用一切可以利用的传播媒介资源，将该企业的文化理念介绍给社会大众，并且尽力将企业本身所代表的理念和文化深植于客户的观念之中，才能借以提升客户对企业产品的忠诚度。而企业文化是作为一个观念系统存在的，要传达到员工、社会大众存在一些困难。因此，将企业文化特质形成一个统一概念，通过个性化、鲜明的视觉形象（图形、图案）表达出来，再传递给社会大众更有效率。当然，企业文化的建立少不了员工形象的规范化管理。工作期间统一着装、员工礼仪的要求、员工与客户之间的礼貌用语等都要规范化。同时，协调外部关系的工作中，建立良好的政府关系和争取影响力人士的支持非常重要。要制订具有前瞻性的政府关系计划，与影响力大的人士建立紧密的联系，从而帮助企业通过其有效地沟通获得良性的监督、理解与支持以提升企业的信誉度。

策略三："危机"形象宣传

在一个企业发展的过程中，有顺利的时候，也有遇到困难的时候。尤其是在企业遭遇产品信誉危机和形象信誉危机时，对一个企业的打击是非常大的；但是在这样的危机中，如果能够妥善地处理好问题，也将会是宣传企业形象的好时机。所以在危机发生之前，企业就应该做好准备、做好应对危机的计划。企业首先要对自身潜在的危机和事件有一个充分的了解和认识，并能随着形势的变化和发展对一些潜在的新问题、新现象加以分析、研究和解决；在日常的危机管理工作中多做准备，如总结中外危机管理的经验和对具体的危机事件资料进行研究与分析，寻找最佳时间模式进行连续不断的危机管理培训和模拟演练；把企业可能面临的所有潜在事件和危机都列出来，找出解决危机的相应对策，包括关键信息、应对媒体的发言人培训、新闻稿的准备等，做好从容应对危机发生时的各方面工作。只有在危机出现时做出快速的反应，明确自己所要传递的信息和信息传递渠道；及时充分地与新闻媒介沟通，通过媒体随时跟踪舆论导向、观点以及外界对公司的看法；及时掌握市场上新的舆论导向和观点，才能真正利用"危机"，起到宣传企业形象的作用。

8.2.5 汽车服务企业其他公共关系

1. 汽车服务企业与其他服务企业的关系

汽车服务行业与其他服务行业一样，同属于服务业，主要任务是进行一系列的服务活动。但是在客户来源、服务对象及服务要求等方面可能会有不同。一般的服务企业的客户来源可能就是针对普通大众或者是要求比较特殊的一类人，但是汽车服务企业的客户来源则是拥有车辆或者是即将、想要拥有车辆的人；如果没有汽车这一附带条件的话，那么汽车服务企业可能就没办法开展业务。汽车服务企业服务的主体对象是汽车,开展的主要业务是汽车的维修、保养等工作;而一般的服务企业的主体服务对象则是社会大众,开展的业务主要是社会大众化的吃穿住行等方面。同时在对服务要求这一方面也有很大不同,因为汽车服务企业服务的主体对象是汽车,所以在服务要求方面更加科技化、机械化,它要求汽车服务企业的汽车服务技术始终跟得上汽车的发展,并且要不断地高科技化、智能化;而一般的服务企业服务的对象是社会大众,那么它的服务要求可能就是要求员工的对外工作方面要提高,对待客户要更周到,企业产品的质量更好,使用效果更好、更人性化,等等。

所以,同样是服务行业,如果细致到一个服务企业的很多方面上去也存在着很多的不同。

2. 汽车服务企业与社会和政府的关系

1) 汽车服务企业与社会的关系

从汽车出现的那一刻开始,它就改变了这个社会,改变了这个时代,改变了人们的生活。如今,汽车发展越来越迅速,已经成为了人们生活的一部分,成为了促进经济发展的一个重要产业。汽车不仅促进了社会的发展,同时带动了社会中其他行业的发展。例如,汽车的发展越快,汽车数量也上升很快,汽车后市场就得到了很大的拓展,也带动汽车服务行业的兴起,并且汽车服务企业也在不断地发展与完善。在社会中,汽车服务企业以汽车为纽带,与社会发展联系起来,汽车的发展带动了社会和汽车服务企业的发展,同时,反过来汽车服务企业的发展也促进了社会的发展。社会给了汽车服务行业一个前提大环境,让汽车服务企业依赖于汽车发展日益成熟的大环境逐渐地发展起来,并且在其中从被动的需要逐渐转向主动地谋求发展。

2) 汽车服务企业与政府的关系

政府是一个地方的管理机构,那么扎根于本地的企业自然要归属地方政府管辖。但是从经营的角度来说,政府同样可以成为合作的伙伴,并且可以成为更可靠的伙伴。政府不是一般的企业,它是一个省、市或地区的代表,背后依靠的是国家,所以汽车服务企业与政府结成合作的伙伴会更有利、更可靠。汽车服务企业可以为政府专用车辆提供服务,并且制定具有前瞻性的政府关系计划,通过与政府的良好合作来提升企业的形象信誉度,同时也可以监督企业发展。

3. 汽车服务企业与汽车企业的关系

汽车企业是汽车服务企业的带动者,同时汽车服务企业也是汽车企业的合作者。从带动者的角度,汽车企业的发展必将促进汽车服务企业的发展,汽车技术的更新也将带动汽车服务技术的更新,同时在此基础上,汽车服务企业自身还将进行创新,进行改革。从合作者的角度看,汽车发展之后,生产的车辆必将有售后的一系列问题,那么随着汽车服务企业的发展、完善,汽车企业就可以与汽车服务企业结合起来,让汽车服务企业为汽车企业的未来保驾护航,汽车服务企业可以与汽车企业共同开发一条集生产、销售、售后服务为一体的一条长远的流水线。这样的合作,既解决了汽车服务企业的客源问题,也解决了汽车企业的后顾之忧,同时汽车服务企业还可以与汽车企业之间进行技术的探讨,相互促进,还可以进行新型汽车的开发。但是汽车服务行业也要不断地进行自身的创新,不能只看到汽车服务这个领域,还可以将其附带服务领域开发,使得汽车服务企业的服务更加全面化、人性化。

复习思考题

1. 企业文化的意义是什么？
2. 如何建立一个企业的文化？
3. 汽车服务企业文化的产生因素是什么？
4. 汽车服务企业文化体现在哪些方面？
5. 汽车服务企业的形象体现在哪些方面？
6. 汽车服务企业的公共关系包含哪些方面？

参 考 文 献

[1]　卢燕,阎岩.汽车服务企业管理[M].北京:机械工业出版社,2005.
[2]　许兆堂.汽车服务企业管理[M].北京:机械工业出版社,2015.
[3]　朱刚,王海林.汽车服务企业管理[M].北京:北京理工大学出版社,2013.
[4]　刘树伟,郑利民.汽车服务企业管理[M].北京:清华大学出版社,2012.
[5]　孙金霞.现代企业经营管理[M].北京:高等教育出版社,2010.
[6]　相成久.现代企业经营管理[M].北京:人民大学出版社,2016.
[7]　夏长明.汽车维修企业管理[M].北京:机械工业出版社,2016.
[8]　中国会计师协会.财务成本管理[M].北京:中国财政经济出版社,2014.
[9]　赵振宽.财务成本管理[M].北京:中国财政经济出版社,2012.
[10]　晏辉.企业文化[M].北京:北京师范大学出版社,2015.